21世纪会计系列规划教材·致用型
省级精品课程教材

税法
Taxation Law

倪明辉 王爽 编著

东北财经大学出版社
Dongbei University of Finance & Economics Press
大连

图书在版编目（CIP）数据

税法 / 倪明辉，王爽编著. —大连 ：东北财经大学出版社，2024.7
（21 世纪会计系列规划教材 · 致用型）
ISBN 978-7-5654-5239-0

Ⅰ. 税…　Ⅱ. ①倪… ②王…　Ⅲ. 税法-中国-高等学校-教材　Ⅳ. D922.22

中国国家版本馆 CIP 数据核字（2024）第 078951 号

东北财经大学出版社出版
（大连市黑石礁尖山街 217 号　邮政编码　116025）
网　　址：http://www.dufep.cn
读者信箱：dufep@dufe.edu.cn
大连天骄彩色印刷有限公司印刷　东北财经大学出版社发行

幅面尺寸：185mm×260mm　　字数：462 千字　　印张：19.5
2024 年 7 月第 1 版　　2024 年 7 月第 1 次印刷

责任编辑：王　莹　周　晗　　责任校对：何　群
封面设计：张智波　　版式设计：原　皓

定价：48.00 元

教学支持　售后服务　联系电话：（0411）84710309

如有印装质量问题，请联系营销部：（0411）84710711

前言

党的二十大报告针对“优化税制结构”“加大税收、社会保障、转移支付等调节力度”“完善个人所得税制度”等方面做出了一系列重大部署，充分表明税收在国家治理中发挥着基础性、保障性的坚实作用。落实党的二十大精神行动纲领，将成为实现第二个百年奋斗目标不可替代的时代任务。

“税法”是财经类专业核心课程，也是其他经管类专业的必修课或选修课程。本书以提升学生综合能力为目的，通过案例引导办税具体业务，培养“诚信为本，操守为重”“守正笃实，久久为功”的职业素养，秉承一颗对税法的敬畏之心，坚守职业操守底线，为企业理财，对社会尽责。

在瞬息万变的今天，“税法”成为会计界变化最快的课程。如何调动学生的兴趣，培养学生在工作岗位熟练运用税法的能力，熟悉和掌握最新的税改新政；如何使理论教学与实践融合，改变课堂教学形态，是作者多年来一直探索与追求的方向。本书编写团队在近三十年的会计工作经验及教材编写经验基础上，汲取全国会计专业建设和课程改革成果，最终形成自己的编写思路。按照知识教育与素质教育、能力教育与技术教育兼顾的原则，希望读者不仅熟识“知识点”学习，还应该进行思维方式、操作能力与应变能力的锻炼。

本书具有以下特点：

（1）体现时效性和完整性。本书突出反映税法的时效性，以最新税法规范性文件为依据，介绍企业实际工作中必然接触到的各税种的计算及征收管理方面的知识。本书根据不同税种的日常核算要求整合内容，主要包括税法基础知识、税收实体法和税收征收管理法，共十二章。本书内容以增值税、消费税、企业所得税、个人所得税等税收实体法要素为重点内容，并涵盖全部税种。

（2）税法与会计业务相结合。税法是为会计工作服务的，税法的学习要与会计工作的具体账务处理相结合。本书融入大量会计与税法的实操处理内容，包括具体业务的账务处理、纳税申报表的填写和纳税申报的处理等。教材注重理实结合，突出实用性与操作性，引入大量与实际工作有关的案例和会计分录，体现税法为会计服务的关联效能，力求通过工作任务引导办税业务，训练学生熟练运用税法解决实际问题的能力，达到了解税收理论知识、熟练操作办税业务的目的。

（3）课程内容避免重复。为保证专业教学的系统化，尽量避免相关课程内容的重复。在课程内容组合上以各实体法的“知识点”为技能目标，各税种之间融会贯通，实现课程的结构化编写思路。

（4）教学资源立体化。为体现应用性，本书配备电子课件、教学大纲、教学视频、练习题答案。每章章前设置“学习目标”“案例导入”，引导读者探知学习的主线，化解学习难度，增强学习的主动性和趣味性。每章章中设置“提示”等思考和知识拓展栏目，内容编排及讲解由浅入深、层层递进，体现教学的应用性与灵活性。每章章后附有“本章小结”“思考题”，便于读者吸收各税种知识，培养综合运用税法知识的实操能力。

（5）校企合作新形态教材。深入浅出、图文并茂，将思政教育元素融入教材，推动教材配套资源和立体化教材的建设。通过“可听、可视、可练”的二维码视频资料，使学生清晰地看到贴近工作的各税收流程及视频资料，解决传统教材内容过于抽象晦涩的问题。实务内容体现了“岗课赛证”的育人效能，提升了学生的实践能力，达到整体的教、学、练与战结合的学习效果。

（6）设置综合实训项目。将税法教材与实训教材、会计账务处理相结合，是本书的一大特点。以一个公司为例，设置的综合实训项目涉及增值税、城市维护建设税、教育费附加、车辆购置税、房产税、车船税、城镇土地使用税和印花税等税种。为丰富“学习情境”，融合岗位要求，综合实训项目采用大量真实的会计工作中的票、账、证、表，满足教学的实践性要求，还原算税、报税的真实场景。教材与综合实训一体化设计提高了教材的教学价值。

编写团队负责人倪明辉现任黑龙江工程学院经济管理学院教授，省级教学名师，会计专业学科带头人。该校会计学专业1996年被评为国家示范性专业，2014年被评为省级重点建设专业，2019年被评为省一流重点专业。作为学科带头人，倪明辉教授长年以双师型教师身份从事教学与实践工作，教学之余深入会计师事务所、哈工大科技企业孵化器等多家公司进行调研与咨询辅导工作，并将实践经验带入课堂，组织开展具有工程文化特色的课程建设、实践教学建设、师资队伍建设等方面的专业建设研究。具体分工如下：黑龙江工程学院倪明辉负责编写第一章至八章，哈尔滨理工大学王爽负责编写第九章至十二章，哈尔滨剑桥学院陶丽丽、王赞杰老师负责编写综合实训、综合实训参考答案及各章练习题参考答案，倪晓辉负责本书校对工作。本书可作为本科、专科、高职高专层次经济管理类和财经类专业的“税法”“纳税实务”“纳税筹划”等课程的教学用书，也可作为会计和财务管理人员的培训、自学用书。

由于作者理论水平和实践经验有限，书中不足在所难免，恳请广大读者提出宝贵意见。

作　者

2024年5月

课程思政元素

税法与国家利益、企业利益和个人利益息息相关。税法课程在客观上蕴含着丰富的思想政治资源。本书课程思政元素设计以习近平新时代中国特色社会主义思想为指导，结合税法课程教学特点，强化社会主义核心价值观在税法课程思政教学中的引领作用，始终贯穿新时代治国理政思想，充分体现家国情怀、责任担当、法治意识和公民意识。以“润物细无声”的方式将思想引领与正确的价值追求传递给学生，注重“诚信、操守、廉洁、公正”的理念操守养成，提高学生明辨是非的能力，树立依法纳税意识，将立德树人、课程思政落到实处。

科学合理设计教学内容，实施课程思政的基础在于实践性、主动性、参与性。课程思政侧重于情感体验和行为锻炼，在设计教学内容时，应注重理论知识与思考研讨的有效融合，改革教学方法和手段，充分利用多媒体、虚拟现实等多种教学方法，营造生动的教学场景，将价值塑造、知识传授和能力培养深度融合，引导学生体验和感悟思政元素的趣味所在，形成思专深度融合的育人新模式。本书设计的思政元素由专业知识点展开，将专业知识传授与思政育人结合。在课程思政教学中，教师可参考表1中的专业知识导引，针对相关知识点或案例，启发学生进行思考与研讨。

表1　专业知识与思政元素

序号	专业知识	思考与研讨	思政元素
1	总论	1.国家为什么要征税？ 2.纳税人交纳的税款都有哪些用途？	纳税人与公民意识、社会责任感；“照章纳税”与“依法纳税”
2	增值税	增值税改革助力经济转型升级——分工协作与制造强国	民族自信、个人命运与祖国命运息息相关
3	消费税	消费税与健康的生活方式——绿色、健康生活方式	注重环保、节约资源、低碳生活的理念
4	企业所得税	1.企业所得税与“中国芯” 2.企业所得税对研发投入的优惠——重视研发、鼓励创新导向 3.三新研究开发费用扣除——树立创新意识	社会责任，注重眼前利益和长远利益的平衡

续表

序号	专业知识	思考与研讨	思政元素
5	个人所得税	1.个人所得税专项扣除——敬老尊贤中华美德 2.税收优惠体系中国家对见义勇为、高层次科学教育文化奖励项目等优惠——树立正确的荣誉观	构建和谐社会，自觉纳税，纳税光荣
6	城市维护建设税	加快各地城市建设的进程——改善市政、公共设施的陈旧落后	国家税收兼顾效率和公平原则
7	房产税、契税	1.国家通过税收调控政策激活城市存量房市场 2.大学生购房需求——树立正确买房观	从客观实际出发去认识世界、改造世界
8	车船税、印花税	1.车船税——小税种发挥“大效应” 2.印花税税收优惠——国家对“三农”的支持	鼓励学生投身新农村建设，承担历史重任和使命
9	城镇土地使用税和耕地占用税	提高荒地利用率与利用价值，促进农、林、牧、渔业一体化进程	珍惜土地资源，树立保护土地资源的意识
10	资源税和环境保护税	1.绿水青山就是金山银山 2.环境保护税聚集绿色发展	树立环境保护意识
11	关税和船舶吨税	关税法律体系——“入世”与“强国梦”	认清走私的危害及关税作用，增强爱国情怀
12	税收征收管理法	1.如实申报关乎个人信用 2.“一带一路”助力国际税收征管机制创新 3.避税天堂与社会责任	诚实守信与纳税信用

目 录

第一章

税法总论

【学习目标】

1. 理解税收的含义和特点；熟悉税法的概念和作用。
2. 了解税务机关和纳税人的权利和义务。
3. 理解税收法定原则。
4. 掌握税法要素。
5. 熟悉我国现行的税法体系。

案例导入

中国赋税制度起源很早。中国历史上第一个奴隶制王朝——夏朝就已有了征收贡赋的制度。西周时税法已比较完备。《周礼·大宰》记载："以九赋敛财贿。一曰邦中之赋，二曰四郊之赋，三曰邦甸之赋，四曰家削之赋，五曰邦县之赋，六曰邦都之赋，七曰关市之赋，八曰山泽之赋，九曰币余之赋"。这九种赋税中，包括田赋、人头税、商税、货税。春秋时，由于井田制日益瓦解，旧奴隶制的税负无法维持下去，各诸侯国相继实行"履亩而税"的赋税制度，即按土地的多少、好坏而征收差额赋税，如齐国的"相地而衰征"、鲁国的"初税亩"、楚国的"量入修赋"。这些税负促进了封建生产关系的发展。

第一节　税法概述

一、税收的概念、产生条件、职能及特点

（一）税收的概念

税收与税法是紧密相关的，税法是税收的法律表现形式，税收是税法所确定的具体内容。

税收又称"赋税""捐税"，是古老的财政范畴。税收是政府为了满足社会公共需要，凭借政治权力，强制、无偿地取得财政收入的一种形式。税收是国家与纳税人之间形成的以国家为主体的社会剩余产品分配关系。没有税收的支撑也就没有政府的正常运转。税收

的概念要从以下几个方面把握：

1. 税收是国家取得财政收入的一种重要工具

财政收入是指政府为履行职能、实施公共政策和提供公共物品与服务需要而筹集的资金的总和。财政收入是政府部门在一定时期内（一般为一个财政年度）取得的货币收入。国家要行使职能必须有一定的财政收入作为保障。取得财政收入的手段多种多样，如发行货币、发行国债、各种政府性收费、罚没收入、国有资产收益、税收收入及其他收入等。税收是现代国家财政收入最重要的收入形式和来源之一。政府运转依赖国家预算拨款，而国家预算拨款的主要来源也正是税收。

2. 税收是国家参与社会产品的分配过程

社会分配是指对物质生产部门的劳动者创造的国民收入所进行的分配，它是社会再生产过程中的一个重要环节。从本质上讲，税收是一种国家参与社会产品分配的过程。税收是国家参与社会产品价值分配的法定形式，处于社会再生产的分配环节。国家与纳税人之间形成的这种分配有别于按生产要素进行的分配，它是国家凭借政治权力，通过征税，将部分社会产品由纳税人所有转变为国家所有。

3. 税收的目的是满足社会的公共需要

公共需要是指满足社会公共利益的需要，比如国防建设、公共设施建设、社会公共秩序维护、水旱灾害防治、环境保护等。这些需要不是个别需要的总和，而是公民和国家的共同利益，具有不可分割性。国家在履行其公共职能时，必然要有一定的公共支出。由于有些公共产品的特殊性，决定了公共支出在一般情况下不可能由公民个人、企业采取自愿出价的方式来负担，只能由国家或政府以强制征税的方式，由经济组织、单位和个人共同负担。

（二）税收产生的条件

1. 税收产生的基础条件

国家的产生和存在是税收产生的基础条件。税收的产生与国家有着本质的联系。由于税收是国家实现其职能的物质基础，国家出现之后才有为满足国家政权行使职能而征税的客观需要。税收是以国家为主体，凭借国家政治权力取得财政收入的一种形式，只有国家的存在才有税收的主体和课征的依据，从而使税收产生成为可能。

2. 税收产生的经济条件

私有制的存在和发展是税收产生的经济条件。税收是国家对私有财产行使支配权的表现，也是对私有财产的侵犯。只有存在私有财产制度，税收才会产生。由于社会上存在私有财产制度，国家又需要将一部分不属于或不直接支配使用的收入转变为国家所有，才必须采取税收这种强制性方式。

（三）税收的职能

税收的职能是指税收自身固有的功能。该职能随着经济的发展，也会发生变化。税收的主要职能包括：

1. 凝聚财政收入

凝聚财政收入是税收最基本的职能，即国家通过参与社会产品的分配，形成归国家支配使用的财政收入，满足国家的公共需要。无论是哪个国家的税收，还是哪一类的税收，都具有这项基本职能。

2. 监督社会活动

监督社会活动是指通过税收征收管理实现对纳税人纳税的监督，并对社会再生产各个环节的经济活动进行监督，防止经济活动中的违法现象，促进社会经济的发展。

3. 调节经济

调节经济是指通过设置不同的税种、税目、税率等税法要素，对不同的税种进行规定，对不同的产业、产品进行调节，以调整经济利益关系，促进社会经济发展。税收是一种由政府直接掌控的经济杠杆，运用杠杆作用调节宏观经济和微观经济。例如，为缩小各阶层在收入分配上的差距，国家可以根据个人或单位收入的不同征收个人所得税。通常，在经济过热、市场需求过旺时，扩大税收征收范围，提高税率，增加税收；反之，当经济萎靡时，降低税率，减少税收，增加企业和个人的可支配收入，促进消费和投资，扩大社会总需求。

4. 维护国家权益

在当今国际贸易交往中，各国把税收作为维护国家权益、促进公平竞争的重要工具。通过对进口商品采取不同税率和减免税优惠等措施来调节进口产品的品种和数量，扩大国内急需产品的进口，限制非必需品的进口，保护和发展本国产品生产，从而达到维护国家权益的目的。

（四）税收的特点

动漫微课 1-1

今天，你交税了吗

1. 无偿性

无偿性是税收的主要特征，即国家征税以后，税款归国家所有，不再直接归还给原纳税人，也不直接向纳税人支付任何报酬，这体现了税收“取之于民，用之于民”的道理。依法纳税是每个公民的义务，是国家的一种无偿征收。列宁曾说过：“所谓赋税，就是国家不付任何报酬而向居民取得的东西。”税收区别于其他形式的财政收入，比如国债需要支付购买者利息。税收的无偿性是对于具体纳税人而言的；对于社会而言，税收具有整体有偿性，税收取得的财政收入最终以各种形式满足社会公共需要。

2. 强制性

强制性是指国家凭借政治权力，通过法律形式对社会产品进行的强制性课税，纳税人必须依法纳税，这是纳税人必须遵守的义务，否则会受到法律的制裁。国家凭借政治权力征税，是对不同所有者行使的征税权。税法对税收的权利和义务进行了相应的规范。对于征税机关而言，无论是不依法征税，还是多征或少征，都将承担相应的法律责任。

3. 固定性

固定性是指国家预先通过法律的形式对征税对象和征收比例等税法要素进行规定，并保持相对的稳定性，使其“征之有度”。由于税收具有无偿性，才需要国家通过法律的形式规范征纳双方主体的权利和义务。税收的固定性对国家和纳税人都十分重要。一方面，国家可以保证财政收入的及时性和稳定性，又可以防止国家滥用征税权，加大纳税人的纳税负担。另一方面，纳税人的合法权益可以受到保护，有利于纳税人降低经营成本，增加企业利润。

提示

税收的三个特征形成了相辅相成的统一体，三者缺一不可。无偿性是税收的核心；强制性是税收的有力保障；固定性是通过税法的形式对税收的一种规范和约束。

二、税法的概念及特点

（一）税法的概念

税法是国家制定的用以调整国家与纳税人之间在征纳税方面权利及义务关系的法律规范的总称。税法是法律规范的形式，是税收制度的核心内容。为保障国家利益和纳税人的合法权益，保证国家的财政收入，维护正常的税收秩序，税法构建了国家及纳税人的行为准则体系。其内容主要包括各税种的法律法规以及保证税法得以实施的税收征管制度和税收管理体制。

税法有广义与狭义之分。广义的税法包括国家立法机关、政府及有关部门制定的税收法律、规章和规定等，由税收实体法、税收程序法、税收争讼法等构成。广义的税法即通常所说的税制，是指国家及其有关部门制定的各种税收法令和征管办法的总称。它是在税收分配活动中税收征纳双方所应遵守的行为规范的总和。狭义的税法是指国家立法机关或其授权制定的税收法律。本书所指的税法是指广义上的税法，即通常所说的税收制度。

（二）税法的特点

从内容而言，税法具有综合性，它是综合法而非单一法，是由一系列的实体法、程序法和争讼法等组成的法律体系。从立法性质而言，税法属于义务性法规，具有强制性，是直接规定人们从事或不从事某种行为的法规。从立法过程而言，税法属于制定法，而非习惯法，每个国家的税法都是经过一定的立法程序制定出来的。

【例1-1】（单项选择题）下列权力中作为国家征税依据的是（　　）。（2016年注册会计师考试试题）

A.管理权力　　B.政治权力　　C.社会权力　　D.财产权力

【答案】B。

三、税收法律关系

税收法律关系是税法所确认和调整的国家与纳税人之间在税收分配及管理活动中的权利和义务的关系。税收法律关系是国家意志关系，又是一种财产权或支配权单方向转移的关系。一方面，国家通过法律规范的形式对征税范围、纳税人、应纳税所得额等做出具体规定，这反映了国家的意志而不是纳税人的意志。另一方面，纳税人履行纳税义务，这是一种将财产所有权或支配权无偿地转移给国家的形式。

（一）税收法律关系的构成

与其他法律关系相同，税收法律关系在总体上由税收法律关系的主体、客体和内容三方面组成。在内涵上，这三方面又具有一定的特殊性。

1. 税收法律关系的主体

税收法律关系的主体是指法律关系的参加者，即税收法律关系中享有权利和承担义务的当事人。法律关系的主体是双主体，包括征税主体和纳税主体。一方是代表国家行使征税权的国家行政机关，包括国家各级税务机关、财政机关和海关；另一方是履行纳税义务的单位和个人，包括法人、自然人和其他组织，比如国有企业、集体企业、股份制企业、私营企业和个体工商户等，还包括在华的外国企业、组织、外籍人、无国籍人，以及在华虽然没有机构场所但有来源于中国境内所得的外国企业或组织。我国对于税收法律关系中权利主体另一方的确定，通常采取属地兼属人的原则。

税收法律关系中，主体双方的法律地位是平等的，不能因为征税主体对纳税人进行征税就权力至上，也不能因为纳税人交税就地位较低。同时，税收法律关系的主体双方享有的权利和承担的义务是不同的。

提示

属地原则是指一国政府行使地域管辖权，对来源于一个国家境内的所得，该国都有优先征税的权力。属人原则是指一国政府行使居民（公民）管辖权，该国就本国居民（公民）的境内与境外所得都有权征税。

2. 税收法律关系的客体

税收法律关系的客体是指税收法律关系主体的权利、义务所共同指向的对象，表现为货币、实物和行为，即对谁征税。例如，消费税法律关系客体就是应当缴纳消费税的消费品，所得税法律关系的客体是生产经营所得和其他所得。

税收法律关系客体是国家利用税收杠杆调整和控制的目标，通过扩大或缩小征税范围调整征税对象，以达到限制或鼓励某些产业和行业发展的目的。

3. 税收法律关系的内容

税收法律关系的内容是主体所享有的权利和所应承担的义务。它是税收法律关系中最实质的东西。它规定权利主体什么可以有作为，什么不可以有作为，若违反规定，必须承担相应的法律责任。法律关系的主体是双主体，征税主体和纳税主体所享有的权利和承担的义务不相同。以征税主体中的税务机关为例，税务机关和纳税人的权利和义务见表1–1。

表1–1　税务机关和纳税人的权利和义务

税务机关	权利	依法征税； 税务检查； 对违章者进行处罚
	义务	宣传、咨询、辅导解读税法； 及时将税款解缴国库； 依法受理纳税人的申诉
纳税人	权利	延期纳税权； 申请减免税权； 多缴税款申请退还权； 申请复议和提起诉讼权
	义务	按期办理税务登记； 依法纳税申报； 接受和配合税务机关的纳税检查； 依法缴纳税款等

（二）税收法律关系的产生、变更与消灭

税法是引起税收法律关系的前提条件，但税法本身并不能产生具体的税收法律关系。税收法律关系的产生、变更与消灭必须有能够引起税收法律关系产生、变更或消灭的客观情况，即由税收法律事实来决定。

税收法律事实分为税收法律事件和税收法律行为。税收法律事件是指不以税收法律关系权力主体的意志为转移的客观事件。例如，自然灾害可以导致税收减免或税收延期，从而改变税收法律关系内容的变化。税收法律行为是指税收法律关系主体在正常意志支配下而做出的活动。例如，纳税人开业经营即产生税收法律关系，纳税人停业就会造成税收法律关系的消灭。

第二节　税法原则

税法原则是税收法律制度建立的基础，是统领所有税收规范的根本准则，包括税法基本原则和税法适用原则。

一、税法基本原则

（一）税收法定原则

税收法定原则是税法基本原则中的核心。税收法定原则又称税收法定主义，是指税法主体的权利和义务必须由法律加以规定，税法的各类构成要素必须由法律予以明确。税收法定原则贯穿税收立法和执法的全部领域，包括税收要件法定原则和税务合法性原则。

1. 税收要件法定原则

税收要件法定原则是指有关纳税人、征税对象和征税比率等税法要素必须以法律形式做出具体规定，有关税法要素的规定必须尽量明确。目前，我国现行的税种是18个，国家对每个税种都必须由法律专门确定才能实施。

2. 税务合法性原则

税务合法性原则是指税务机关按法定程序依法征税，无法律依据不得征税，不得随意减征、停征或免征。在立法过程中，立法者要对各个税种征收的法定程序加以明确规定，使纳税过程程序化。在执法过程中，执法者要严格按照税收实体法律和税收程序法的规定来行使自己的职权，履行职责。

（二）税收公平原则

税收公平原则包括税收横向公平和纵向公平。税收负担要根据纳税人的负担能力分配，负担能力相等，税负相同；负担能力不相等，税负也不相同。税收公平原则源于法律上的平等性原则。国家在贯彻税收公平原则时，禁止对特定纳税人有任何歧视对待，也禁止在无正当理由情况下对特定纳税人给予特别优惠。

（三）税收效率原则

税收效率原则包括经济效率原则和行政效率原则。经济效率原则要求税法的制定要有利于资源的有效配置和经济体制的有效运行；行政效率原则要求提高税收行政效率，节约税收征管成本。

（四）实质课税原则

实质课税原则是指应根据事实来确定是否符合课税要件，并根据纳税人的真实负担能力决定纳税人的税负，而不能仅考虑相关形式。例如，纳税人通过增资形式增加了注册资金数额，税务机关应重新核定计税依据，针对注册资金部分缴纳的印花税，纳税人应追加印花税。

二、税法适用原则

税法适用原则是指税务行政机关和司法机关运用税收法律规范所必须遵循的基本准则。税法适用原则并不违背税法基本原则，在某种程度上体现着税法基本原则。

（一）法律优位原则

法律优位原则是指法律的效力高于行政立法的效力。法律优位原则在税法中的作用主要体现在处理不同等级税法的关系上。法律优位原则明确了税收法律的效力高于税收行政法规的效力，还可以进一步推论为税收行政法规的效力优于税收行政规章的效力。效力低的税法与效力高的税法发生冲突时，效力低的税法即是无效的。

（二）法律不溯及既往原则

法律不溯及既往原则是大多数国家所遵循的法律程序技术原则。为了维护税法的稳定性和可预测性，一部新法实施后，对新法实施前人们的行为不得适用新法，只能沿用旧法。

【例1-2】（计算题）丽颖化妆品公司的主营业务范围为生产普通美容和修饰类化妆品，2016年1—9月的主营业务收入是1 000万元，10—12月的主营业务收入是2 000万元。

【要求】计算2016年该公司应缴纳的消费税。

【答案】从2016年10月1日起，我国取消对普通美容和修饰类化妆品征收消费税，将化妆品的税目改为“高档化妆品”。对化妆品征收的消费税包括高档美容和修饰类化妆品、高档护肤类化妆品和成套化妆品。按照法律不溯及既往原则，丽颖化妆品公司的1 000万元要缴纳消费税，2 000万元不用缴纳消费税。

（三）新法优于旧法原则

新法优于旧法原则又称后法优于先法原则。当新法、旧法对同一事项有不同规定时，新法的效力优于旧法。新法优于旧法原则在税法中普遍适用，但是当新税法与旧税法处于普通法与特别法的关系时，以及某些程序法引用“实体从旧，程序从新”原则时，可以例外。

【例1-3】（计算题）2018年11月份小王取得工资6 000元。

【要求】计算2018年11月份小王应缴纳的个人所得税。

【答案】2018年10月1日起，我国工资、薪金所得的个人所得税免征额由原来3 500元改为5 000元。依据新法优于旧法原则，2018年11月份小王取得工资时，个人所得税的免征额应为5 000元，而不是原来的3 500元。

（四）特别法优于普通法原则

特别法优于普通法原则是指对同一事项两部法律分别有一般规定和特别规定时，特别规定的效力高于一般规定的效力。例如，某单位冒用别人的驰名商标生产产品并销售，这就是生产假冒伪劣商品的违法行为，既违反了《中华人民共和国产品质量法》，又违反了《中华人民共和国商标法》。《中华人民共和国商标法》相对于《中华人民共和国产品质量法》而言就是特别法，当然要优先适用。

（五）实体从旧、程序从新原则

实体税法不具备溯及力，即在纳税义务的确定上，以纳税义务真正发生时的税法规定为准。程序性税法在特定条件下具备一定的溯及力。

【例1-4】（计算题）2003年4月税务机关对甲企业进行税务检查时发现，甲企业在1999年生产卷烟时少计算消费税70万元。

【要求】计算1999年甲企业应缴纳的消费税。

【答案】《中华人民共和国消费税暂行条例》规定，从2001年6月1日起，对卷烟消费税的计税方法和税率进行了调整，实行从量与从价相结合的复合计税方法。2003年4月税务机关检查时发现甲企业在1999年生产卷烟时少计算消费税70万元，在进行查补税款时适用2001年6月1日前规定的从价征收的办法，而不是2001年6月1日后的复合计税办法。对于滞纳金和罚款则适用2001年5月1日颁布的《中华人民共和国税收征收管理法》，而不是2001年5月1日以前的《中华人民共和国税收征收管理法》。

（六）程序优于实体原则

程序优于实体原则是关于税收争讼法的原则。在诉讼发生时，税收程序法优于税收实体法。按此原则，纳税人通过税务行政复议或税务行政诉讼来寻求法律保护的前提条件之一必须是履行税务执法机关认定的纳税义务，而不管其纳税义务实际是否发生；否则，税务行政复议机关或司法机关对纳税人的申诉不予受理。

【例1-5】（简答题）纳税人远成有限公司和税务机关在缴纳税款方面发生争议。

【要求】该公司应如何处理？

【答案】远成有限公司应先按税务机关要求缴纳有争议的税款后，再向税务复议机关提出复议申请，否则复议机关有权拒绝受理。

第三节　税法要素

税法要素是指各种单行税法具有的共同的基本要素的总称。税法要素既包括实体性的，也包括程序性的。例如，现行的18个税种的实体法中，每个税种都具有完整的税法要素。仅为某一个税法所单独具有而非普遍性的内容，不构成税法要素，比如纳税义务人中的扣缴义务人。

税法要素一般包括纳税义务人、征税对象、税目、税率、纳税环节、纳税期限、纳税地点等项目。

一、纳税义务人

每个税种都要明确国家对谁征税。纳税义务人又称纳税人或纳税主体，是税法规定的直接负有纳税义务的单位和个人。纳税人有两种基本形式：法人和自然人。法人是基于法律规定享有权利能力和行为能力，具有独立的财产及组织经费，依法独立承担民事责任的社会组织。我国的法人主要有四种形式：机关法人、事业法人、企业法人和社团法人。自然人是具有民事权利和义务的主体，包括本国公民、外国人和无国籍人。法人和自然人的分类标准很多，其中按不同的目的和标准，自然人可分为居民纳税人和非居民纳税人、个体经营者和其他个人等；法人可分为居民企业和非居民企业。

1. 代扣代缴义务人

代扣代缴义务人是指不承担纳税义务，但依照相关规定，在向纳税人支付收入、结算款项或收取费用时有义务代扣代缴其应纳税款的单位和个人。例如，出版社代扣作者稿酬所得的个人所得税等。对于未按规定代扣代缴税款的单位和个人，一经发现，将承担相应的法律责任。

2. 代收代缴义务人

代收代缴义务人是指虽不承担纳税义务，但依照相关规定，在向纳税人收取商品或劳务收入时，有义务代收代缴其应纳税款的单位和个人。例如，委托加工应税消费品，应由受托方在向委托方交货时代收代缴委托方应该缴纳的消费税。

提示

纳税人与负税人不同。纳税人是税法规定的直接负有纳税义务的单位和个人。负税人是指最终承担税款的单位和个人。由于税负转嫁的原因，有的税种纳税人就是负税人，有的税种纳税人则不是负税人。

二、征税对象

征税对象是税法最基本的要素。征税对象又称课税对象、征税客体，指税法规定对什么征税，是征纳税双方权利义务共同指向的客体或标的物。征税对象是区别不同税种的重要标志。例如，消费税的征税对象是《中华人民共和国消费税暂行条例》所列举的应税消费品，城镇土地使用税的征税对象是土地等。

按征税对象性质的不同，通常可划分为流转额、所得额、财产、行为四大类，通常也将税收分为相应的四大类：流转税、所得税、财产税和行为税。与征税对象相关的两个基本概念为税目和税基：

1. 税目

税目本身也是一个重要的税法要素。税目是征税对象的具体化，反映具体的征税范围。有些税种的征税对象有具体税目，比如消费税下设15个科目。有些税种不分征税对象的具体项目，比如企业所得税。

2. 税基

税基又称计税依据，是据以计算征税对象应纳税款的直接数量依据，它解决对征税对象征税的计算问题，是对征税对象量的规定。按照计量单位的性质划分，有两种基本形态，即价值形态和物理形态。

（1）价值形态。价值形态又称为从价计征，是以价值形态作为税基，按征税对象的货币价值计算。例如，小规模纳税人应交增值税是按不含税销售收入乘以适用税率计算得到的，其税基为不含税销售收入，属于从价计征的方法。价值形态包括应纳税所得额、销售收入、营业收入等。

（2）物理形态。物理形态又称从量计征，是直接按征税对象的自然单位计算。例如，城镇土地使用税应纳税额是由占用土地面积乘以每单位面积应纳税额计算而得，其税基为占用土地的面积，属于从量计征的方法。物理形态包括面积、体积、容积、重量等。

【例1-6】（单项选择题）下列税法要素中，能区别一种税与另一种税的重要标志是（　　）。（2016年注册会计师考试试题）

A.纳税地点　　B.纳税环节　　C.纳税义务人　　D.征税对象

【答案】D。

三、税目

税目是指在税法中对征税对象分类规定的具体的征税项目，反映具体的征税范围，是对课税对象质的界定。

四、税率

税率是对征税对象的征收比例或征收额度。税率是计算税额的尺度，也是衡量税负轻重与否的重要标志。我国现行的税率主要有：

（一）比例税率

比例税率是指对同一征税对象，不分数额大小，规定相同的征收比例，比如增值税、企业所得税等。比例税率的特点为计算简单、税负透明度高，无论征税对象数额多少，同一征税对象只规定一个比率的税率，不妨碍商品流转额或非商品销售额扩大，符合税收效率原则。但比例税率不容易体现税收公平主义原则，不能针对不同收入的纳税人实施不同的税率。比例税率可以分为三种具体形式，即单一比例税率、差别比例税率、幅度比例税率。

1. 单一比例税率

单一比例税率是指对同一征税对象的所有纳税人都适用同一比例税率。

2. 差别比例税率

差别比例税率是指对同一征税对象的不同纳税人适用不同的比例征税。比如消费税、关税等就是产品差别比例税率，城市维护建设税就是地区差别比例税率。

3. 幅度比例税率

幅度比例税率是指对同一征税对象，税法只规定最低税率和最高税率，各地区在该幅度内确定具体的适用税率。比如，契税就是幅度比例税率，全国统一规定的幅度是3%~5%。

（二）定额税率

定额税率又称固定税额，是按征税对象确定一定的计算单位，直接规定固定的税额。税率不受课税对象价值量变化的影响，适用于对价格稳定、质量等级和品种规格单一的产品征税的税种，比如资源税、城镇土地使用税、车船税等。

（三）累进税率

累进税率是指随着征税对象数量增大而随之提高的税率。累进税率按征税对象数额的大小划分为若干等级，不同等级的征税数额分别适用不同的税率，征税数额越大，适用税率越高。累进税率可分为全额累进税率、超额累进税率和超率累进税率。

1.全额累进税率

全额累进税率是把征税对象的数额划分为若干等级，对每个等级分别规定相应税率，即一定征税对象的数额只适用一个等级的税率。当税基超过某个级距时，征税对象的全部数额都按提高后级距的相应税率征税。全额累进税率的特点为计算简便，累进急剧，税负不合理。公式为：

全额累进税额=全部课税对象数额×全额累进税率

【例1-7】（计算题）某教师2020年8月份工资的应纳税所得额为8 000元，9月份工资的应纳税所得额为8 001元，适用税率见表1-2。只考虑税率，暂不考虑速算扣除数。

【要求】按全额累进税率计算8月、9月的应纳税额是多少？

表1-2　工资、薪金所得税税率表

级数	全月应纳税所得额	预扣率（%）	速算扣除数（元）
1	不超过3 000元的部分	3	0
2	超过3 000元至12 000元的部分	10	210
3	超过12 000元至25 000元的部分	20	1 410

【答案】全额累进税率计算法下：

8月份应纳税额=（8 000-5 000）×3%=90（元）

9月份应纳税额=（8 001-5 000）×10%=300.1（元）

因为工资多出1元钱，致使个人所得税多出210.1元（300.1-90）。可见，如果不考虑速算扣除数，按全额累进税率计算，得到的个人所得税是不合理的。如果考虑速算扣除数，按全额累进税率计算，9月份应纳税额应采用分段计算：

9月份应纳税额=（8 000-5 000）×3%+1×10%=90.1（元）

2.超额累进税率

超额累进税率是指把征税对象按数额的大小分成若干等级，每一等级规定一个税率，税率依次提高，但每一纳税人的征税对象则依所属等级同时适用几个税率分别计算，将计算结果相加后得出应纳税款。在级数较多的情况下，全额累进税率下计算应纳税额，需要分级计算然后相加，这种方法比较烦琐。为了简化计算，也可采用速算法。速算法的原理是基于全额累进计算的方法比较简单，可将超额累进计算的方法转化为全额累进计算的方法。按数额乘以每一等级规定的税率，再减去这一等级对应的速算扣除数，即可求出超额累进税率计算应纳税额。

【例1-8】（计算题）仍以【例1-7】为例，采用超额累进税率计算应纳税额。

【要求】按超额累进税率计算8月、9月的应纳税额是多少？

【答案】8月份应纳税额=（8 000-5 000）×3%=90（元）

9月份应纳税额=（8 001-5 000）×10%-210=90.1（元）

【例1-9】（计算题）仍以【例1-7】和【例1-8】资料为例，当工资为8 001元、8 002元和8 003元时，分别采用全额累进税率下分段计算和不考虑速算扣除数情况下计算应纳税所得额两种情况。

【要求】由两种情况推算速算扣除数的由来。

【答案】在工资为8 001元、8 002元和8 003元时，分别采用全额累进税率下分段计算和不考虑速算扣除数情况下计算应纳税所得额两种情况，以此推出速算扣除数的由来，表1-3。

表1-3　速算扣除数的由来　单位：元

工资金额	全额累进税率下分段计算 ①	不考虑速算扣除数计算 ②	差额 ①-②
8 001	（8 000-5 000）×3%+1×10%=90.1	（8 001-5 000）×10%=300.1	210
8 002	（8 000-5 000）×3%+2×10%=90.2	（8 002-5 000）×10%=300.2	210
8 003	（8 000-5 000）×3%+3×10%=90.3	（8 003-5 000）×10%=300.3	210

提示

速算扣除数是为解决超额累进税率分级计算税额的复杂技术问题，而预先计算出的一个数据。超额累进税率的计税特点是把全部应税金额分成若干等级部分，每个等级部分分别按相应的税率计征，税额计算比较复杂。简便的计算方法是先将全部应税金额按其适用的最高税率计税，然后再减去速算扣除数，其余额就为按超额累进税率计算的税额。速算扣除数是按全额累进税率计算的税额和按超额累进税率计算的税额相减后的一个差数。

3. 超率累进税率

超率累进税率是以征税对象数额的相对率划分若干级距，分别规定相应的差别税率，相对率每超过一个级距的，对超过的部分就按高一级的税率计算征税。目前我国税收体系中采用这种税率的是土地增值税 。

【例1-10】（多项选择题）我国现行税收制度中，未采用的税率形式有（　　）。（2012年注册会计师考试试题）

A. 超率累进税率　B. 定额税率　C. 负税率　D. 超倍累进税率

E. 超额累进税率

【答案】CD。

五、纳税环节

纳税环节是指税法规定的征税对象在从生产到消费的流转过程中应当缴纳税款的环节。商品从生产到消费需要经历多个流转环节，每个环节都会有销售额，都可能成为纳税环节。国家对商品流转过程中所征税种规定了不同的纳税环节，例如，流转税在生产和流通环节纳税、所得税在分配环节纳税等。

【例1-11】（单项选择题）资源税的纳税环节是（　　）。

A.生产销售环节　　B.批发环节　　C.运输环节　　D.最终消费环节

【答案】A。

六、纳税期限

纳税期限是指税法规定的关于税款缴纳时间的限定。税法关于纳税时限的规定，需要了解三个概念。

1.纳税义务发生时间

纳税义务发生时间即应税行为发生的时间，例如，采取预收货款方式销售货物时，增值税的纳税义务发生时间为货物发出的当天。

2.纳税期限

纳税人每次发生纳税义务后，不可能立刻缴纳税款。税法规定每个税种的纳税期限，即每隔固定时间汇总一次纳税义务的时间。例如，《中华人民共和国增值税暂行条例》（以下简称《增值税暂行条例》）规定，增值税的纳税期限分别为1日、3日、5日、10日、15日、1个月或者1个季度。纳税人的具体纳税期限，由主管税务机关根据纳税人应纳税额的大小分别核定；不能按照固定期限纳税的，可以按次纳税。纳税人进口货物，应当自海关填发海关进口增值税专用缴款书之日起15日内缴纳税款。

3.缴税期限

缴税期限是税法规定的纳税期满后，纳税人将应纳税款缴入国库的期限。例如，《增值税暂行条例》规定，纳税人以1个月或者1个季度为1个纳税期的，自期满之日起15日内申报纳税；以1日、3日、5日、10日或者15日为1个纳税期的，自期满之日起5日内预缴税款，于次月1日起15日内申报纳税并结清上月应纳税款。纳税期限与缴税款期限对比表见表1-4。

表1-4　纳税期限与缴税期限对比表

纳税期限	缴税期限
以1日、3日、5日、10日或者15日为一个纳税期的	自期满之日起5日内预缴税款，于次月1日起15日内申报纳税并结清上月应纳税款
以1个月或者1个季度为一个纳税期的	自期满之日起15日内申报纳税

七、纳税地点

纳税地点主要是指根据各个税种纳税对象的纳税环节和有利于对税款的源泉控制而规定的纳税人（包括代扣代缴义务人和代收代缴义务人）的具体申报缴纳税金的地方。

八、减税免税

减税免税主要是对某些纳税人和征税对象采取减少征税或者免予征税的特殊规定。减税免税可以分为税额式减免、税基式减免和税率式减免三种形式。

税基式减免是通过直接缩小计税依据的方式来实现的减税免税，包括起征点和免征额。起征点和免征额是两个概念。起征点是征税对象达到一定数额开始征税的起点，对征税对象数额未达到起征点的不征税，达到起征点的按一定数额征税。免征额是在征税对象的全部数额中免予征税的数额，对免征额的部分不征税，仅对超过免征额的部分征税。当课税对象的额度大于起征点和免征额时，采用起征点制度的要对课税对象的全部数额征税。采用免征额制度的仅对课税对象超过免征额部分征税。例如，个人所得税的起征点从2018年10月1日起由3 500元上调至5 000元，确切的说法应该是“免征额”。

九、罚则

罚则主要是指对纳税人违反税法的行为采取的处罚措施。

十、附则

附则一般规定与税法紧密相关的内容，比如税法的解释权、生效时间等。

提示

（1）对商品课税一般采用“按期纳税”，对所得课税一般采用“按年计征，分期预缴”。

（2）纳税期限发生顺延的情况：

① 纳税期限的最后一天为法定节假日；

② 纳税期限内有三天以上的法定节假日。

第四节　我国现行税法体系

一、税收立法机关

理解税法体系，首先要了解我国税收立法机关，哪一层级的机关颁布相关的税收法律、法规、规章和规范。税法有广义和狭义之分，广义的税法是税法体系的总称，包括所有调整税收关系的法律、法规、规章和规范性文件；狭义的税法，特指由全国人民代表大会及其常务委员会制定和颁布的税收法律。由于制定税收法律、法规和规章的机关不同，其法律级次和法律效力也不同。

我国的立法体制是全国人民代表大会及其常务委员会行使立法权，制定法律；国务院及所属各部委有权根据《中华人民共和国宪法》（以下简称《宪法》）和法律制定行政法规和规章；地方人民代表大会及其常务委员会在不与《宪法》、法律、行政法规抵触的前提下，有权制定地方性法规，但要报全国人大常委会和国务院备案；民族自治地方的人大有权依照当地民族政治、经济和文化的特点，制定自治条例和单行条例。各级机关根据国家立法体制规定所制定的一系列税收法律、法规、规章和规范性文件，构成了我国的税收法律体系。

（一）全国人民代表大会和全国人民代表大会常务委员会制定的税收法律

在国家税收中，凡是基本的、全局性的问题，都要由全国人民代表大会常务委员会以税收法律的形式制定实施，并在全国范围内普遍适用，如国家税收的性质，征纳双方权利与义务的确定，税种的设置，税目、税率的确定等。在现行税法中，例如《中华人民共和国企业所得税法》（以下简称《企业所得税法》）、《中华人民共和国个人所得税法》（以下简称《个人所得税法》）、《中华人民共和国税收征收管理法》（以下简称《税收征收管理法》）等都是税收法律。

除《宪法》外，在税法体系中，税收法律具有最高的法律效力，是其他机关制定税收法规、规章的法律依据，其他各级机关制定的税收法规、规章，都不能与《宪法》和税收法律相抵触。

（二）全国人民代表大会或全国人民代表大会常务委员会授权立法

授权立法是指全国人民代表大会及其常务委员会根据需要授权国务院制定某些具有法律效力的暂行规定或者条例。授权立法与制定行政法规不同。国务院经授权立法所制定的规定或条例等，具有国家法律的性质和地位，它的法律效力高于行政法规，在立法程序上还需报全国人民代表大会常务委员会备案。例如，国务院在1994年1月1日起实施的工商税制改革中，制定实施了增值税、营业税、消费税、资源税、土地增值税、企业所得税等六个暂行条例。

（三）国务院制定的税收行政法规

国务院作为最高国家权力机关的执行机关，是最高国家行政机关。行政法规作为一种法律形式，在中国法律形式中处于低于《宪法》、法律和高于地方性法规、部门规章及地方规章的地位，也是在全国范围内普遍适用的。行政法规的立法目的在于保证《宪法》和法律的实施，行政法规不得与《宪法》、法律相抵触，否则无效。国务院发布的《中华人民共和国企业所得税法实施条例》《中华人民共和国税收征收管理法实施细则》等都是税收行政法规。

（四）地方人民代表大会及其常务委员会制定的税收地方性法规

省、自治区、直辖市的人民代表大会，以及省、自治区的人民政府所在地的市和经国务院批准的较大的市的人民代表大会有制定地方性法规的权力。地方权力机关制定税收地方性法规不是无限制的，而是要严格按照税收法律的授权行事。目前，除了海南省、民族自治地区按照全国人大授权立法规定，在遵循《宪法》、法律和行政法规的原则基础上，可以制定有关税收的地方性法规外，其他省、市一般都无权制定税收地方性法规。

（五）国务院税务主管部门制定的税收部门规章

财政部、国家税务总局及海关总署有权制定税收部门规章。其制定规章的范围包括对有关税收法律、法规的具体解释，税收征收管理的具体规定、办法等。税收部门规章在全国范围内具有普遍适用效力，但不得与税收法律、行政法规相抵触。例如，财政部颁发的《中华人民共和国增值税暂行条例实施细则》等属于税收部门规章。

（六）地方政府制定的税收地方规章

省、自治区、直辖市，以及省、自治区的人民政府所在地的市和经国务院批准的较大的市的人民政府可以根据法律和国务院的行政法规制定规章。只有在税收法律、法规明确授权的前提下，地方政府才能制定税收规章，并且不得与税收法律、行政法规相抵触。没有税收法律、法规的授权，地方政府无权制定税收规章。例如，国务院发布实施的城市维护建设税、房产税等地方性税种暂行条例，都规定了省、自治区、直辖市人民政府可根据条例制定实施细则。

我国的立法体制见表1-5。

表1-5　我国的立法体制

分类	立法机关	形式	法律效力	实例
税收法律	全国人大及其常务委员会正式立法	四部法律	除《宪法》外，税收法律效力最高	《企业所得税法》《个人所得税法》《税收征收管理法》《车船税法》
	全国人大及其常务委员会授权国务院立法	五个暂行条例	授权立法的法律效力高于行政法规	《增值税暂行条例》《消费税暂行条件》《资源税暂行条例》《土地增值税暂行条例》等
税收法规	国务院税收行政法规	条例、暂行条例、实施细则	行政法规的效力低于《宪法》、法律，高于地方性法规、部门规章和地方规章	《企业所得税法实施条例》《税收征收管理法实施细则》
	地方人大及其常务委员会制定的税收地方性法规			
税收规章	财政部、国家税务总局、海关总署制定的税收部门规章	办法、规则、规定	不得与税收法律、行政法规相抵触	《增值税暂行条例实施细则》等
	省级地方政府制定的税收地方规章			各地房产税暂行条例实施细则等

二、税法的分类

税法内容涉及范围很广泛，各单行税收法律法规结合起来就构成了完整的税法体系。

（一）按税法的功能和作用的不同，可分为税收实体法和税收程序法

1. 税收实体法

税收实体法主要是指确定税种立法，具体规定各税种的征收对象、征收范围、税目、税率、纳税地点等。按征税对象大致分为以下五类：

（1）商品（货物）和劳务税类。这类税法主要在生产、流通或者服务业中发挥调节作用，它与商品生产、流通、消费有密切联系。对什么商品征税，税率多高，对商品经济活动都有直接的影响，包括增值税、消费税和关税。

（2）所得税类。这类税法主要是在国民收入形成后，对生产经营者的利润和个人的纯收

入发挥调节作用，发挥其公平税负、调整分配关系的作用，包括企业所得税、个人所得税。

（3）财产和行为税类。这类税法主要是对某些财产的价值和行为进行征税，发挥调节作用，包括房产税、车船税、印花税、契税。

（4）资源税类。这类税法主要是对因开发和利用自然资源差异而形成的级差收入发挥调节作用，以保护和合理使用国家自然资源，包括资源税、土地增值税、城镇土地使用税和环境保护税。

（5）特定目的税类。这类税法主要是为了达到特定目的，对特定对象和特定行为发挥调节作用，包括城市维护建设税、车辆购置税、耕地占用税、船舶吨税和烟叶税。

目前，我国已制定18个税种的法律法规，共同构成了我国的税收实体法体系，每个税种的具体内容也是按照税法要素来颁布的。其中，除关税和船舶吨税由海关负责征收外，其他税种由税务机关负责征收管理。现行税种中，除企业所得税、个人所得税和车船税是以国家法律的形式发布实施外，其他各税种都是经全国人民代表大会授权立法，由国务院以暂行条例的形式发布实施的。我国现行税法实体法体系如图1-1所示。

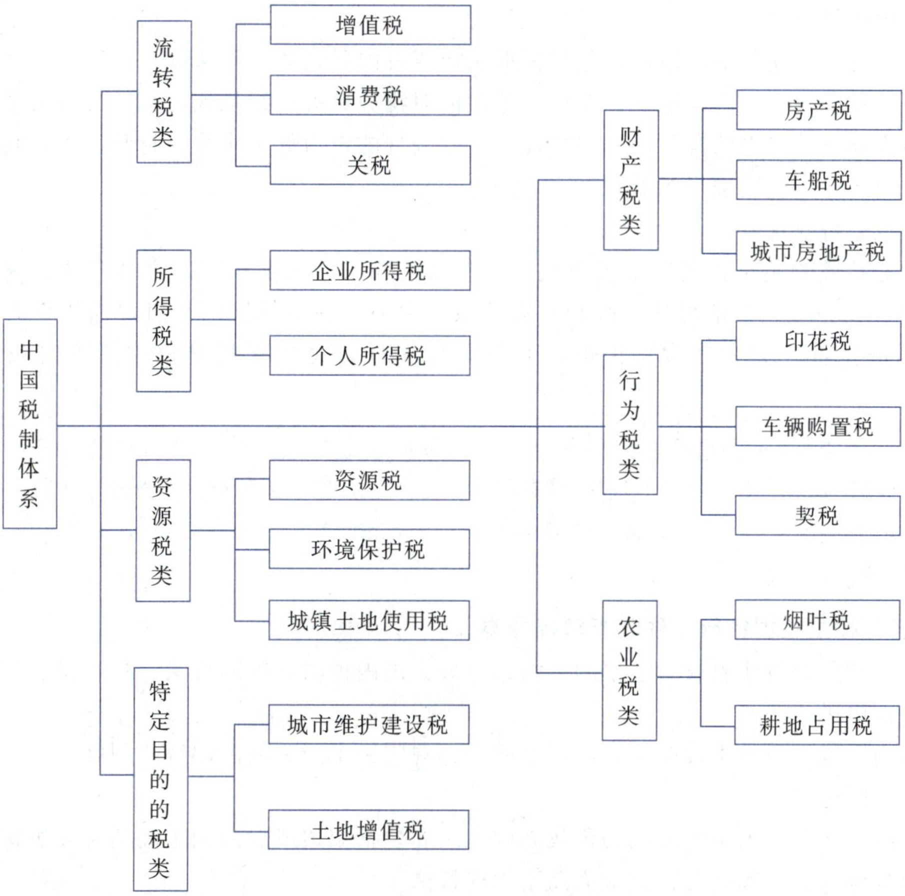

图1-1　我国现行税法实体法体系

2. 税收程序法

税收程序法是指税务管理方面的法律，主要包括税收管理法、纳税程序法、发票管理法、税务机关组织法、税务争议处理法等。例如，《税收征收管理法》就属于税收程序法。

税收实体法和税收征收管理的程序法共同构成了我国现行税法体系。

（二）按税法效力分类

按税法的效力不同，税法可以分为税收法律、税收法规、税务规章和税务行政规范等。

1. 税收法律

税收法律是由全国人民代表大会及其常务委员会制定的法律及暂行条例，其制定程序为：提出—审议—表决通过—公布。目前，由全国人民代表大会通过的税收法律有《企业所得税法》和《个人所得税法》，由全国人民代表大会及其常务委员会通过的税收法律有《税收征收管理法》和《车船税法》。

2. 税收法规

税收法规是我国税收立法的主要形式，由国务院制定税收行政法规，地方人大及常委会制定税收地方性法规。目前，只有海南省、民族自治区按全国人民代表大会授权立法可以颁布税收法规。

3. 税务规章

税务规章即税务部门规章，是指根据法律或者国务院的行政法规、决定、命令，在国家税务总局职权范围内制定的，在全国范围内对税务机关、纳税人、扣缴义务人及其他税务当事人具有约束力的税收规范性文件。税收法规的效力低于法律、行政法规，其制定不得与税收法律、行政法规相抵触。

4. 税务行政规范

税务行政规范是指县以上税务机关依照法定职权和规定程序制定公布的，规定纳税人、扣缴义务人、其他税务行政相对人的权利义务，在本辖区内具有普遍约束力并可反复适用的文件。它是通常所说的税收规范性文件，是用来指导税收征管实践活动的依据。

【例 1-12】（多项选择题）税收立法程序是税收立法活动中必须遵循的法定程序，目前我国税收立法程序经过的主要阶段有（　　）。（2016年注册会计师考试试题）

A. 提议阶段　　B. 通过阶段　　C. 审议阶段　　D. 公布阶段

【答案】ABCD。

（三）按主权国家行使税收管辖权分类

按主权国家行使税收管辖权的不同，可分为国内税法、国际税法、外国税法等。

1. 国内税法

国内税法一般是指按照属人或属地原则，规定一个国家的内部税收制度。

2. 国际税法

国际税法是指国家间形成的税收制度，主要包括双边或多边国家间的税收协定、条约和国际惯例等，一般而言，其效力高于国内税法。

3. 外国税法

外国税法是指外国各个国家制定的税收制度。

（四）按税收管理权限分类

按税收管理权限的不同，可分为中央税、地方税和中央与地方共享税。

1. 中央税

中央税又称国家税，由中央税务机构负责征收，其征收管理权由国务院及其税务主管部门（财政部和国家税务总局）掌握。通常是将一些收入充足和稳定的税种作为中央税，包括消费税、关税、车辆购置税等。由于各国税收管理体制不同，中央税的划分和规模各有不同的特点。例如，美国和日本，中央税占全部税收收入的60%以上；英国和法国，中央税高达80%左右。

2. 地方税

地方税即属于各级地方政府的固定财政收入，其管理权由地方人民政府和税务主管部门掌握，由地方税务机构负责征收。例如，资源税、土地增值税、印花税、城市维护建设税、城镇土地使用税、房产税、车船税等，是由地方政府征收、管理和支配的税收。

3. 中央与地方共享税

中央与地方共享税是由国家税务总局负责征收管理，是中央政府和地方政府的共同收入，收入由中央与地方按比例或种类分享。例如，增值税（不含进口环节由海关代征的部分），中央政府分享50%，地方政府分享50%。

【例1-13】（单项选择题）下列税种中，属于中央政府与地方政府共享收入的是（　　）。

A. 关税　　B. 消费税　　C. 土地增值税　　D. 个人所得税

【答案】D。

本章小结

知识点❶　税收是政府为了满足公共需要，凭借政治权力，强制、无偿地取得财政收入的一种形式，其特点表现为：①无偿性；②强制性；③固定性。

知识点❷　税法是国家制定的用以调整国家与纳税人之间在征纳税方面的权利及义务关系的法律规范的总称，税收法律关系包括三方面内容：①税收法律关系的主体；②税收法律关系的客体；③税收法律关系的主体。

知识点❸　税法原则包括税法基本原则和税法适用原则。税法基本原则包括：税收法定原则、税收公平原则、税收效率原则、实质课税原则。税法适用原则包括：法律优位原则，法律不溯及既往原则，新法优于旧法原则，特别法优于普通法原则，实体从旧、程序从新原则，程序优于实体原则。

知识点❹　税法构成要素主要包括：①纳税义务人；②征税对象；③税目；④税率；⑤纳税环节；⑥纳税期限；⑦纳税地点；⑧减税免税；⑨罚则；⑩附则。

知识点❺　我国税法主要有四种分类方法：①按税法的功能和作用的不同，可分为税收实体法和税收程序法；②按税法的效力不同，可分为税收法律、税收法规、税务规章和税务行政规范等；③按照主权国家行使税收管辖权的不同，可分为国内税法、国际税法、外国税法等；④按税收管理权限的不同，可分为中央税、地方税和中央与地方共享税。

思考题

1. 税收的含义是什么？税收的特点表现为哪几个方面？

2. 如何理解税收的主要职能？
3. 税法的含义是什么？如何理解税收和税法的关系？
4. 税收法律关系是什么？它包括哪些方面的内容？
5. 如何理解税务机关和纳税人的权利和义务？
6. 税法的适用原则包括哪些？如何正确理解实体从旧、程序从新原则的含义？
7. 举例解释程序优于实体原则在解决税收争讼时应如何适用？
8. 税法的构成要素包括哪些内容？
9. 我国现行税率有哪些形式？超额累进税率与全额累进税率比较，具有什么优点？
10. 我国现行的税法体系是如何构成的？
11. 如何按照不同的税法分类方法对税法进行划分？

第二章

增值税

【学习目标】

1. 了解增值税的基本法律知识；熟悉增值税的概念、类型和作用。
2. 掌握增值税的征税范围及适用税率。
3. 掌握增值税应纳税额的计算方法；熟练计算增值税一般纳税人的进项税额、销项税额和当期应纳增值税额，以及小规模纳税人的应纳增值税额。
4. 掌握一般纳税人和小规模纳税人的纳税申报表的填制方法。
5. 了解进口环节增值税的征收范围及应纳税额计算。
6. 掌握税收优惠和征收管理的相关规定。
7. 熟悉增值税发票的使用及管理情况。

案例导入

永安有限责任公司属于一般纳税人，主营销售各种装修板材及木门，兼木门安装服务，下设采购、销售和安装三个部门，采购部门负责采购板材及木门；安装部门负责安装木门业务。2024年2月安装木门取得收入10万元，其中安装自己销售的木门收入7万元，安装其他企业的木门收入3万元。销售部门负责板材及木门的销售，其收支均由公司实行统一核算。销售部门的收入由销售板材收入和销售木门收入组成。2024年2月销售板材收入120万元，销售木门收入70万元。

请问：永安有限责任公司销售板材和木门及安装服务收入，应当如何进行税务处理？

第一节　增值税法基础理论

增值税是一种流转税，所有企业发生的经营行为取得的收入都需要缴纳增值税（优惠免征除外）。增值税法是调整增值税征纳关系的法律规范的总称。由于企业的类型分为一般纳税人和小规模纳税人，因此，不同的纳税人又适用不同的税收政策、不同税率、不同的优惠政策等。

一、增值税的性质

1. 增值税的概念

增值税是以商品和劳务在流转过程中产生的增值额作为征税对象而征收的一种流转税。我国现行的增值税是在我国境内销售货物、服务、无形资产、不动产（以下称应税交易）及进口货物的单位和个人，就其取得的货物、劳务或应税服务销售额及进口货物金额计算税款，并实行税款抵扣制的一种流转税。

2. 增值额

增值税只对增值额征收，因此要想掌握增值税，首先要理解增值额的概念。一件商品到达消费者手中实现其使用价值，要经过多个环节，比如棉花生产—棉布生产—服装生产——批发企业—零售企业—消费者。每个环节都会发生购销业务，直到最后消费者环节，流通终止。每个环节都会产生增值额，例如，棉布生产企业销售的价格就是服装生产企业购进的价格，而棉布生产企业销售时要根据销售额计征销项税，这就是服装生产企业购买时的进项税额，也就是说，如果企业是一般纳税人，棉布生产企业缴纳的销项税额会在下一个环节服装生产企业购进时做进项税额抵扣，每个环节的增值税只是针对增值额缴纳的，最后一个环节消费者则是增值税的最终承担者。各个环节的增值额情况举例，见表2-1。

表2-1　各个环节的增值额情况举例　单位：元

纳税人	流通环节	进价	售价	增值额
棉花企业	棉花生产	0	40	40
棉布企业	棉布生产	40	100	60
服装企业	服装生产	100	300	200
批发企业	批发	300	400	100
零售企业	零售	400	480	80
消费者	消费者	480		480

增值税是以商品在流转过程中产生的增值额为计税依据而征收的一种流转税。增值额有理论增值额和法定增值额之分。所谓增值额是指纳税人销售某种商品或提供劳务所取得的收入价格与商品或劳务的外购价格之间的差额。例如，企业购买原材料2 000元，加工成商品后再以3 000元出售，则：

增值额=3 000-2 000=1 000（元）

3. 增值税一般不直接以增值额作为计税依据

在计算增值税时，并不是先求出各生产经营环节的增值额，然后再据此计算增值税，而是采取从销售总额的应纳税额中扣除外购项目已纳税款的税款抵扣法。

二、增值税的类型

根据上述对法定增值额的介绍，按对外购固定资产处理方式的不同，增值税可划分为消费型增值税、收入型增值税和生产型增值税三种类型。

1. 消费型增值税

消费型增值税是指征收增值税时，允许将纳税期内当期购进的固定资产价值从当期销售收入中一次性全部扣除。纳税人用于生产的全部外购生产资料都不在征税之列，就整个社会而言，增值税税基相当于全部消费品的价值，所以称为消费型增值税。目前世界上绝大多数国家都实行这种增值税。我国从2009年1月1日起开始实行消费型增值税。

2. 收入型增值税

收入型增值税是指征收增值税时，只允许在纳税期内扣除购进固定资产当期折旧部分，但对外购固定资产价款以折旧方式分期转入产品价值部分无法提供合法的外购凭证，不利于规范凭票扣税的计征方式。该类型的增值税具有重复征税的缺点。

3. 生产型增值税

生产型增值税是指征收增值税时，对于外购的固定资产价值不允许做任何扣除。我国在1994年1月1日至2008年12月31日实行的是生产型增值税。

三、增值税的特点

1. 普遍征收，道道征收

增值税是对所有从事商品经营活动的单位和个人，在商品、劳务和服务流通的各个环节向纳税人普遍征收。征税范围广，尤其营改增后，增值税的征税范围更为广泛。

2. 税收中性效应，不重复征税

税收中性是指国家征税应避免对市场经济正常运行的干扰，特别是不能使税收超越市场机制，也不能成为资源配置的决定因素。在市场对资源配置起基础作用的前提下，有效地发挥税收调节作用，使市场机制和税收机制达到最优结合。

无论流转环节多与少，只要增值额相同，税负就相同。对同一商品来讲，最终环节实现消费时的最后销售额相当于该商品从生产到流通各个经营环节的增值额之和。增值税针对每个环节的增值额部分征收，避免重复征税，不影响商品的生产结构，有利于生产的专业划分。

3. 税负具有转嫁性

增值税是道道征税，每个环节都要抵扣（小规模纳税人除外）。凡是商品、劳务和服务实现了销售，就要征收增值税。增值税是对纳税人征收，但税负具有转嫁性，税收负担最终由消费者承担，实际纳税人是最终的消费者。

4. 实行税款抵扣制度

实际上，商品流通过程中的增值额不便于准确计算。因此，如果企业是一般纳税人，增值税实际征纳时采用税款抵扣制度。为了便于操作，企业可以根据销售额和税率计算增值税税款，然后扣除上一道环节企业已缴纳的增值税税款，即扣除本环节购进时发生的增值税税款，差额即为纳税人应缴纳的增值税税款。

5. 实行价外税制度

增值税的计税依据是不含增值税的销售额，即商品价格中不含增值税。增值税在商品价格之外，价税分离，即价外税。税负透明，税额不受价格变动的限制，税收收入较稳定。该税制有利于形成均衡的生产价格，税负容易转嫁。

四、增值税的计税方法

增值税是以增值额为征税对象征收的一种税。通常采用间接计算法，是指不直接根据增值额计算增值税，而是以外购项目的实际已纳税额为依据。由于该方法简便易行，计算准确，因此，该方法是实行增值税的国家广泛采用的计税方法。其计算公式为：

应纳税额=应税销售额×适用税率-购进价格×适用税率

=销项税额-进额税额

第二节　纳税义务人与征税范围

一、纳税义务人和扣缴义务人

（一）纳税义务人

增值税纳税义务人是在中国境内发生应税交易且销售额达到增值税起征点的单位和个人，以及进口货物的收货人。

单位是指企业、行政单位、事业单位、军事单位、社会团体及其他单位。个人是指个体工商户和其他个人。报关进口货物的纳税人是进口货物收货人或办理报关手续的单位或个人。代理进口的，以海关完税凭证，即专用缴款书上面的纳税人为增值税的纳税人。

（二）扣缴义务人

中国境外的单位或个人在境内发生应税交易，在境内未设有经营机构的，扣缴义务人为其境内代理人；在境内没有代理人的，购买方为扣缴义务人。

动漫微课 2-1

增值税纳税人的分类及管理

（三）增值税纳税人的分类

根据纳税人年应税销售额的大小、会计核算水平和能否准确提供税务资料等标准，将纳税人划分为一般纳税人和小规模纳税人两种类型。

二、征税范围

（一）征税范围的一般规定

征税范围指在我国境内发生应税交易以及进口货物行为，其中应税交易包括销售货物、服务、无形资产、不动产和金融商品。

1. 销售货物、不动产、金融商品

销售货物、不动产、金融商品，是指有偿转让货物、不动产、金融商品的所有权。销售货物是指有偿转让货物的所有权，能从购买方取得货币、货物或其他经济利益。货物是指有形动产，包括电力、热力、气体在内。不动产是指不能移动或者移动后会引起性质、形状改变的财产，包括建筑物、构筑物等。销售不动产是指转让不动产所有权的业务活动。

2. 销售服务

销售服务是指有偿提供服务，包括纳税人提供加工、修理修配劳务，交通运输服务，邮政服务，电信服务，建筑服务，金融服务，现代服务，生活服务。

（1）交通运输服务，指利用运输工具将货物或者旅客送达目的地，使其空间位置得到转移的业务活动，包括陆路运输服务、水路运输服务、航空运输服务和管道运输服务。

（2）邮政服务，指中国邮政集团公司及其所属邮政企业提供邮件寄递、邮政汇兑和机要通信等邮政基本服务的业务活动，包括邮政普遍服务、邮政特殊服务和其他邮政服务。

（3）电信服务，指利用有线、无线的电磁系统或者光电系统等各种通信网络资源，提供语音通话服务，传送、发射、接收或者应用图像、短信等电子数据和信息的业务活动，包括基础电信服务和增值电信服务。

（4）建筑服务，指各类建筑物、构筑物及其附属设施的建造、修缮、装饰，线路、管道、设备、设施等的安装以及其他工程作业的业务活动，包括工程服务、修缮服务、安装服务、装饰服务和其他建筑服务。

（5）金融服务，指经营金融保险的业务活动，包括贷款服务、直接收费金融服务、保险服务、金融商品转让和其他金融商品转让。

（6）现代服务，指围绕制造业、文化产业、现代物流产业等提供技术性、知识性服务的业务活动，包括研发和技术服务、信息技术服务、文化创意服务、物流辅助服务、租赁服务、鉴证咨询服务、广播影视服务、商务辅助服务和其他现代服务。

（7）生活服务，指为满足居民日常生活需求提供的各类服务活动，包括文化体育服务、教育医疗服务、旅游娱乐服务、餐饮住宿服务、居民日常服务和其他生活服务。提供餐饮服务的纳税人销售的外卖食品，按“餐饮服务”缴纳增值税。

3. 销售无形资产

销售无形资产是指有偿转让无形资产的所有权或者使用权。销售方为境内单位和个人，或者无形资产在境内消费。无形资产是指不具实物形态，但能带来经济利益的资产，包括技术、商标、著作权、商誉、自然资源使用权和其他权益性无形资产。

4. 进口货物

进口货物是指货物的起运地在境外，目的地在境内。

【例2-1】（单项选择题）纳税人提供景区浏览场所，并取得门票收入，按（　　）缴纳增值税。

A. 娱乐业　　B. 生活服务　　C. 文化体育服务　　D. 不征收增值税

【答案】C。

提示

基础电信服务是指利用固网、移动网、卫星、互联网提供语音通话服务的业务活动，以及出租或者出售带宽、波长等网络元素的业务活动。

增值电信服务是指利用固网、移动网、卫星、互联网、有线电视网络，提供短信和彩信服务、电子数据和信息的传输及应用服务、互联网接入服务等业务活动。

（二）视同应税交易

下列情形视同应税交易，应当依照《中华人民共和国增值税暂行条例》的规定缴纳增值税。

（1）单位和个体工商户将自产或者委托加工的货物用于集体福利或者个人消费。

（2）单位和个体工商户无偿赠送货物，但用于公益事业的除外。

（3）单位和个人无偿转让无形资产、不动产，但用于公益事业的除外。

（4）国务院财政、税务主管部门规定的其他情形。

提示

下列项目视为非应税交易，不征收增值税：

（1）员工为受雇单位或者雇主提供取得工资、薪金的服务。

（2）行政单位收缴的行政事业性收费、政府性基金。

（3）因征收征用而取得补偿。

（4）存款利息收入。

（5）国务院财政、税务主管部门规定的其他情形。

（三）混合销售

一项销售行为如果既涉及货物又涉及服务等范围，则称为混合销售。纳税人一项应税交易涉及两个以上税率或者征收率的，依据“主业”适用税率或征收率缴纳增值税，不再以纳税人的营业范围作为税率确定的因素。

混合销售行为的判断标准为销售行为必须发生在“同一项”应税交易中，并且要涉及两个或两个以上的征税范围，比如，一项销售行为既涉及销售服务，又涉及销售货物。

（四）兼营行为

兼营行为是指纳税人在同一期间，兼营税率不同的货物、劳务、服务、无形资产或不动产。纳税人兼营销售货物、劳务、服务、无形资产或者不动产，适用不同税率或者征收率的，应当分别核算适用不同税率或者征收率的销售额，未分别核算的，从高适用税率。

【例2-2】（案例分析题）腾云电梯销售公司是增值税一般纳税人，主营业务是电梯销售，兼营业务是电梯安装。销售一批电梯总价1 160万元，其中电梯销售价格860万元（购进时价格810万元），安装费用300万元。

【要求】判断下列两个方案，哪个更佳?

方案一：签订一个安装合同1 160万元，按照13%的税率纳税。

方案二：分开签订销售和安装合同，按照13%和9%的税率纳税。

【答案】

方案一：电梯公司将销售和安装放在同一个合同中，一并核算，属于在一项销售行为中存在两类经营项目的混合，是混合销售行为。虽然是建筑安装合同，但是电梯公司主营业务是销售电梯。混合销售行为依据主营业务征收增值税。因此，电梯销售公司的混合销售行为应按13%的税率一并缴纳增值税。

（1 160÷1.13×13%）－（810÷1.13×13%）=40.26（万元）

方案二：电梯公司分开签订销售合同和安装合同，属于兼营行为，要适用不同税率或征收率分开核算这两项经营行为，分别核算适用不同税率或征收率的销售额。

销售行为需要缴纳的增值税：

（860÷1.13×13%）－（810÷1.13×13%）=5.75（万元）

安装行为需要缴纳的增值税：300÷1.09×9%=24.77（万元）

兼营行为缴纳增值税合计：5.75+24.77=30.52（万元）

该方案需签订两份合同，将两项行为单独核算，核算虽麻烦但税收风险小，并且可以降低税负。

提示

如何认定“以从事货物的生产、批发或者零售为主”，在税收征管中，基本上是以“企业经营的主业确定”，即企业经营的主业是货物销售的按照货物销售的增值税税率计算增值税；企业经营的主业是服务销售的按服务业的增值税税率计算增值税。

第三节 小规模纳税人和一般纳税人

一、划分标准和界限

增值税纳税人按会计核算水平是否健全和企业经营规模大小，可分为小规模纳税人和一般纳税人。

1. 规模上的标准——销售金额

财政部和国家税务总局于2018年4月发布《关于统一增值税小规模纳税人标准的通知》，规定增值税小规模纳税人标准为年应征增值税销售额500万元及以下。小规模纳税人连续12个月（4个季度）销售额不能超过最高额度，超过后应转为一般纳税人；一般纳税人的销售额没有限额。

2. 会计核算程度方面的标准

年应税销售额未超过标准以及新开业的纳税人，有固定的经营场所，会计核算健全，能够按照国家统一的会计制度规定设置账簿，能准确提供销项税额、进项税额的可申请认定为一般纳税人。

对于非企业性单位和不经常发生应税行为的企业可自行选择是否按小规模纳税人纳税。需要注意：除国家税务总局另有规定外，纳税人一经认定为一般纳税人，不得转为小规模纳税人。

二、小规模纳税人的认定和管理

（一）小规模纳税人的认定

小规模纳税人是指应税行为的年应征增值税销售额未超过规定标准的纳税人，即应纳税商品或应税服务年销售额小于500万元（含500万元），并且会计核算不健全，不能按规定报送有关税务资料的增值税纳税人。

年应税销售额超过规定标准但不经常发生应税行为的单位和个体工商户，可选择按小规模纳税人纳税。政策规定：小规模纳税人发生增值税应税销售行为，合计月销售额未超过10万元（含本数），1个季度为1个纳税期，季度销售额未超过30万元的，免征增值税。

（二）小规模纳税人的管理

小规模纳税人通常是按“简易计税方法”计算缴纳增值税，小规模纳税人购进货物或提供应税劳务即使取得增值税专用发票，也不能抵扣进项税额。

小规模纳税人不能领购和使用增值税专用发票，只能使用普通发票。如果购货方需要小规模纳税人的销货方提供增值税专用发票，销售方可以到当地税务局或在电子税务局上代开增值税专用发票。若销售方在税务局代开增值税专用发票，税务局会直接通过其基本存款账户将代开发票所承担的增值税款项划走，与其关联的城市维护建设税、教育费附加等需要自行缴纳。若销售方在自己的电子税务局上代开增值税专用发票，也需要在次月15日前将代开发票所承担的增值税款项缴纳完毕，与之产生的城市维护建设税和教育费附加一并缴齐。

【例2-3】（计算题）杭州利邦服装公司是小规模纳税人，2024年6月1日为杭州米氏公司销售服装取得收入390 000元，杭州米氏公司需要增值税普通发票。

【要求】说明该公司应如何开具增值税普通发票。

【答案】杭州利邦服装公司可以在电子税务局自行开具增值税普通发票。开具增值税发票的税率要与销售方杭州利邦服装公司的征收率保持一致。增值税普通发票如图2-1所示。

390 000×3%=11 700（元）

动态二维码

电子发票（普通发票）

发票号码：23912000000012521605

开票日期：2024年6月1日

购买方信息	名称：杭州米氏公司 统一社会信用代码/纳税人识别号： 91110108742613439X	销售方信息	名称：杭州利邦服装公司 统一社会信用代码/纳税人识别号： 912102317599006888

项目名称	规格型号	单位	数量	单价	金额	税率	税额
*服装*针织衫	LO-212	套	1 300	300	390 000.00	3%	11 700.00
合　计					¥390 000.00		¥11 700.00
价税合计（大写）	⊗肆拾万零壹仟柒佰元整				（小写）¥401 700.00		
备注							

开票人：张世山

图2-1　增值税专用发票

提示

如果小规模纳税人会计核算健全，能够提供准确的税务资料，可以向主管税务机关办理一般纳税人资格登记，成为一般纳税人。会计核算健全是指能够按照国家统一的会计制度规定设置账簿进行核算。

三、一般纳税人的认定和管理

1. 一般纳税人的认定

年应税销售额超过规定小规模纳税人标准的，会计核算健全，可以向主管税务机关办理一般纳税人资格登记。年应税销售额未超过规定小规模纳税人标准的以及新开业的纳税人，可以向主管税务机关申请一般纳税人。但一经认定后，不得再转为小规模纳税人。

一般纳税人实行增值税购进扣税法，销售货物、劳务、服务、无形资产、不动产开具增值税专用发票。一般纳税人的特点是增值税进项税额可以抵扣销项税额。

2. 纳税人办理一般纳税人登记的程序

增值税一般纳税人资格实行登记制，登记事项由纳税人向其主管税务机关办理。纳税人向主管税务机关填报“增值税一般纳税人登记表”，登记表上包括企业固定生产经营场所、法定代表人姓名及电话等信息。纳税人要连同登记表提供营业执照。如果纳税人填报内容与税务登记信息一致，主管税务机关当场登记；信息不一致，或者不符合填列要求的，税务机关应当场告知纳税人需要补正的内容。

四、小规模纳税人和小微企业的区别

有人认为小规模纳税人一定是小微企业，实际上两者是有区别的。小规模纳税人是指应税行为的年应征增值税销售额未超过规定标准的纳税人。

小型微利企业，简称小微企业，是指从事国家非限制和禁止行业，且同时符合以下三个条件的企业：年度应纳税所得额不超过300万元；从业人数不超过300人；资产总额不超过5 000万元。2018年之前的小微企业，要区分工业企业、商业企业、其他企业，2019年之后，不再区分企业的类型，统一按照以上三个条件作为标准判断是否是小微企业。小微企业不需要向税务机关备案，达到以上三个条件之后，即可自动享受各种优惠。需要注意的是，应纳税所得额与年应征增值税销售额是不同的。前者是计算企业所得税时的计税依据，即利润总额加减纳税调整项目；后者是计算增值税时的计税依据，即不含税的销售额。

实际工作中，企业的规模很大，但销售额未达标准，即年应征增值税销售额500万元及以下，仍然可以是小规模纳税人；增值税一般纳税人可以认定为小微企业。所以，不能错误地认为小规模纳税人就是小微企业或者小微企业就是小规模纳税人，两者是不同的。

财政部和国家税务总局于2019年1月发布了《关于实施小微企业普惠性税收减免政策的通知》（财税〔2019〕13号），规定小微企业普惠性税收减免政策为：

1. 企业所得税方面

对小型微利企业减按25%计算应纳税所得额，按20%的税率缴纳企业所得税政策，延续执行至2027年12月31日。

2. 其他税种方面

对增值税小规模纳税人可以在50%的税额幅度内减征资源税、城市维护建设税、房产税、城镇土地使用税、印花税（不含证券交易印花税）、耕地占用税和教育费附加、地方教育附加。

小微企业和小规模纳税人认定条件和可优惠税种见表2-2。

表2-2　　小微企业和小规模纳税人认定条件和可优惠税种

形态	认定部门	认定条件	可优惠的税种
小微企业	税务部门	1. 年度应纳税所得额≤300 万元	企业所得税
		2. 从业人数≤300 人	
		3. 资产总额≤5 000 万元	
小规模纳税人	税务部门	年销售额≤500 万元	1. 增值税 2. 城市维护建设税 3. 房产税 4. 城镇土地使用税 5. 耕地占用税 6. 教育费附加、地方教育附加等

提示

1. 增值税的月销售额是指"含税销售额"，还是"不含税销售额"？

小规模纳税人确定是否免税的"销售额"，是指不含税销售额。

2. 纳税人月销售额超过10万元，是超过部分纳税还是全额纳税？

按月纳税的小规模纳税人，如果月销售额超过10万元，需要就销售额全额计算缴纳增值税。

3. 小规模纳税人转让一项专利技术，在确认小规模纳税人免税政策的销售额时，是否计算转让专利技术的销售额？

根据现行政策规定，纳税人以所有增值税应税销售行为（包括销售货物、劳务、服务、无形资产和不动产）合并计算销售额，判断是否达到免税标准。因此，计算销售额时应包括转让专利技术等免税销售额。

第四节　税率及征收率

一、增值税税率

增值税有四档税率：13%，9%，6%，0。

（一）13%税率适用范围

纳税人销售或进口货物，提供加工、修理修配劳务，提供有形动产租赁服务，适用税率13%。

（二）9%税率适用范围

（1）纳税人提供交通运输服务、邮政服务、基础电信服务、建筑服务、不动产租赁服务，销售不动产，转让土地使用权，销售或者进口农产品等货物，除另有规定外，税率为9%。

（2）销售或进口下列货物适用9%税率：

① 农产品、食用植物油、食用盐。

② 自来水、暖气、冷气、热水、煤气、石油液化气、天然气、二甲醚、沼气、居民

用煤炭制品。

③ 图书、报纸、杂志、音像制品、电子出版物。

④ 饲料、化肥、农药、农机、农膜。

（三）6%税率适用范围

纳税人销售增值电信服务、金融服务、现代服务（不动产租赁除外）、生活服务以及销售无形资产（转让土地使用权除外），税率为6%。

（四）零税率适用范围

纳税人出口货物，税率为零；国务院另有规定的除外。

境内单位和个人跨境销售国务院规定范围内的服务、无形资产，税率为0。

【例2-4】（案例分析题）从“果农——水果站——水果超市——食品厂”四个环节分析初级农产品及加工产品税率的变化。

【要求】计算每个环节税率变化产生的增值税税额。

【答案】对于初级农产品，改变了其农产品的状态，则增值税税率要发生变化。具体数据见表2-3。

表2-3 初级农产品及加工产品税率变化表 金额单位：元

采购与生产各环节	进价	售价	税率	增值税额
果农	0	1 000	0	0
水果站	1 000	2 500	9%	（2 500-1 000）×9%=135
水果超市	2 500	3 000	9%	（3 000-2 500）×9%=45
食品厂	3 000	4 000	13%	4 000×13%-3 000×9%=250

二、增值税征收率

小规模纳税人不准予抵扣进项税额，通常开具增值税普通发票，按其销售额与规定的征收率计算缴纳增值税。增值税征收率是指对特定的货物或特定的纳税人发生应税销售行为在某一生产流通环节应纳税额与销售额的比率。

自2023年1月1日起，增值税小规模纳税人适用3%征收率的应税销售收入，减按1%征收率征收增值税；适用3%预征率的预缴增值税项目，减按1%预征率预缴增值税。增值税征收率适用于两种情况：一是小规模纳税人；二是一般纳税人发生应税销售行为也可以选择简易计税方法计税。例如，某小规模纳税人2023年1月份销售货物取得收入10万元，可以适用减按1%征收率征收增值税，同时，按照1%征收率开具增值税专用发票或增值税普通发票。

小规模纳税人征收率表，见表2-4。

表2-4 增值税征收率适用范围

小规模纳税人	简易计税	征收率
	小规模纳税人以及允许适用简易计税方式的一般纳税人	3%（减按1%预征率预缴）

增值税税率表见表2-5[①]。

① 中国会计报．增值税迎来新变化！附2024年新版税率表！［EB/OL］．［2024-05-13］．https：//www.sohu.com/a/778350787_121118941.

表2-5 增值税税率表

一、增值税税率

				税率
适用一般纳税人	销售或者进口货物	粮食等农产品、食用植物油、食用盐		9%
		自来水、暖气、冷气、热气、煤气、石油液化气、沼气、二甲醚、天然气、居民用煤炭制品		
		图书、报纸、杂志、影像制品、电子出版物		
		饲料、化肥、农药、农机、农膜		
		国务院规定的其他货物		
		除以上列举的货物		13%
	销售劳务	加工、修理修配劳务		13%
	销售无形资产	转让技术、商标、著作权、商誉、自然资源和其他权益性无形资产所有权或使用权		6%
		土地使用权		9%
	销售不动产	转让建筑物、构筑物等不动产产权		9%
	交通运输服务	陆路运输服务		9%
		水路运输服务		
		航空运输服务		
		管道运输服务		
		无运输工具承运业务		
	邮政服务	邮政普遍服务		9%
		邮政特殊服务		
		其他邮政服务		
	电信服务	基础电信服务		9%
		增值电信服务		6%
	建筑服务	工程服务		9%
		安装服务		
		修缮服务		
		装饰服务		
		其他建筑服务		
	金融服务	贷款服务		6%
		直接收费金融服务		
		保险服务		
		金融商品转让		
	现代服务	研发和技术服务		6%
		信息技术服务		
		文化创意服务		
		物流辅助服务		
		鉴证咨询服务		
		广播影视服务		
		商务辅助服务		
		其他现代服务		
		租赁服务	有形动产	13%
			不动产	9%
	生活服务	文化体育服务		6%
		教育医疗服务		
		旅游娱乐服务		
		餐饮住宿服务		
		居民日常服务		
		其他生活服务		
	出口货物、服务、无形资产	出口货物（国务院另有规定的除外）		0%
		跨境销售国务院规定范围内服务、无形资产		
		销售货物、劳务，提供跨境应税行为，符合免税条件		免税
		销售适用增值税零税率的服务或无形资产的，可以放弃适用增值税零税率，选择免税或按规定缴纳增值税。放弃适用增值税零税率后，36个月内不得再申请适用增值税税率		

续表

二、扣除率

<table>
<tr><td rowspan="2">一般纳税人</td><td rowspan="2">购进农产品进项税额</td><td>购进农产品</td><td>扣除率 9%</td></tr>
<tr><td>购进用于生产或委托加工 13% 税率货物的农产品</td><td>扣除率 10%</td></tr>
</table>

三、征收率

<table>
<tr><td rowspan="20">小规模纳税人以及允许适用简易计税方式的一般纳税人</td><td colspan="2">简易计税</td><td>征收率</td></tr>
<tr><td rowspan="4">小规模纳税人</td><td>销售货物</td><td rowspan="5">3%；享受减免政策的小规模纳税人适用 1%</td></tr>
<tr><td>加工、修理修配劳务</td></tr>
<tr><td>销售应税服务（除另有规定外）</td></tr>
<tr><td>销售无形资产</td></tr>
<tr><td colspan="2">一般纳税人发生按规定适用或者可以选择适用简易计税方法的特定应税行为（适用 5% 征收率除外）</td></tr>
<tr><td colspan="2">销售不动产</td><td rowspan="7">5%</td></tr>
<tr><td colspan="2">符合条件的经营租赁不动产（土地使用权）</td></tr>
<tr><td colspan="2">转让营改增前取得的土地使用权</td></tr>
<tr><td colspan="2">房地产开发企业销售、出租自行开发的房地产老项目</td></tr>
<tr><td colspan="2">符合条件的不动产融资租赁</td></tr>
<tr><td colspan="2">选择差额纳税的劳务派遣服务、安全保护服务</td></tr>
<tr><td colspan="2">一般纳税人提供人力资源外包服务</td></tr>
<tr><td colspan="2">建筑服务</td><td rowspan="2">3%</td></tr>
<tr><td colspan="2">试点前开工的高速公路车辆通行费</td></tr>
<tr><td colspan="2">个体工商户和其他个人出租住房</td><td>5% 减按 1.5%</td></tr>
<tr><td>小规模纳税人</td><td rowspan="2">销售自己使用过的固定资产</td><td rowspan="3">3% 减按 2%</td></tr>
<tr><td>符合规定情形的一般纳税人</td></tr>
<tr><td colspan="2">销售旧货</td></tr>
<tr><td colspan="2">2020 年 5 月 1 日—2027 年 12 月 31 日，销售二手车</td><td>减按 0.5%</td></tr>
</table>

注：根据财政部税务总局公告 2023 年第 1 号，自 2023 年 1 月 1 日至 2027 年 12 月 31 日，增值税小规模纳税人适用 3% 征收率的应税销售收入，减按 1% 征收率征收增值税；适用 3% 预征率的预缴增值税项目，减按 1% 预征率预缴增值税。

四、预征率

<table>
<tr><td rowspan="2">预征率税目</td><td colspan="2">预征率</td></tr>
<tr><td>一般计税</td><td>简易计税</td></tr>
<tr><td>自 2023 年 1 月 1 日至 2027 年 12 月 31 日，适用 3% 预征率的预缴增值税项目，减按 1% 预征率预缴增值税</td><td></td><td>1%</td></tr>
<tr><td>销售建筑服务</td><td>2%</td><td>3%</td></tr>
<tr><td>不动产经营租赁（个体工商户和其他个人出租住房按照 5% 征收率减按 1.5% 计算）</td><td>3%</td><td>5%</td></tr>
<tr><td>销售不动产</td><td>5%</td><td>5%</td></tr>
<tr><td>销售自行开发房地产</td><td>3%</td><td>3%</td></tr>
</table>

第五节　一般计税方法下应纳税额的计算

增值税的计税方法，包括一般计税方法和简易计税方法。一般纳税人通常采用一般计税方法，但提供财政部和国家税务总局规定的特定应税行为的，经当地税务机关允许后，也可以采用简易计税方法。一经选择，36个月内不得变更。小规模企业采用简易计税方法。

一、一般计税方法下增值税的计算思路

一般计税方法是国际上通行的购进扣税法。首先，按当期销售额和适用税率计算出销项税额，销项税额即企业开出的发票上的不含税销售额乘以税率。其次，对当期购进项目已经缴纳的进项税额进行抵扣，得到当期增值额部分的应纳税额。应纳税额的计算公式为：

本期应纳增值税税额=本期销项税额-本期准予抵扣的进项税额

提示

进行增值税应纳税额账务处理时，需要设置“应交税费——应交增值税”科目，增值税一般纳税人应在“应交增值税”明细账内设置“进项税额”“销项税额抵减”“已交税金”“转出未交增值税”“减免税款”“出口抵减内销产品应纳税额”“销项税额”“出口退税”“进项税额转出”“转出多交增值税”等专栏。

增值税一般纳税人本期应纳增值税税额是由本期销项税额和本期准予抵扣进项税额这两个因素决定的。但是，在计算本月增值税应纳税额时，需要考虑以下几点：

（1）当期销项税额小于当期进项税额不足抵扣时，其差额部分可以结转下期继续留存抵扣，该金额为上期留抵税额，或者予以退还。具体办法由国务院财政、税务主管部门制定。如果企业有上期留抵税额，需要扣除上期留抵税额后，计算当月应纳增值税税额。

（2）“应交税费——应交增值税”科目下设10个专栏，如应交税费——应交增值税（进项税额）、应交税费——应交增值税（销项税额）等。因此，除了考虑进项税额和销项税额以外，还要考虑其他专栏是否有发生数。了解“应交税费——应交增值税”明细账的格式对计算增值税十分必要。将上述10个专栏用丁字账表示（如图2-2所示）。

借方	应交税费——应交增值税　　　　贷方
进项税额	销项税额
销项税额抵减	出口退税
已交税金	进项税额转出
减免税款	转出多交增值税
出口抵减内销产品应纳税额	
转出未交增值税	

图2-2　“应交税费——应交增值税”丁字账

为便于理解，列示“应交税费——应交增值税”明细账页，该明细账的账页格式主要

采用多栏式见表2-6。

表2-6 “应交税费——应交增值税”明细账

年		记账凭证号数	摘要	页数	借方					贷方				借或贷	余额
月	日				进项税额	已交税金	减免税款	出口抵减内销产品应纳税额	转出未交增值税	销项税额	出口退税	进项税额转出	转出多交增值税		

（3）“应交税费——应交增值税”的期末业务处理。

①多交增值税处理：如果出现多交的增值税，应转入“应交税费——未交增值税”科目的借方，结转后，“应交税费——应交增值税”科目结平。会计分录为：

借：应交税费——未交增值税

　贷：应交税费——应交增值税（转出多交增值税）

②应交未交增值税处理：如果出现应交未交的增值税，应转入“应交税费——未交增值税”科目的贷方，结转后，“应交税费——应交增值税”科目结平。会计分录为：

借：应交税费——应交增值税（转出未交增值税）

　贷：应交税费——未交增值税

③缴纳以往未缴纳增值税处理：下月缴纳上月及以前未缴纳的增值税时，会计分录为：

借：应交税费——未交增值税

　贷：银行存款

二、增值税销项税额的计算

销项税额是指纳税人销售货物，提供加工、修理修配劳务、服务，出售无形资产或者不动产，按照销售额和增值税税率计算并向购买方收取的增值税税额。

销项税额的计算公式如下：

销项税额=销售额×税率

从上述定义和公式中可以看出，销项税额是由购买方在购买货物、劳务、服务、无形资产、不动产时，一并向销售方支付的税额。销项税额的计算取决于销售额和适用税率两个因素。在适用税率既定的前提下，销项税额的大小取决于销售额的大小。

（一）一般销售方式下销售额的确定

1. 一般销售方式下销售货物、加工、修理修配劳务的销售额的确定

销售额是纳税人发生应税交易取得的与之相关的对价，包括全部货币或非货币形式的经济利益。销售额还包括向购买方收取的手续费、补贴、基金、集资费、返还利润、奖励费、违约金、滞纳金、延期付款利息、赔偿金、代收款项、代垫款项、包装费、包装物租金、储备费、优质费、运输装卸费以及其他各种性质的价外收费。但下列项目不包括在内：

动漫微课 2-2

将货物交付他人代销增值税的核算

（1）受托加工应征消费税的消费品所代收代缴的消费税。

（2）同时符合以下条件的代垫运输费用：承运部门的运输费用发票开具给购买方的；销售方将该项发票转交给购买方的，即销售方为购买方代垫的运输费用。

（3）同时符合以下条件代为收取的政府性基金或者行政事业性收费：①由国务院或者财政部批准设立的政府性基金，由国务院或者省级人民政府及其财政、价格主管部门批准设立的行政事业性收费；②收取时开具省级以上财政部门印制的财政票据；③所收款项全额上缴财政；④销售货物的同时代办保险等而向购买方收取的保险费，以及向购买方收取的代购买方缴纳的车辆购置税和车辆牌照费。

【例2-5】（计算题）香玉有限责任公司为增值税一般纳税人，2024年5月，其销售给乙企业一批货物，增值税专用发票上注明的销售额为30 000元，适用税率为13%，同时向购买方收包装物租金2 599元。

【要求】计算香玉有限责任公司当期的增值税销项税额。

【答案】不含税价外费用=2 599÷（1+13%）=2 300（元）

香玉有限责任公司当期销项税额=（30 000+2 300）×13%=4 199（元）

提示

（1）一般情况下，价外费用本身都是含增值税的价外费用，在计算增值税销项税时，需换算成不含增值税的价外费用。换算公式为：

不含税价外费用=含税价外费用÷（1+税率）

（2）对于企业收取的包装物押金，通常记入“其他应付款”科目，逾期未退还的包装物押金，则需要由该科目转入“营业外收入”等科目中核算。这时企业在会计实务中容易忽略价外收费的销项税额。因此，增值税一般纳税人向购买方收取的逾期包装物押金，应视为含增值税收入（简称含税收入），在征税时应换算成不含税收入并入销售额。

2. 一般销售方式下销售服务、无形资产或者不动产的销售额的确定

通常情况下，销售服务、无形资产或者不动产的销售额是指纳税人销售服务、无形资产或不动产向购买方收取的全部价款和价外费用。价外费用是指价外收取的各种性质的价外收费，但不包括代为收取的政府性基金或者行政事业性收费、以委托方名义开具发票代委托方收取的款项等。提供下列服务业务的销售额的确定情形有：

（1）直贷服务。以提供贷款服务取得全部利息及利息性质的收入为销售额。

（2）直接收费金融服务。以提供直接收费金融服务收取的手续费、佣金、酬金、管理费、服务费、经手费、开户费、过户费、结算费、转托管费等各类费用为销售额。

（3）金融商品转让。以卖出价扣除买入价后的余额为销售额。金融商品转让，不得开具增值税专用发票。

（4）经纪代理服务。以取得的全部价款和价外费用，扣除向委托方收取并代为支付的政府性基金或者行政事业性收费后的余额为销售额。向委托方收取的政府性基金或者行政事业性收费，不得开具增值税专用发票。

（5）电信服务。附带赠送用户识别卡、电信终端等货物或者电信服务的，应将取得的全部价款和价外费用分别核算，按各自适用的税率计算缴纳增值税。

（6）融资租赁业务。以取得的全部价款和价外费用，扣除支付的借款利息、发行债券利息和车辆购置税后的余额为销售额。

（7）融资性售后回租服务。以取得的全部价款和价外费用（不含本金），扣除对外支付的借款利息、发行债券利息后的余额作为销售额。

（8）航空运输服务。销售额不包括代收的机场建设费和代售其他航空运输企业客票而代收转付的价款。

（9）客运场站服务。以取得的全部价款和价外费用，扣除支付给承运方运费后的余额为销售额，从承运方取得的增值税专用发票注明的增值税不得抵扣。

（10）旅游服务。提供旅游服务，以取得的全部价款和价外费用，扣除向旅游服务购买方收取并支付给其他单位或者个人的住宿费、餐饮费、交通费、签证费、门票和支付给其他接团旅游企业的旅游费用后的余额为销售额。向旅游服务购买方收取并支付的上述费用，不得开具增值税专用发票，可以开具普通发票。

（11）房地产开发企业。销售其开发的房地产项目（简易计税方法除外），以取得的全部价款和价外费用，扣除受让土地时向政府部门支付的土地价款后的余额为销售额。

提示

纳税人从全部价款和价外费用中扣除价款，应当取得符合法律、行政法规和国家税务总局规定的有效凭证。有效凭证包括增值税发票、境外签收单据、完税凭证和财政票据等。

（二）需要核定销售额的情形

纳税人销售货物、提供服务、销售无形资产或者不动产时，价格明显偏低并无正当理由或者有视同应税交易行为而无销售额者，在计算时，其销售要按照以下顺序

确定：

（1）按纳税人最近时期同类货物的平均销售价格确定。

（2）按其他纳税人最近时期同类货物的平均销售价格确定。

（3）用以上两种方法均不能确定其销售额的情形，可按组成计税价格确定销售，其计算公式为：

组成计税价格=成本　（1+成本利润率）

如果属于应征消费税的货物，其组成计税价格应加计消费税税额。其计算公式为：

组成计税价格=成本×（1+成本利润率）+消费税税额

=成本×（1+成本利润率）÷（1–消费税税率）

公式中的“成本”是销售自产货物的实际生产成本，销售外购货物的成本为实际采购成本。公式中的“成本利润率”由国家税务总局确定，通常为10%。属于应采用从价定率及复合计征办法征收消费税的货物，其组成计税价格中的成本利润率为国家税务总局确定的应税消费品的成本利润率。

（三）特殊销售方式下销售额的确定

1. 销售折扣方式

销售折扣又称现金折扣，是指销售方在发生应税销售行为后，为了鼓励购货方尽快偿还货款而协议许诺给予购货方的一种折扣优惠。例如，10天内付款，货款折扣2%；20天内付款，折扣1%；30天内全额付款，无折扣，可表示为（2%/10，1%/20，n/30）。按新收入准则，现金折扣条款属于“可变对价”，影响收入金额计量。

新收入准则规定收入计量的可变对价是指在合同订立时，合同金额虽然确定，但是交易金额在未来存在变化。例如，合同条款存在常见的现金折扣、商业折扣、销售折让、激励措施、业绩奖金、罚款或其他类似项目而可能改变交易金额。因此，当合同中存在这些情况时，合同交易价格存在可变对价。

（1）当合同中的可变对价条款满足“极可能发生转回”和“属于重大转回”两个条件时，在计量收入金额时，会计应谨慎确认可变对价部分；反之，可变对价可确认收入。例如，虽然发生转回的金额重大，但不是“极可能”转回或“基本确定”不会转回，这部分的可变对价可以确认收入。

【例2-6】（案例分析题）A公司与B公司是多年的购销合作伙伴，最近一笔采购合同金额为100万元。A公司预计B公司10天内支付货款享受10%折扣的概率为99%，20天内支付货款享受5%折扣的概率为95%，30天内支付货款享受3%折扣的概率为90%。A公司按照最可能发生金额确定可变对价的最佳估计数，可变对价折扣率为10%即10万元，A公司会计估计认为转回金额重大。

【要求】编制该笔业务的账务处理分录。

【答案】可变对价10万元不能确认收入，只能对固定对价90万元确认收入，账务处理为：

借：应收账款——B公司　　　　900 000

　贷：主营业务收入　　　　　　900 000

（2）当合同中的可变对价条款满足“极可能发生转回”，但是转回的金额不重大，也可以就可变对价确认收入。

【例2-7】（案例分析题）承上例，A公司与B公司是多年的购销合作伙伴，假设A公司按照以往双方的交易经验，预计B公司享受现金折扣的概率几乎为0。此时，可变对价不是“极可能”转回；假设B公司30天内支付货款了，按合同规定享受3%的现金折扣。

【要求】编制两种情况的账务处理分录。

【答案】可变对价可确认收入，可按合同金额100万元确认收入，账务处理为：

借：应收账款——B公司　　1 000 000

　贷：主营业务收入　　1 000 000

假设B公司30天内支付货款了，按合同规定享受3%的现金折扣，此时属于发生“可变对价”，按新收入准则规定冲减发生当期收入，账务处理为：

借：银行存款　　970 000

　　主营业务收入　　30 000

　贷：应收账款——B公司　　1 000 000

2. 折扣销售方式

折扣销售是指销售方在发生应税销售行为时，因购货方购货数量较大等原因，给予购货方的价格优惠。例如，购买1 000件商品，销售价格折扣10%；购买5 000件商品，折扣20%等。

折扣销售仅限于应税销售行为价格的折扣，如果销售方将自产、委托加工和购买的应税销售行为用于实物折扣的，则该实物金额不能从应税销售行为的销售额中减除，且该实物应按“视同交易行为”中的“赠送他人”计算征收增值税。例如，公司将自产的电饭锅作为赠品，随同冰箱一起销售的行为，电饭锅的价格也应该确认收入，计征增值税。

纳税人发生应税销售行为，如果将价款和折扣额在同一张发票上的“金额”栏分别注明的，可按折扣后的销售额征收增值税。如果未在同一张发票“金额”栏注明折扣额，而仅在发票的“备注”栏注明折扣额的，折扣额不得从销售额中减除，则以发票上的金额为销售额。

3. 销售折让方式

销售折让是指企业因售出商品质量不合格等原因而在售价上给予的减让。销售折让和折扣销售的区别是：销售折让是纳税人发生应税销售行为后因为质量不合格等原因在售价上给予的减让，而折扣销售不是因为质量问题产生的；相比都是在应税销售行为销售后发生的。对于销售折让可以以折让后的金额为销售额给对方开具发票，即销售折让可以抵减销售额。

企业在确定销售额时，应把折扣销售与销售折扣严格区分开。

提示

纳税人发生应税销售行为并向购买方开具增值税专用发票后，由于购货方在一定时期内累计销售量达到一定数量，或者由于市场价格下降等原因，销货方给予购货方相应的价格优惠或补偿等折扣、折让行为，销货方可按现行《增值税专用发票使用规定》的有关规定开具红字增值税专用发票。

动漫微课 2-3

以旧换新销售销项税额计算

4. 采取以旧换新方式销售

以旧换新是指纳税人在销售自己的货物时，有偿收回旧货物的行为。采取以旧换新方式销售货物的，应当按照新货物的同期销售价格确定销售额，不得扣减旧货物的收购价格，即销售额与收购额不能相互抵减。但金银首饰以旧换新业务除外，对金银首饰以旧换新业务，可以按销售方实际收取的不含增值税的全部价款征收增值税。

5. 采取还本销售方式销售

还本销售是指纳税人在销售货物后，在一定期限由销售方一次或分次退还给购货方全部或部分价款的销售方式。该方式实际上是一种筹资行为，是以货物换取资金的使用价值、到期还本不付息的方法。采取还本销售方式销售货物，其销售额是货物的销售价格，不得从销售额中减除还本支出。

6. 采取以物易物方式销售

以物易物是一种比较特殊的购销活动，是指购销双方不是以货币结算，而是以同等价款的应税销售行为相互结算的购销方式。实际上，以物易物是一种购销行为，以物易物双方都应做购销处理，以各自发出的应税销售行为核算销售额并计算销项税额，以各自收到的货物、劳务，按规定核算购进金额并计算进项税额。在以物易物活动中，应分别开具合法的票据，例如，收到的货物、劳务、服务、无形资产、不动产不能取得相应的增值税专用发票或其他合法票据的，不能抵扣进项税额。

动漫微课 2-4

包装物销售及没收押金销项税额计算

7. 包装物押金的处理

包装物是指纳税人包装本单位货物的各种物品。纳税人销售货物时，收取包装物押金是加快购货方尽早退回包装物以便周转使用的方法。纳税人为销售货物而出租出借包装物收取的押金，时间在1年以内，单独记账核算的，不并入销售额征税，但因逾期未收回包装物而不再退还的押金，应对包装物押金计算销项税额。“逾期”是指按合同约定实际逾期或以 1 年为期限，对收取 1 年以上的押金，无论是否退还均并入销售额征税。将包装物押金并入销售额征税时，由于包装物押金属于价外费用，需要先将该押金换算为不含税价，再并入销售额征税。

包装物押金不同于包装物租金，纳税人销售货物发生收取包装物租金之时就应考虑销项税额的征纳问题。

【例 2-8】（单项选择题）某白酒厂为增值税一般纳税人，2024年销售白酒开具的增值税专用发票上注明的金额为20万元，另收取包装物押金2万元、包装物租金1万元，没收白酒的逾期包装物押金0.5万元。该白酒厂当月增值税销项税额为（　　）万元。

A.2.95　　　　B.3.85

C.4.08　　　　D.3.4

【答案】A。

【解析】增值税销项税额=［20+（2+1）÷1.13］×13%=2.95（万元）

提示

《国家税务总局关于加强增值税征收管理若干问题的通知》（国税发〔1995〕192号）规定，从1995年6月1日起，对销售除啤酒、黄酒外的其他酒类产品而收取的包装物押金，无论是否返还以及会计上如何核算，均应并入当期销售额征税。对销售啤酒、黄酒所收取的押金，按上述一般押金的规定处理。

8. 直销企业的税务处理

直销企业是先将货物销售给直销员，直销员再将货物销售给消费者。企业通过直销员向消费者销售货物，直接向直销员收取货款。直销企业从事直销活动，必须在拟从事直销活动的省、自治区、直辖市设立负责该行政区域内直销业务的分支机构，在其从事直销活动的地区应建立便于并满足消费者、直销员了解产品价格、退换货及企业依法提供其他服务的服务网点。

直销企业的销售额是其向直销员收取的全部价款和价外费用。直销员将货物销售给消费者时，应按照现行规定缴纳增值税。

三、增值税进项税额的计算

增值税的核心问题是用纳税人收取的销项税额抵扣其支付的进项税额，因此，确定纳税人的销项税额后，还要确定可以抵扣的上一生产流通环节的进项税额。

进项税额是指纳税人购进货物、劳务、服务、无形资产、不动产所支付或者负担的增值税税额。进项税额是与销项税额相对应的概念。销售方收取的销项税额，就是购买方支付的进项税额。一般纳税人会对增值额部分缴纳增值税。

进项税额分为准予从销项税额中抵扣的进项税额和不得从销项税额中抵扣的进项税额。也就是说，并不是所有的进项税额都可以从销项税额中进行抵扣，当纳税人购进的货物或接受的应税劳务等行为不是用于增值税应税项目，而是用于简易计税方法计税项目、免税项目或用于集体福利或个人消费等情况时，其支付的进项税额就不能从销项税额中抵扣。纳税人随意抵扣进项税额将以逃避缴纳税款罪论处。

（一）准予从销项税额中抵扣的进项税额

纳税人收到的所有可以抵扣的增值税专用发票抵扣联的进项税额均要通过“应交税费——应交增值税（进项税额）”账户反映，在纳税申报时，作为纳税申报抵扣数据的主要依据。准予从销项税额中抵扣的进项税额，限于规定的增值税扣税凭证上列明的或根据规定凭证金额计算的，即有“以票抵扣”和“计算抵扣”两种抵扣方式。

1. 从销售方取得的增值税专用发票上注明的增值税税额

增值税专用发票是增值税一般纳税人发生应税销售行为开具的发票。电子发票服务平台支持开具数字电子发票、纸质专用发票和纸质普通发票。可以从销项税额中抵扣的电子发票（增值税专用发票），还包括成品油电子发票、稀土电子发票、建筑服务电子发票、旅客运输服务电子发票、货物运输服务电子发票、不动产销售电子发票、不动产经营租赁服务电子发票、农产品收购电子发票、光伏收购电子发票、代收车船税电子发票、自产农产品销售电子发票、差额征税电子发票（差额开票）、差额征税电子发票（全额开票）

等。电子发票（增值税专用发票）如图2-3所示。

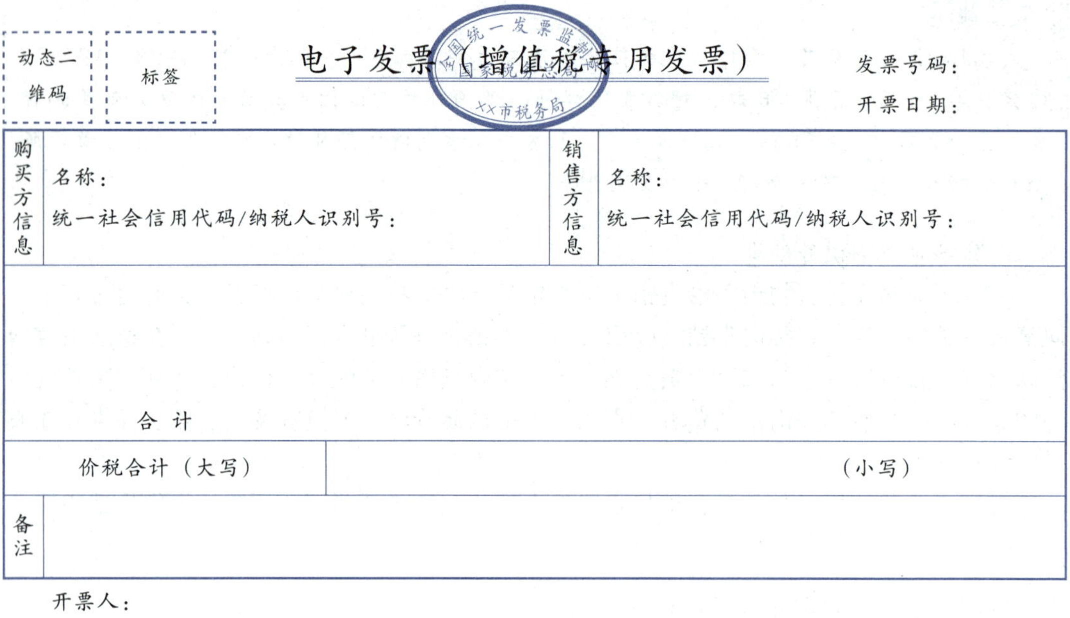
动态二维码　标签　电子发票（增值税专用发票）　发票号码：
全国统一发票监制章　国家税务总局　××市税务局　开票日期：

购买方信息	名称： 统一社会信用代码/纳税人识别号：	销售方信息	名称： 统一社会信用代码/纳税人识别号：
合　计			
价税合计（大写）		（小写）	
备注			

开票人：

图2-3　电子发票（增值税专用发票）

2. 从海关取得的海关进口增值税专用缴款书上注明的增值税税额

进口环节的增值税由海关负责代征。纳税人进口货物凡已缴纳增值税的，无论是否已支付款项，其取得的海关完税凭证通过“先比对，后抵扣”的方式，均可作为增值税进项税额的抵扣凭证。

3. 从按照简易计税方法的一般纳税人或小规模纳税人取得的增值税专用发票上注明的增值税税额

该增值税专用发票上注明的增值税税额为按3%征收率计算而得。小规模纳税人登录电子税务局，在开票系统上自行开具增值税专用发票。

4. 农产品的普通发票进项税抵扣

农产品进项税抵扣的发票可以是农产品收购的普通发票，即纳税人自己开出的收购发票，也可以是农产品销售发票。

农产品收购的普通发票是纳税人向农业生产者个人（不包括从事农产品收购的个体经营者）收购自产免税农业产品时，由付款方向收款方开具的发票。该收购发票与增值税普通发票的不同之处是在其左上角会打上“收购”两个字。农产品销售发票是指农业生产者销售自产农产品适用免征增值税政策而开具的普通发票。与农产品收购发票不同的是，农产品销售中农业生产者是单位性质，可以自行开具发票，无须再由收购者代开。

增值税一般纳税人购进农产品，从按简易计税方法依照3%征收率计算缴纳增值税的小规模纳税人取得增值税专用发票的，以增值税专用发票上注明的金额按9%的扣除率计算进项税额。

农产品进项税额的计算公式为：

进项税额=买价×扣除率（9%或10%）

增值税一般纳税人购进农产品进行抵扣时的凭证包括增值税专用发票、海关进口增值税专用缴款书、农产品收购发票或销售发票等。流通环节小规模纳税人开具的增值税普通发票，不得计算抵扣进项税额。纳税人从批发、零售环节购进适用免征增值税政策的蔬菜、部分鲜活肉蛋而取得的普通发票，不得作为计算抵扣进项税额的凭证。自2019年4月1日起，对增值税一般纳税人购进农产品，原适用10%扣除率的，扣除率调整为9%；对增值税一般纳税人购进用于生产或者委托加工13%税率货物的农产品，按照10%扣除率计算进项税额。

提示

企业购进农产品时，要取得什么凭证才能进行进项抵扣呢？

①农产品收购发票或者销售发票，必须是农业生产者销售自产农产品适用免税政策开具的普通发票；②取得一般纳税人开具的增值税专用发票或海关进口增值税专用缴款书；③从按3%征收率缴纳增值税的小规模纳税人处取得的增值税专用发票。

需要注意的是，取得批发零售环节纳税人销售免税农产品开具的免税发票，以及小规模纳税人开具的增值税普通发票，均不得计算抵扣进项税额。

【例2-9】（计算题）桂龙有限公司是一般纳税人，2024年8月购进一批大米，支付给某农业开发基地收购价款10 000元，取得增值税普通发票，并支付不含税运费2 000元，取得货运企业开具的增值税专用发票。

【要求】计算该项业务准予抵扣的进项税额。

【答案】准予抵扣的进项税额=10 000×9%+2 000×9%=1 080（元）

【例2-10】（简答题）荣旺食品餐饮服务公司为增值税一般纳税人，从昌平农产品销售公司（小规模纳税人）采购农产品，取得3%的增值税专用发票，注明价款金额1 000元，税额30元。财务人员按取得发票上的3%的税额认证抵扣增值税进项税额。该做法是否正确？

【要求】该做法是否正确？

【答案】该做法错误。自2019年4月1日起，对增值税一般纳税人购进农产品，原适用10%扣除率的，扣除率调整为9%；对增值税一般纳税人购进用于生产或者委托加工13%税率货物的农产品，按照10%扣除率计算进项税额。该张发票可抵扣的进项税额应为：1 000×9%=90（元），而不是专用发票注明的30元税额。

5. 对烟叶税纳税人按规定缴纳的烟叶税

对烟叶税纳税人按规定缴纳的烟叶税，准予并入烟叶产品的买价计算增值税的进项税额，并在计算缴纳增值税时予以抵扣。烟叶也属于农产品，因此其扣除率同农产品。

烟叶税纳税人收购烟叶时，按照国家有关规定以现金形式直接补贴烟农的生产投入补贴，作为价款的一部分属于农产品买价。烟叶收购单位应将价外补贴与烟叶收购价格在同一张农产品收购发票或者销售发票上分别注明，否则价外补贴不得计算增值税进项税额进行抵扣。

购进烟叶准予抵扣的增值税进项税额的计算公式为：

收购烟叶实际支付的价款总额=烟叶收购价款×（1+10%）

烟叶税应纳税额=收购烟叶实际支付的价款总额×税率（20%）

准予抵扣的进项税额=（收购烟叶实际支付的价款总额+烟叶税应纳税额）×扣除率

【例2-11】（计算题）云南大云烟叶收购公司2024年8月收购烟叶，烟叶收购价格为1 000万元，价外补贴为120万元，且价外补贴未在同一张农产品收购发票上注明。

【要求】计算该公司8月份收购烟叶可抵扣的进项税额是多少？

【答案】应缴烟叶税=1 000×（1+10%）×20%=220（万元）

可抵扣进项税额=（1 000+220）×10%=122（万元）

6. 自2019年4月1日起，火车票、飞机票、汽车票可以抵扣增值税

纳税人购进国内旅客运输服务，其进项税额允许从销项税额中抵扣。

（1）取得注明旅客身份信息的航空运输电子客票行程单，按下列公式计算进项税额：

航空旅客运输进项税额=（票价+燃油附加费）÷（1+9%）×9%

取得的航空运输电子客票行程单，依照票面注明的票价和燃油附加费，按规定计算进项税额，但民航发展基金不能计算抵扣。航空运输电子客票行程单如图2-4所示。

电子发票（航空运输电子客票行程单）　　二维码　　发票号码：

全国统一发票监制章　国家税务总局　××市税务局　　开票日期：

国内国际标识：

旅客姓名			有效身份证件号码			备注			
	承运人	航班号	座位等级	日期	时间	客票级别/客票类别	客票生效日期	有效截止日期	免费行李
自： 至： 至： 至： 至：									
	票价	燃料附加费	增值税税率	增值税税额	民航发展基金	其他税费	合计		
电子客票号码：	验证码：	提示信息：					保险费：		
销售网点代号：	填开单位：								
购买方名称：		统一社会信用代码/纳税人识别号：							

图2-4　航空运输电子客票行程单

（2）取得注明旅客身份信息的铁路运输车票，铁路旅客运输车票如图2-5所示。按照下列公式计算进项税额：

铁路旅客运输进项税额=票面金额÷（1+9%）×9%

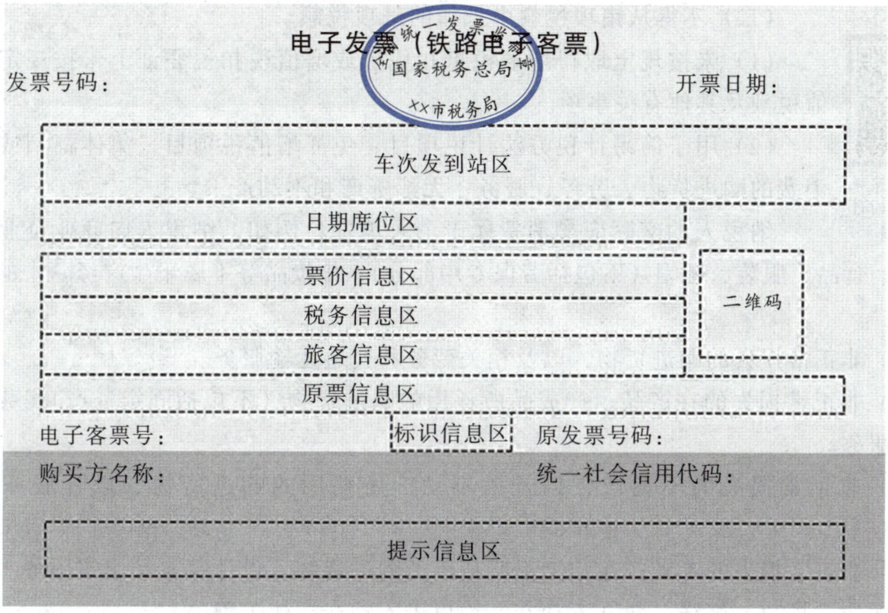

图2-5　铁路电子客票

【例2-12】（计算题）旺达科技有限公司员工张某2024年5月出差，取得铁路旅客运输车票一张，金额为263元。

【要求】计算该员工出差车票可以抵扣的进项税额为多少？

【答案】可以抵扣的增值税进项税额=263÷1.09×0.09=21.72（元）

（3）取得注明旅客身份信息的公路、水路等其他客票的，按照下列公式计算进项税额：

公路、水路等其他旅客运输进项税额=票面金额÷（1+3%）×3%

企业外籍员工因公出差取得注明护照信息的国内铁路车票以及公路、水路等其他客票，按照规定其进项税额允许其从销项税额中抵扣。

（4）过桥过路费的增值税普通发票，按发票上注明的增值税税额抵扣进项税额，其中，高速公路通行费的计税率是3%，一级和二级公路通行费的计税率是5%。按照下列公式计算进项税额：

通行费可抵扣进项税额=通行费发票上注明的金额÷（1+3%或5%）×3%或5%

提示

增值税一般纳税人购进国内旅客运输服务，可以作为进项税额抵扣的凭证包括：电子发票（增值税专用发票）、注明旅客身份信息的航空运输电子客票行程单、铁路电子客票等，不包括增值税普通发票、未注明旅客身份信息的其他票证。纳税人不能凭长途客运手撕票抵扣进项税额。

动漫微课 2-5

不得从销项税额中抵扣的进项税额

（二）不得从销项税额中抵扣的进项税额

（1）未按规定取得增值税抵扣凭证或增值税扣税凭证上未按规定注明增值税额及其他有关事项。

（2）用于简易计税方法计税项目、免征增值税项目、集体福利或者个人消费的购进货物、劳务、服务、无形资产和不动产。

纳税人的交际应酬消费属于个人消费。例如，纳税人向商业企业购买的烟、酒、食品、服装、鞋帽（不包括劳保专用部分）、化妆品等不属于生产经营中的投入和支出。

（3）非正常损失的购进货物，以及相关劳务和交通运输服务。

（4）非正常损失的在产品、产成品所耗用的购进货物（不包括固定资产）、劳务和交通运输服务。

（5）非正常损失的不动产，以及该不动产所耗用的购进货物、设计服务和建筑服务。

（6）非正常损失的不动产在建工程所耗用的购进货物、设计服务和建筑服务。纳税人新建、改建、扩建、修缮、装饰不动产，均属于不动产在建工程。

提示

非正常损失是指因管理不善造成货物被盗、丢失、霉烂变质，以及因违反法律法规造成货物或者不动产被依法没收、销毁、拆除的情形。

非正常损失是由纳税人自身原因造成的，其损失不应由国家承担，因此，纳税人无权要求抵扣进项税额。

（7）购进的旅客运输服务、贷款服务、餐饮服务、居民日常服务和娱乐服务。酒店住宿获取的增值税专用发票，进项税额可以抵扣。

（8）纳税人接受贷款服务向贷款方支付的与该笔贷款直接相关的投融资顾问费、手续费、咨询费等费用，其进项税额不得从销项税额中抵扣。贷款利息也不得抵扣。

（9）适用一般计税方法的纳税人，兼营简易计税方法计税项目、免征增值税项目而无法划分不得抵扣的进项税额。

按照下列公式计算不得抵扣的进项税额：

$$\text{不得抵扣的进项税额}=\text{当期无法划分的全部进项税额}\times\left(\text{当期简易计税方法计税项目销售额}+\text{免征增值税项目销售额}\right)\div\text{当期全部销售额}$$

主管税务机关可以按照上述公式依据年度数据对不得抵扣的进项税额进行清算。

【例2-13】（计算题）兴华制药厂为增值税一般纳税人，2024年8月份销售抗生素药品取得含税销售收入113万元，销售免税药品50万元，当月购入生产用原材料一批，取得增值税专用发票上注明税款6.8万元。

【要求】抗生素药品与免税药品无法划分耗料情况，计算该制药厂当月应纳增值税为多少？

【答案】不得抵扣的进项税额=6.8×50÷［113÷（1+13%）+50］=2.27（万元）

应纳增值税=113÷（1+13%）×13%−（6.8−2.27）=8.47（万元）

【例2-14】（单项选择题）下列行为中，涉及的进项税额不得从销项税额中抵扣的是（　　）。

A.将外购的货物用于本单位集体福利

B.将外购的货物分配给股东和投资者

C.将外购的货物无偿赠送给其他个人

D.将外购的货物作为投资提供给其他单位

【答案】A。

（三）进项税额转出

进项税额转出业务是指不得从销项税额中抵扣的进项税额业务。当购进货物或者应税劳务已抵扣进项税额的，又发生不得扣进项税额情形的（免税项目、增值税应税劳务除外），应当将该项购进货物或者应税劳务的进项税额从当期的进项税额中扣减。能准确确定需要转出的进项税额时，按原抵扣的进项税额转出。无法确定该进项税额的，按当期实际成本计算应扣减的进项税额。其计算公式为：

动漫微课 2-6

购进货物改变用途时进项税额转出的会计核算

进项税额转出数额=实际成本×税率

其中，当期实际成本包括进价、运费、保险费和其他有关费用等。

提示

已抵扣进项税额的不动产，发生非正常损失或者改变用途，专用于简易计税方法计税项目、免征增值税项目、集体福利或者个人消费的，按下列公式计算不得抵扣的进项税额，并从当期进项税额中扣减：

不得抵扣的进项税额=已抵扣进项税额×不动产净值率

不动产净值率=（不动产净值÷不动产原值）×100%

【例2-15】（单项选择题）雅美服装厂是增值税一般纳税人。其产成品中外购原材料比例是60%，2024年8月因管理不善丢失一批账面成本20 000元的成衣，其需要转出进项税额（　　）元。

A.1 920　　B.1 560　　C.2 400　　D.2 380

【答案】B。

【解析】将非正常损失中的外购比例部分对应的进项税额做转出处理。其需要转出进项税额=20 000×60%×13%=1 560（元）。

四、一般纳税人应纳税额计算实例

纳税人需要每月15号前对所开出发票进行上报汇总，就是把开票系统里当月所开具的所有发票全部抄到金税盘里，然后再上报到税控服务器，上报汇总成功后才能申报增值税，并且纳税人的税务申报系统数据与开票系统必须一致才能申报成功。

一般纳税人当期的销项税额和当期的进项税额直接相抵，即当期应纳的增值税税额。如果相抵结果为负数，形成留抵税额，待下期抵扣，则下期应纳税额的计算公式为：

应纳税额=当期销项税额-当期进项税额-上期留抵税额

【例2-16】（计算题）庆源生产企业是增值税一般纳税人，其生产的货物适用13%的增值税税率，2024年8月发生下列业务：

（1）销售甲产品给某大商场，开具了增值税专用发票，取得不含税销售额100万元；同时取得销售甲产品的送货运输费收入5.65万元（含增值税价格，与销售货物不能分别核算）。

（2）销售乙产品，开具增值税普通发票，取得含税销售额33.9万元。

（3）将自产的一批应税新产品用于本企业集体福利项目，成本价为20万元，该新产品无同类产品市场销售价格，国家税务总局确定该产品的成本利润率为10%。

（4）销售丙产品，开具增值税普通发票，取得含税销售额14.69万元。

（5）支付办公用矿泉水水费，取得增值税专用发票，发票注明金额1万元，税额0.13万元。

（6）购进一辆小汽车自用，取得税控机动车销售统一发票，发票注明车辆金额为19万元，装饰费1万元，税额合计2.6万元。

（7）购进货物取得增值税专用发票，上面注明的货款金额60万元，税额7.8万元；另外，支付购货的运输费用5万元，取得运输公司开具的增值税专用发票，发票注明的税额为0.45万元。

（8）本月租入商用楼房一层，取得增值税专用发票，发票注明的税额为7.2万元。该楼房的2/3用于工会的集体福利项目，其余为企业自身管理部门使用。

【要求】

（1）计算销售甲产品的销项税额。

（2）计算销售乙产品的销项税额。

（3）计算自产自用新产品的销项税额。

（4）计算销售丙产品的销项税额。

（5）计算当月允许抵扣进项税额的合计数。

（6）计算该企业8月合计应缴纳的增值税税额。

【答案】

（1）销售甲产品的销项税额=100×13%+5.65÷（1+13%）×13%=13.65（万元）

（2）销售乙产品的销项税额=33.9÷（1+13%）×13%=3.9（万元）

（3）自产自用新产品的销项税额=20×（1+10%）×13%=2.86（万元）

（4）销售丙产品的销项税额=14.69÷（1+13%）×13%=1.69（万元）

（5）合计允许抵扣的进项税额=0.13+2.6+7.8+0.45+7.2=18.18（万元）

（6）该企业8月应缴纳的增值税税额=13.65+3.9+2.86+1.69-18.18=3.92（万元）

第六节　简易征收方法下应纳税额的计算

小规模纳税人一般采用简易征收方法计算增值税。一般纳税人发生应税销售行为也可以选择适用简易计税方法，一经选择36个月内不得变更。

一、简易征收方法下增值税的计算思路

增值税小规模纳税人销售收入的核算与一般纳税人相同，也是不含增值税应税销售税额，其应纳增值税税额也要设置“应交税费——应交增值税”明细科目进行核算。但是，小规模纳税人不得抵扣进项税额，不需要在“应交税费——应交增值税”科目的借方和贷方设置若干专栏。

简易征收法下，“应交税费——应交增值税”科目的借方发生额反映已缴纳的增值税额，贷方发生额反映应缴纳的增值税税额；期末借方余额，反映多缴的增值税税额；期末贷方余额，反映尚未缴纳的增值税税额。

二、含税销售额的换算

无论小规模纳税人到当地税务机关代开增值税专用发票，还是小规模纳税人自行开具，都是纳税人采用销售额和应纳增值税税额合并定价方法，需要进行价税分离的计算，即按简易计税方法计税的销售额不包括其应纳的增值税税额。简易征收方法应纳税额计算公式为：

应纳税额=销售额×征收率

销售额=含税销售额÷（1+征收率）

【例2-17】（计算题）百旺管理咨询公司为增值税小规模纳税人，2024年9月取得含增值税的管理咨询服务收入总额为25.75万元。

【要求】计算该公司9月应缴纳的增值税税额。

【答案】

（1）9月取得的不含税销售额=25.75÷（1+3%）=25（万元）

（2）9月应缴纳的增值税税额=25×3%=0.75（万元）

实际工作中，无论是一般纳税人还是小规模纳税人，每发生一笔业务，都要开具增值税专用发票或普通发票，意味着取得收入。通常情况下，小规模纳税人开具增值税普通发票。现在的税控开票系统已经对普通发票进行了价税分离的计算。

三、销售折让、退回业务处理

纳税人适用简易计税方法计税时，因销售折让、中止或退还给购货方的销售额，应当从当期销售额中扣减。如果扣减当期销售额后，仍有余额造成多缴的税款，可以从以后的应纳税额中扣减。

动漫微课 2-7

都是开票惹的祸

小规模纳税人开具增值税专用发票后，发生销售折让和退回业务的，可以由纳税人开具增值税专用发票后作废或开具红字专用发票。重新开票的，

需要重新对新开发票的税额和原开发票的税额进行清算，多退少补。

第七节　进口环节增值税的征收

一、征收范围及纳税人

（一）进口环节增值税征税范围

申报进入我国海关境内的货物，均应缴纳增值税。确定货物是否属于进口，首先看其是否有报关进口手续。通常，境外产品要输入境内，都必须向我国海关申报进口，并办理相关报关手续。注意：只要是报关进口的应税货物，无论是国外制造还是我国已出口而转销国内的货物，是进口者自行采购还是国外捐赠的货物，是进口者自用还是作为贸易或其他用途等，除另有规定以外，均要按照规定缴纳进口环节的增值税。例如，英国某大学捐赠给国内某高校一批设备，该批设备也要缴纳进口环节的增值税。

提示

对非贸易属性的进境行李、邮递物品等，将关税和进口环节增值税、消费税三税合一，合并征收进境物品进口税，俗称行邮税。

目前，很多正规的跨境电商平台多将进口货品先囤在进口口岸的保税区中，等消费者下单后，直接从保税区发给消费者，这部分商品需要多附加行邮税。

（二）进口环节增值税的纳税人

进口货物增值税的纳税义务人是进口货物的收货人（承受人）或办理报关手续的单位和个人。进口货物增值税纳税人的范围较宽，包括了国内一切从事进口业务的企业事业单位、机关团体和个人。在实际工作中，对代理进口货物以海关开具的完税凭证上的纳税人为增值税纳税人。通常由进口代理者代缴进口环节的增值税。

跨境电子商务零售进口商品按照货物征收关税和进口环节增值税、消费税，购买跨境电子商务零售进口商品的个人作为纳税义务人。电子商务企业、电子商务交易平台企业或物流企业可以作为代收代缴义务人。

二、进口环节增值税应纳税额计算

纳税人进口货物，按照组成计税价格和规定的税率计算应纳税额。一般贸易下进口货物的关税完税价格是以海关审定的成交价格为基础的到岸价格。成交价格是指进口货物的买方为购买该项货物向卖方实际支付或应当支付的价格。到岸价格是指成交价格加上货物运抵我国关境内输入地点起卸前的运费、包装费、保险费和其他劳务费等费用构成的价格。特殊贸易下进口的货物，可以根据《中华人民共和国进出口关税条例》的规定对进口货物制定其完税价格。

组成计税价格是指在没有实际销售价格时，按照税法规定计算出作为计税依据的价格。计算公式为：

组成计税价格=关税完税价格+关税+消费税

应纳税额=组成计税价格×税率

计算进口货物增值税时应注意：(1) 进口货物增值税的组成计税价格中包括已纳关税税额。如果进口货物属于消费税应税消费品，其组成计税价格中，还应该包括进口环节已纳消费税税额。(2) 计算进口环节的应纳增值税税额时，不得抵扣发生在我国境外的任何税金。

纳税人进口货物在海关缴纳增值税后，符合抵扣范围的，根据取得的增值税专用缴款书，可以从当期增值税额中抵扣。

【例2-18】(计算题) 成华商贸公司自行进口货物一批。该批货物在国外的买价为100万元，该批货物运抵我国海关前发生的包装费、运输费和保险费等共计10万元。货物报关后，该公司缴纳了进口环节的增值税并取得海关开具的海关进口增值税专用缴款书。假设该批进口货物在国内已全部销售，取得不含税销售额180万元。货物进口关税税率为10%，增值税税率为13%。

【要求】

(1) 计算关税的组成计税价格。

(2) 计算进口环节应缴纳的进口关税。

(3) 计算进口环节应纳增值税的组成计税价格。

(4) 计算进口环节应缴纳的增值税税额。

(5) 计算国内销售环节的销项税额。

(6) 计算国内销售环节应缴纳的增值税税额。

【答案】

(1) 关税的组成计税价格=100+10=110 (万元)

(2) 应缴纳的进口关税=110×10%=11 (万元)

(3) 进口环节应纳增值税的组成计税价格=110+11=121 (万元)

(4) 进口环节应缴纳的增值税税额=121×13%=15.73 (万元)

(5) 国内销售环节的销项税额=180×13%=23.4 (万元)

(6) 国内销售环节应缴纳的增值税税额=23.4−15.73=7.67 (万元)

三、进口环节增值税的管理

进口货物的增值税由海关代征。个人携带或者邮寄进境自用物品的增值税，连同关税一并计征。进口货物增值税纳税义务发生时间为报关进口的当天，应当由进口人或其代理人向报关地海关申报纳税，应当自海关填发海关进口增值税专用缴款书之日起15日内缴纳税款。

提示

在国际贸易业务中，对我国报关出口的货物退还或免征其在国内各生产环节和流转环节按税法规定已缴纳的增值税和消费税，即对增值税出口货物实行零税率。出口货物退（免）税政策包括：①出口免税并退税（又免又退）；②出口免税不退税（只免不退）；③出口不免税也不退税（不免不退）。

第八节 税收优惠

一、起征点

（一）对个人起征点的规定

增值税起征点的适用范围限于个人，包括个体工商户和其他个人，不适用于登记为一般纳税人的个体工商户。销售额是指不包括其应纳税额的销售额。起征点的幅度规定如下：

（1）按期纳税的，为月销售额5 000~20 000元（含本数）。

（2）按次纳税的，为每次（日）销售额的300~500元（含本数）。

（二）对小规模纳税人的免征规定

根据《国家税务总局关于增值税小规模纳税人减免增值税等政策有关征管事项的公告》的规定，对月销售额10万元以下（含本数），以一个季度为一个纳税期的，季度销售额未超过30万元的增值税小规模纳税人，免征增值税。纳税人可以根据所有增值税应税销售行为（包括销售货物、劳务、服务、无形资产和不动产）合并计算销售额，判断是否达到免税标准。

二、《增值税暂行条例》规定的免税项目

（1）农业生产者销售的自产农产品。农产品是指种植业、养殖业、林业、牧业、水产业生产的各类植物、动物的初级产品。农业生产者包括从事农业生产的单位和个人。对于单位和个人销售的外购农产品，以及单位和个人外购农产品生产、加工后销售的虽然仍属于规定范围的农产品，但不属于免税的范围，应按照规定的税率征收增值税。

（2）避孕药品和用具。

（3）古旧图书，是指向社会收购的古书和旧书。

（4）直接用于科学研究、科学试验和教学的进口仪器、设备。注意这里强调的是“直接”“为研究、试验和教学而进口”。

（5）外国政府、国际组织无偿援助的进口物资和设备。不包括外国企业和外籍个人。

（6）由残疾人组织直接进口供残疾人专用的物品。

（7）销售自己使用过的物品。自己使用过的物品，是指其他人（自然人）自己使用过的物品，企事业单位不享受该优惠政策。

【例2-19】（单项选择题）下列各项中，应当计算缴纳增值税的是（　　）。

A. 古旧书零售

B. 农业生产者销售自产农产品

C. 外国企业无偿赠送给境内某公司的进口货物

D. 残疾人组织直接进口供残疾人专用的物品

【答案】C。

【解析】ABD属于增值税的免税项目，不计算缴纳增值税；选项C应当计算缴纳增值税。

三、有关部门规定的税收优惠政策

（一）专项民生服务类

（1）托儿所、幼儿园提供的保育和教育服务免征增值税。托儿所和幼儿园超过规定收费标准的收费，以开办实验班、特色班和兴趣班等为由另外收取的费用以及与幼儿园挂钩的赞助费、支教费等超过规定范围的收入，不属于免征增值税的收入。

提示

公办托儿所、幼儿园免征增值税的收入，是指在省级财政部门和价格主管部门审核报省级人民政府批准的收费标准以内收取的教育费、保育费。民办托儿所、幼儿园免征增值税的收入，是指在报经当地有关部门备案并公示的收费标准范围内收取的教育费、保育费。

（2）养老机构提供的养老服务免征增值税。

（3）残疾人福利机构提供的育养服务免征增值税。

（4）婚姻介绍服务免征增值税。

（5）殡葬服务免征增值税。

（6）医疗机构提供的医疗服务免征增值税。

（7）家政服务企业由员工制家政服务员提供家政服务取得的收入免征增值税。

（二）教育服务类

（1）从事学历教育的学校提供的教育服务免征增值税。提供教育服务免征增值税的收入是指对列入规定招生计划的在籍学生提供学历教育服务取得的收入，包括经有关部门审核批准并按规定标准收取的学费、住宿费、课本费、作业本费、考试报名费收入，以及学校食堂提供餐饮服务取得的伙食费收入。学校以各种名义收取的赞助费和择校费等，不属于免征增值税的范围。

（2）政府举办的从事学历教育的高等、中等和初等学校（不含下属单位），举办进修班、培训班取得的全部归该学校所有的收入免征增值税。

举办进修班、培训班取得的收入进入该学校下属部门自行开设账户的，不予免征增值税。

（3）境外教育机构与境内从事学历教育的学校开展中外合作办学，提供学历教育服务取得的收入免征增值税。

（三）文化和科普服务类

（1）纪念馆、博物馆、文化馆、文物保护单位管理机构、美术馆、展览馆、书画院和图书馆在自己的场所提供文化体育服务取得的第一道门票收入免征增值税。

（2）寺院、宫观、清真寺和教堂举办文化、宗教活动的门票收入免征增值税。

（3）农业机耕、排灌、病虫害防治、植物保护、农牧保险以及相关技术培训业务，家禽、牲畜、水生动物的配种和疾病防治取得的收入免征增值税。

（4）个人转让著作权免征增值税。

（四）特殊群体提供的应税服务类

（1）学生勤工俭学提供的服务免征增值税。

（2）残疾人员本人为社会提供的服务免征增值税。

（五）运输相关的服务

（1）台湾航运公司和航空公司从事海峡两岸海上直航、空中直航业务在大陆取得的运输收入免征增值税。

（2）纳税人提供的直接或者间接国际货物运输代理服务免征增值税。

（3）青藏铁路公司提供的铁路运输服务免征增值税。

（六）利息收入

国家助学贷款；国债、地方政府债；人民银行对金融机构的贷款；住房公积金管理中心用住房公积金在指定的委托银行发放的个人住房贷款；外汇管理部门在从事国家外汇储备经营过程中，委托金融机构发放的外汇贷款免征增值税。

（七）住房类

（1）个人销售自建自用住房免征增值税。

（2）为了配合国家住房制度改革，企业、行政事业单位按房改成本价、标准价出售住房取得的收入免征增值税。

（八）土地使用权、自然资源使用权和房屋产权

（1）将土地使用权转让给农业生产者用于农业生产免征增值税。

（2）土地所有者出让土地使用权和土地使用者将土地使用权归还给土地所有者免征增值税。

（3）县级以上地方人民政府或自然资源行政主管部门出让、转让或收回自然资源使用权（不含土地使用权）免征增值税。

（4）涉及家庭财产分割的个人无偿转让不动产、土地使用权免征增值税。

家庭财产分割包括：离婚财产分割；无偿赠与配偶、父母、子女、祖父母、外祖父母、孙子女、外孙子女、兄弟姐妹；无偿赠与对其承担直接抚养或者赡养义务的抚养人或者赡养人；房屋产权所有人死亡，法定继承人、遗嘱继承人或受遗赠人依法取得房屋产权。

（九）就业类

（1）随军家属就业。每一名随军家属可以享受一次免税政策。为安置随军家属就业而新开办的企业，自领取营业执照之日起，其提供的应税服务3年内免征增值税。享受税收优惠政策的企业，随军家属必须占企业总人数的60%（含）以上，并有军（含）以上政治和后勤机关出具的证明。

（2）军队转业干部就业。享受优惠政策的自主择业的军队转业干部必须持有师以上部队颁发的转业证件。从事个体经营的军队转业干部，自领取营业执照之日起，其提供的应税服务3年内免征增值税。为安置自主择业的军队转业干部就业而新开办的企业，凡安置自主择业的军队转业干部占企业总人数60%（含）以上的，自领取营业执照之日起，其提供的应税服务3年内免征增值税。

第九节　征收管理

一、纳税义务发生时间

纳税义务发生时间是指纳税人发生应税销售行为应承担纳税义务的起始时间。通常，纳税人发生应税销售行为，纳税义务发生时间为收讫销售款项或者取得索取销售款项凭据的当天；先开具发票的，为开具发票的当天；进口货物，为报关进口的当天。增值税扣缴义务发生时间为纳税人增值税纳税义务发生的当天。应税销售行为纳税义务发生时间按销售方式的不同，具体规定为：

（1）采取直接收款方式销售货物的，无论货物是否发出，均为收到销售款或取得索取销售款凭据的当天。

（2）采取托收承付或委托银行收款方式销售货物的，为发出货物并办妥托收手续的当天。

（3）采取赊销和分期收款方式销售货物的，为书面合同约定的收款日期的当天，无书面合同的或者书面合同没有约定收款日期的，为货物发出的当天。

（4）采取预收货款方式销售货物的，为货物发出的当天，但生产销售生产工期超过12个月的大型机械设备、船舶、飞机等货物，为收到预收款或者书面合同约定的收款日期的当天。

（5）委托其他纳税人代销货物的，为收到代销单位的代销清单或收到全部或者部分货款的当天。未收到代销清单及货款的，为发出代销货物满180天的当天。

（6）销售应税劳务的，为提供劳务同时收讫销售款或取得索取销售款的凭据的当天。

（7）纳税人发生除将货物交付其他单位或个人代销和销售代销货物以外的视同交易行为的，为货物移送的当天。

（8）纳税人提供租赁服务采取预收款方式的，为收到预收款的当天。

（9）纳税人从事金融商品转让的，为金融商品所有权转移的当天。

（10）纳税人发生视同销售服务、无形资产或不动产等情形的，其纳税义务发生时间为服务、无形资产转让完成的当天或者不动产权属变更的当天。

上述对应税销售行为纳税义务发生时间和扣缴义务发生时间的确定，明确了企业在计算应纳税额时，对“当期销项税额”时间的限定。

【例2-20】（案例分析题）运连租赁公司出租一辆小轿车，租金6 000元/月，一次性预收对方全年的租金共72 000元。

【要求】分析该预收租金确认收入的时间。

【答案】该纳税人应在收到72 000元租金的当天确认纳税义务发生，并按72 000元确认收入。错误做法是将72 000元租金按月分摊确认收入或在该业务完成后再确认收入。

二、纳税期限

增值税的纳税期限分别为1日、3日、5日、10日、15日、1个月或1个季度。纳税人的具体纳税期限，由主管税务机关根据纳税人应纳税额的大小分别核定。不能按照固定期限纳税的，可以按次纳税。

以1个季度为纳税期限的规定适用于小规模纳税人、银行、财务公司、信托投资公司、信用社，以及财政部和国家税务总局规定的其他纳税人。

纳税人以1个月或以1个季度为一个纳税期的，自期满之日起15日内申报纳税；以1日、3日、5日、10日或者15日为1个纳税期的，自期满之日起5日内预缴税款，于次月1日起15日内申报纳税并结清上月应纳税款。

纳税人进口货物，应自海关填发进口增值税专用缴款书之日起15日内缴纳税款。

按固定期限纳税的小规模纳税人可以选择以1个月或1个季度为纳税期限；如果选择

后，一个会计年度内不得变更。

【例2-21】（单项选择题）下列增值税纳税人中，以1个月为纳税期限的是（　　）。（2017年注册会计师考试试题）

A.商业银行　　B.财务公司　　C.信托投资公司　　D.保险公司

【答案】D。

【解析】银行、财务公司、信托投资公司、信用社以1个季度为纳税期。保险公司可以以1个月为纳税期。

三、纳税地点

（1）固定业户应当向其机构所在地主管税务机关申报纳税。机构所在地是指纳税人的注册登记地。总机构和分支机构不在同一县（市）的，应当分别向各自所在地的主管税务机关申报纳税；经财政部和国家税务总局或者其授权的财政和税务机关批准，可以由总机构汇总向总机构所在地的主管税务机关申报纳税。

（2）固定业户到外县（市）销售货物或劳务，应向其机构所在地的主管税务机关报告外出经营事项，并向其机构所在地的主管税务机关申报纳税；未报告的，应向销售地或者劳务发生地的主管税务机关申报纳税；未向销售地或者劳务发生地的主管税务机关申报纳税的，由其机构所在地的主管税务机关补征税款。

（3）非固定业户销售货物或者劳务应当向销售地或者劳务发生地主管税务机关申报纳税；未向销售地或者劳务发生地的主管税务机关申报纳税的，由其机构所在地或者居住地主管税务机关补征税款。

（4）进口货物，应向报关地海关申报纳税。

（5）扣缴义务人应向其机构所在地或居住地主管税务机关申报缴纳扣缴的税款。

【例2-22】（单项选择题）下列关于增值税纳税地点的表述中错误的是（　　）。

A.进口货物向报关地海关申报纳税

B.非固定业户在其居住地或机构所在地申报纳税

C.固定业户在其机构所在地申报纳税

D.总机构和分支机构不在同一县（市）的，分别向各自所在地主管税务机关申报纳税

【答案】B。

【解析】非固定业户在其销售地或劳务发生地申报纳税，未在销售地或劳务发生地纳税的，由机构所在地或居住地主管税务机关补征税款。

四、增值税及附加税费纳税申报表（一般纳税人）

动漫微课 2-8

纳税申报知多少——一般纳税人增值税网上申报流程

操作演示 2-1

一般纳税人增值税纳税申报表的填写

（一）增值税及附加税费申报表（一般纳税人适用）（见表2-7）

表2-7　　　　　　　　　　　　**增值税及附加税费申报表**

（一般纳税人适用）

根据国家税收法律法规及增值税相关规定制定本表。纳税人不论有无销售额，均应按税务机关核定的纳税期限填写本表，并向当地税务机关申报。

税款所属时间：自　年　月　日至　年　月　日　填表日期：　年　月　日　金额单位：元（列至角分）

纳税人识别号（统一社会信用代码）：□□□□□□□□□□□□□□□□□□□□□□□　　所属行业：

纳税人名称：		法定代表人姓名		注册地址		生产经营地址
开户银行及账号		登记注册类型			电话号码	

项目		栏次	一般项目		即征即退项目	
			本月数	本年累计	本月数	本年累计
销售额	（一）按适用税率计税销售额	1				
	其中：应税货物销售额	2				
	应税劳务销售额	3				
	纳税检查调整的销售额	4				
	（二）按简易办法计税销售额	5				
	其中：纳税检查调整的销售额	6				
	（三）免、抵、退办法出口销售额	7			—	—
	（四）免税销售额	8			—	—
	其中：免税货物销售额	9			—	—
	免税劳务销售额	10			—	—
税款计算	销项税额	11				
	进项税额	12				
	上期留抵税额	13				—
	进项税额转出	14				
	免、抵、退应退税额	15			—	—
	按适用税率计算的纳税检查应补缴税额	16			—	—
	应抵扣税额合计	17=12+13-14-15+16		—		—
	实际抵扣税额	18（如17<11，则为17，否则为11）				
	应纳税额	19=11-18				
	期末留抵税额	20=17-18				—
	简易计税办法计算的应纳税额	21				
	按简易计税办法计算的纳税检查应补缴税额	22			—	—
	应纳税额减征额	23				
	应纳税额合计	24=19+21-23				

续表

项目		栏次	一般项目		即征即退项目	
			本月数	本年累计	本月数	本年累计
税款缴纳	期初未缴税额（多缴为负数）	25				
	实收出口开具专用缴款书退税额	26			—	—
	本期已缴税额	27=28+29+30+31				
	①分次预缴税额	28		—		—
	②出口开具专用缴款书预缴税额	29		—	—	—
	③本期缴纳上期应纳税额	30				
	④本期缴纳欠缴税额	31				
	期末未缴税额（多缴为负数）	32=24+25+26-27				
	其中：欠缴税额（≥0）	33=25+26-27		—		—
	本期应补（退）税额	34=24-28-29		—		—
	即征即退实际退税额	35	—	—		
	期初未缴查补税额	36			—	—
	本期入库查补税额	37			—	—
	期末未缴查补税额	38=16+22+36-37			—	—
附加税费	城市维护建设税本期应补（退）税额	39			—	—
	教育费附加本期应补（退）费额	40			—	—
	地方教育附加本期应补（退）费额	41			—	—

声明：此表是根据国家税收法律法规及相关规定填写的，本人（单位）对填报内容（及附带资料）的真实性、可靠性、完整性负责。

纳税人（签章）：　年　月　日

经办人： 经办人身份证号： 代理机构签章： 代理机构统一社会信用代码：	受理人： 受理税务机关（章）：　受理日期：　年　月　日

（二）增值税及附加税费申报表附列资料（一）（本期销售情况明细）（见表2-8）

表2-8

增值税及附加税费申报表附列资料（一）

（本期销售情况明细）

税款所属时间： 年 月 日至 年 月 日

纳税人名称：（公章） 金额单位：元（列至角分）

项目及栏次				开具增值税专用发票		开具其他发票		未开具发票		纳税检查调整		合计			服务、不动产和无形资产扣除项目本期实际扣除金额	扣除后	
				销售额	销项（应纳）税额	销售额	销项（应纳）税额	销售额	销项（应纳）税额	销售额	销项（应纳）税额	销售额	销项（应纳）税额	价税合计		含税（免税）销售额	销项（应纳）税额
				1	2	3	4	5	6	7	8	9=1+3+5+7	10=2+4+6+8	11=9+10	12	13=11-12	14=13÷（100%+税率或征收率）×税率或征收率
一、一般计税方法计税	全部征税项目	13%税率的货物及加工修理修配劳务	1											—	—	—	—
		13%税率的服务、不动产和无形资产	2														
		9%税率的货物及加工修理修配劳务	3											—	—	—	—
		9%税率的服务、不动产和无形资产	4														
		6%税率	5														
	其中：即征即退项目	即征即退货物及加工修理修配劳务	6	—	—	—	—	—	—	—	—			—	—	—	—
		即征即退服务、不动产和无形资产	7	—	—	—	—	—	—	—	—						

续表

项目及栏次				开具增值税专用发票		开具其他发票		未开具发票		纳税检查调整		合计			服务、不动产和无形资产扣除项目本期实际扣除金额	扣除后	
				销售额	销项（应纳）税额	销售额	销项（应纳）税额	销售额	销项（应纳）税额	销售额	销项（应纳）税额	销售额	销项（应纳）税额	价税合计		含税（免税）销售额	销项（应纳）税额
				1	2	3	4	5	6	7	8	9=1+3+5+7	10=2+4+6+8	11=9+10	12	13=11-12	14=13÷（100%+税率或征收率）×税率或征收率
二、简易计税方法计税	全部征税项目	6%征收率	8							—	—			—	—	—	—
		5%征收率的货物及加工修理修配劳务	9a							—	—			—	—	—	—
		5%征收率的服务、不动产和无形资产	9b							—	—						
		4%征收率	10							—	—			—	—	—	—
		3%征收率的货物及加工修理修配劳务	11							—	—			—	—	—	—
		3%征收率的服务、不动产和无形资产	12							—	—						
		预征率 %	13a							—	—						
		预征率 %	13b							—	—						
		预征率 %	13c							—	—						
	其中：即征即退项目	即征即退货物及加工修理修配劳务	14	—	—	—	—	—	—	—	—			—	—	—	—
		即征即退服务、不动产和无形资产	15	—	—	—	—	—	—	—	—						
三、免抵退税	货物及加工修理修配劳务		16	—	—		—		—	—	—		—	—	—	—	—
	服务、不动产和无形资产		17	—	—		—		—	—	—		—				—
四、免税	货物及加工修理修配劳务		18				—		—	—	—		—	—	—	—	—
	服务、不动产和无形资产		19	—	—		—		—	—	—		—				—

（三）增值税及附加税费申报表附列资料（二）（本期进项税额明细）（见表2-9）

表2-9　　增值税及附加税费申报表附列资料（二）

（本期进项税额明细）

税款所属时间：　　年　月　日至　　年　月　日

纳税人名称：（公章）　　金额单位：元（列至角分）

一、申报抵扣的进项税额

项目	栏次	份数	金额	税额
（一）认证相符的增值税专用发票	1=2+3			
其中：本期认证相符且本期申报抵扣	2			
前期认证相符且本期申报抵扣	3			
（二）其他扣税凭证	4=5+6+7+8a+8b			
其中：海关进口增值税专用缴款书	5			
农产品收购发票或者销售发票	6			
代扣代缴税收缴款凭证	7		—	
加计扣除农产品进项税额	8a	—	—	
其他	8b			
（三）本期用于购建不动产的扣税凭证	9			
（四）本期用于抵扣的旅客运输服务扣税凭证	10			
（五）外贸企业进项税额抵扣证明	11	—	—	
当期申报抵扣进项税额合计	12=1+4+11			

二、进项税额转出额

项目	栏次	税额
本期进项税额转出额	13=14至23之和	
其中：免税项目用	14	
集体福利、个人消费	15	
非正常损失	16	
简易计税方法征税项目用	17	
免抵退税办法不得抵扣的进项税额	18	

续表

项目	栏次	税额
纳税检查调减进项税额	19	
红字专用发票信息表注明的进项税额	20	
上期留抵税额抵减欠税	21	
上期留抵税额退税	22	
异常凭证转出进项税额	23a	
其他应作进项税额转出的情形	23b	

三、待抵扣进项税额

项目	栏次	份数	金额	税额
（一）认证相符的增值税专用发票	24	—	—	—
期初已认证相符但未申报抵扣	25			
本期认证相符且本期未申报抵扣	26			
期末已认证相符但未申报抵扣	27			
其中：按照税法规定不允许抵扣	28			
（二）其他扣税凭证	29=30至33之和			
其中：海关进口增值税专用缴款书	30			
农产品收购发票或者销售发票	31			
代扣代缴税收缴款凭证	32			
其他	33			
	34			

四、其他

项目	栏次	份数	金额	税额
本期认证相符的增值税专用发票	35			
代扣代缴税额	36	—	—	

（四）增值税及附加税费申报表附列资料（三）（见表2-10）

表2-10　　增值税及附加税费申报表附列资料（三）

（服务、不动产和无形资产扣除项目明细）

税款所属时间：　　年　月　日至　　年　月　日

纳税人名称：（公章）　　　　金额单位：元（列至角分）

项目及栏次		本期服务、不动产和无形资产价税合计额（免税销售额）	服务、不动产和无形资产扣除项目				
			期初余额	本期发生额	本期应扣除金额	本期实际扣除金额	期末余额
		1	2	3	4=2+3	5（5≤1且5≤4）	6=4-5
13%税率的项目	1						
9%税率的项目	2						
6%税率的项目（不含金融商品转让）	3						
6%税率的金融商品转让项目	4						
5%征收率的项目	5						
3%征收率的项目	6						
免抵退税的项目	7						
免税的项目	8						

（五）增值税及附加税费申报表附列资料（四）（见表2-11）

表2-11　　增值税及附加税费申报表附列资料（四）

（税额抵减情况表）

税款所属时间：　　年　月　日至　　年　月　日

纳税人名称：（公章）　　　　金额单位：元（列至角分）

一、税额抵减情况

序号	抵减项目	期初余额	本期发生额	本期应抵减税额	本期实际抵减税额	期末余额
		1	2	3=1+2	4≤3	5=3-4
1	增值税税控系统专用设备费及技术维护费					
2	分支机构预征缴纳税款					
3	建筑服务预征缴纳税款					
4	销售不动产预征缴纳税款					
5	出租不动产预征缴纳税款					

二、加计抵减情况

序号	加计抵减项目	期初余额	本期发生额	本期调减额	本期可抵减额	本期实际抵减额	期末余额
		1	2	3	4=1+2-3	5	6=4-5
6	一般项目加计抵减额计算						
7	即征即退项目加计抵减额计算						
8	合计						

操作演示 2-2

一般纳税人增值税应纳税款计算

（六）增值税及附加税费申报表（一般纳税人适用）附列资料（五）（见表2-12）

表2-12 增值税及附加税费申报表（一般纳税人适用）附列资料（五）

（附加税费情况表）

税款所属时间：　　年　月　日至　　年　月　日

纳税人名称：（公章）　　　　　　　　　　　　　　金额单位：元（列至角分）

<table>
<tr><td colspan="6" rowspan="2">本期是否适用小微企业“六税两费”减免政策</td><td rowspan="2">□是
□否</td><td colspan="3">减免政策适用主体</td><td colspan="5">□个体工商户　□小型微利企业</td></tr>
<tr><td colspan="3">适用减免政策起止时间</td><td colspan="5">年　月　至　年　月</td></tr>
<tr><td colspan="2" rowspan="3">税（费）种</td><td colspan="3">计税（费）依据</td><td rowspan="2">税（费）率（%）</td><td rowspan="2">本期应纳税（费）额</td><td colspan="2">本期减免税（费）额</td><td colspan="2">小微企业“六税两费”减免政策</td><td colspan="2">试点建设培育产教融合型企业</td><td rowspan="2">本期已缴税（费）额</td><td rowspan="2">本期应补（退）税（费）额</td></tr>
<tr><td>增值税税额</td><td>增值税免抵税额</td><td>留抵退税本期扣除额</td><td>减免性质代码</td><td>减免税（费）额</td><td>减征比例（%）</td><td>减征额</td><td>减免性质代码</td><td>本期抵免金额</td></tr>
<tr><td>1</td><td>2</td><td>3</td><td>4</td><td>5=（1+2-3）×4</td><td>6</td><td>7</td><td>8</td><td>9=（5-7）×8</td><td>10</td><td>11</td><td>12</td><td>13=5-7-9-11-12</td></tr>
<tr><td>城市维护建设税</td><td>1</td><td></td><td></td><td></td><td></td><td></td><td></td><td></td><td></td><td></td><td>—</td><td>—</td><td></td><td></td></tr>
<tr><td>教育费附加</td><td>2</td><td></td><td></td><td></td><td></td><td></td><td></td><td></td><td></td><td></td><td></td><td></td><td></td><td></td></tr>
<tr><td>地方教育附加</td><td>3</td><td></td><td></td><td></td><td></td><td></td><td></td><td></td><td></td><td></td><td></td><td></td><td></td><td></td></tr>
<tr><td>合计</td><td>4</td><td>—</td><td>—</td><td>—</td><td>—</td><td></td><td></td><td></td><td>—</td><td></td><td>—</td><td></td><td></td><td></td></tr>
<tr><td colspan="5" rowspan="3">本期是否适用试点建设培育产教融合型企业抵免政策</td><td rowspan="3">□是
□否</td><td colspan="6">当期新增投资额</td><td>5</td><td colspan="2"></td></tr>
<tr><td colspan="6">上期留抵可抵免金额</td><td>6</td><td colspan="2"></td></tr>
<tr><td colspan="6">结转下期可抵免金额</td><td>7</td><td colspan="2"></td></tr>
<tr><td colspan="6" rowspan="3">可用于扣除的增值税留抵退税额使用情况</td><td colspan="6">当期新增可用于扣除的留抵退税额</td><td>8</td><td colspan="2"></td></tr>
<tr><td colspan="6">上期结存可用于扣除的留抵退税额</td><td>9</td><td colspan="2"></td></tr>
<tr><td colspan="6">结转下期可用于扣除的留抵退税额</td><td>10</td><td colspan="2"></td></tr>
</table>

五、增值税及附加税费纳税申报表（小规模纳税人）

（一）增值税及附加税费申报表（小规模纳税人适用）（见表2-13）

动漫微课 2-9

小规模纳税人增值税的纳税申报

操作演示 2-3

小规模纳税人增值税纳税申报表的填写

表2-13

增值税及附加税费申报表

（小规模纳税人适用）

纳税人识别号（统一社会信用代码）：□□□□□□□□□□□□□□□□□□□□

纳税人名称：　　　　　　　　　　　　　　　　　　　　　　金额单位：元（列至角分）

税款所属期：　　年　月　日至　　年　月　日　　　　　　　填表日期：　　年　月　日

	项目	栏次	本期数		本年累计	
			货物及劳务	服务、不动产和无形资产	货物及劳务	服务、不动产和无形资产
一、计税依据	（一）应征增值税不含税销售额（3%征收率）	1				
	增值税专用发票不含税销售额	2				
	其他增值税发票不含税销售额	3				
	（二）应征增值税不含税销售额（5%征收率）	4	—		—	
	增值税专用发票不含税销售额	5	—		—	
	其他增值税发票不含税销售额	6	—		—	
	（三）销售使用过的固定资产不含税销售额	7（7≥8）		—		—
	其中：其他增值税发票不含税销售额	8		—		—
	（四）免税销售额	9=10+11+12				
	其中：小微企业免税销售额	10				
	未达起征点销售额	11				
	其他免税销售额	12				
	（五）出口免税销售额	13（13≥14）				
	其中：其他增值税发票不含税销售额	14				
二、税款计算	本期应纳税额	15				
	本期应纳税额减征额	16				
	本期免税额	17				
	其中：小微企业免税额	18				
	未达起征点免税额	19				
	应纳税额合计	20=15-16				
	本期预缴税额	21			—	—
	本期应补（退）税额	22=20-21			—	—
三、附加税费	城市维护建设税本期应补（退）税额	23				
	教育费附加本期应补（退）费额	24				
	地方教育附加本期应补（退）费额	25				

声明：此表是根据国家税收法律法规及相关规定填写的，本人（单位）对填报内容（及附带资料）的真实性、可靠性、完整性负责。

纳税人（签章）：　　年　月　日

经办人： 经办人身份证号： 代理机构签章： 代理机构统一社会信用代码：	受理人： 受理税务机关（章）： 受理日期：　　年　月　日

（二）增值税及附加税费申报表（小规模纳税人适用）附列资料（一）（见表2-14）

表2-14　　增值税及附加税费申报表（小规模纳税人适用）附列资料（一）

（服务、不动产和无形资产扣除项目明细）

税款所属期：　　年　月　日至　　年　月　日　　　　填表日期：　　年　月　日

纳税人名称：（公章）　　　　金额单位：元（列至角分）

应税行为（3%征收率）扣除额计算			
期初余额	本期发生额	本期扣除额	期末余额
1	2	3（3≤1+2之和，且3≤5）	4=1+2-3
应税行为（3%征收率）计税销售额计算			
全部含税收入（适用3%征收率）	本期扣除额	含税销售额	不含税销售额
5	6=3	7=5-6	8=7÷1.03
应税行为（5%征收率）扣除额计算			
期初余额	本期发生额	本期扣除额	期末余额
9	10	11（11≤9+10之和，且11≤13）	12=9+10-11
应税行为（5%征收率）计税销售额计算			
全部含税收入（适用5%征收率）	本期扣除额	含税销售额	不含税销售额
13	14=11	15=13-14	16=15÷1.05

（三）增值税及附加税费申报表（小规模纳税人适用）附列资料（二）（见表2-15）

表2-15　　增值税及附加税费申报表（小规模纳税人适用）附列资料（二）

（附加税费情况表）

税（费）款所属时间：　　年　月　日至　　年　月　日

纳税人名称：（公章）　　　　金额单位：元（列至角分）

税（费）种	计税（费）依据	税（费）率（征收率）（%）	本期应纳税（费）额	本期减免税（费）额		增值税小规模纳税人“六税两费”减征政策		本期已缴税（费）额	本期应补（退）税（费）额
	增值税税额			减免性质代码	减免税（费）额	减征比例（%）	减征额		
	1	2	3=1×2	4	5	6	7=（3-5）×6	8	9=3-5-7-8
城市维护建设税									
教育费附加									
地方教育附加									
合计	—	—		—		—			

第十节　增值税数字电子发票的使用及管理

一、使用增值税数字电子发票的意义

全面数字化的电子发票是与纸质发票具有同等法律效力的全新发票。纸质发票的票面信息全面数字化，无须申请发票领用，将多个票种集成归并为电子发票单一票种，数字电子发票（简称数电发票）实行全国统一赋码、自动流转交付。在数字电子发票时代，开具发票变得非常方便快捷。数电发票已经实现了“去介质化”，不再需要使用税控盘开票，金税盘、税控盘、税务UKey等开票介质都不需要了，节约了时间，不用再纠结开票员与管理员、复核人和收款人是不是同一人。数电发票直接取消了申请发票流程，纳税人无须再到税务局去申请发票。增值税发票管理系统新增了远程注销税控设备功能，对于通过资格校验的纳税人，可以足不出户，就能完成税控设备的远程线上注销。纳税人根据自身情况，选择是否进行注销。

二、增值税数字电子发票的联次

自2023年12月1日起，除港澳台以外，全国已经实现了数电发票试点全覆盖。数电发票在电子发票服务平台上开具，仅允许纳税人在线开票。纳税人可以通过电子税务局的“增值税发票管理系统”开具增值税专用发票和增值税普通发票等。发票是原始凭证，均由销售方开具，即取得收入方开具。对于购买方来讲，发票既是购买方核算确认采购成本和增值税进项税额的记账凭证，也是购买方进行进项税额抵扣认证的记账凭证。对于销售方来讲，发票是销售方核算确认销售收入和销项税额的记账凭证，销售方会计人员根据发票记账联编制销售收入分录。

三、增值税数字电子发票的开具

（一）蓝字发票开具操作流程

纳税人可以直接登录电子税务局，在【我要办税】栏目下的【开票业务】中，直接选择【蓝色发票开具】功能。选择【立即开票】—【电子发票】，选择开票类型【增值税专用发票/普通发票】，并根据需要选择【特定业务】。开票类型的选择如图2-6所示。选定特定业务后，手动填写或引用已维护的客户信息或扫码输入购买方信息，手动填写或引用已维护的项目信息或明细导入开票信息。数电发票的基本内容在现行增值税发票基础上进行了优化，主要包括：动态二维码、发票号码、开票日期、购买方信息、销售方信息、项目名称、规格型号、单位、数量、单价、金额、税率/征收率、税额、合计、价税合计（大写、小写）、备注、开票人。

（二）红字发票开具操作流程

纳税人开具数字化电子发票后，发生开票有误、销货退回、服务中止、销售折让等情形，需要通过电子发票服务平台开具红字数字化电子发票的，按以下规定执行：

（1）受票方未进行用途确认时，由开票方通过电子发票服务平台发起《红字信息确认单》后全额开具红字数字化电子发票，无须受票方确认。

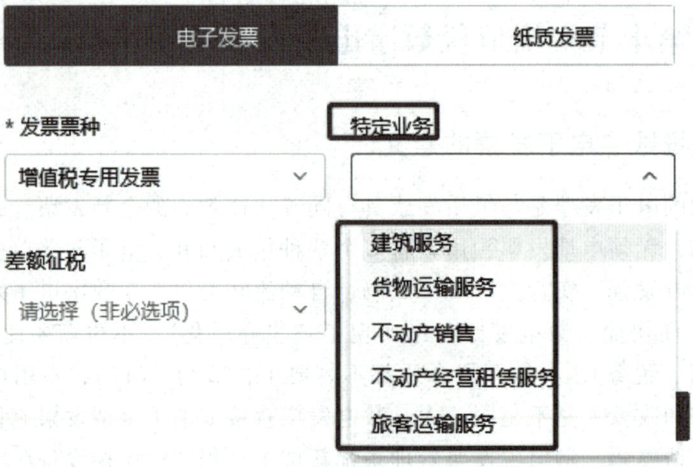

图2-6 开票类型的选择

（2）受票方已进行用途确认时，可以由购销双方任意一方在电子发票服务平台发起“红字信息确认单”，经对方确认后全额或部分开具红字数字电子发票。

经过购销双方确认后的红字确认单或由销售方单独发起的红冲，销售方可在“红字发票开具”模块，开具红票。点击常用功能模块中的【红字发票开具】，再点击【去开票】，进入红字发票开具页面核对发票信息，也可以切换到票面模式预览，点击页面下方的“开具发票”，提示红字发票开具成功。

提示

不得开具增值税专用发票的范围：

（1）商业企业一般纳税人零售的烟、酒、食品、服装、鞋帽（不包括劳保专用部分）、化妆品等消费品不得开具增值税专用发票。

（2）应税销售行为的购买方为消费者个人的。

（3）发生应税销售行为适用免税规定的。

【例2-23】（多项选择题）一般纳税人发生下列销售情形时，不得开具增值税发票的是（　　）。

A.向小规模纳税人提供运输

B.商场向消费者个人销售货物

C.公司销售免税货物

D.将自产货物无偿赠送给某一般纳税人

【答案】ABC。

（三）开具增值税专用发票后特殊情况的处理

全面数字化的电子发票、增值税电子普通发票、增值税电子专用发票开具后不能作废，只能冲红。企业在开具蓝字发票后，发生销货退回、开票有误、应税服务中止等情形，或者因销货方部分退回及发生销售折让的，无论当月或者跨月均需要按规定开具红字电子发票。

提示

实际工作中，有人错误地认为开具增值税专用发票使用13%税率，开具增值税普通发票使用3%征收率。这种说法是片面的，小规模纳税人要按3%征收率开具增值税专用发票。

四、增值税专用发票的“四流”一致管理

准予从销项税额中抵扣的进项税额，还要满足“四流”一致，否则不予抵扣。

“四流”一致是指合同流、发票流、资金流和货物流应统一。具体而言，一张发票上的收款方、发货方和销售方应该是同一主体，这是指发票抬头上的销售方必须是同一主体。同时，付款方、收货方和购买方是同一主体，这是指发票抬头上的购买方也必须是同一主体。在发票抬头位置的销售方和购买方之间的交易如果是真实的，那么销售方就应该直接把货物发送给购买方，货款应当由购买方直接支付给销售方。如果“四流”不一致，则很可能面临虚开发票的判定而承担后果。

【例2-24】（案例分析题）假设A、B两个公司，当A公司销售货物给B公司时，要签订购销合同，并且要满足资金流、发票流和货物流“三流”一致的情况。

【要求】假设要满足“三流”一致的情况，应考虑资金流、发票流和货物流具备哪些条件？

【答案】A公司开具给B公司的销售发票的抬头单位必须是B公司。B公司要直接将货款交付给A公司。无论是赊销还是现销，都要直接与B公司进行资金往来，A公司的货物应当直接发运给B公司。满足资金流、发票流和货物流“三流”一致的条件，如图2-7所示。

同时具备：
- 资金流：B→A（直接足额）
- 发票流：A→B（发票抬头）
- 货物流：A→B（直接同质足量，且享有所有权）

图2-7　A公司和B公司“三流”一致的条件图

本章小结

知识点❶　增值税是以商品和劳务在流转过程中产生的增值税额作为征税对象而征收的一种流转税。

知识点❷　增值税的征税范围包括在我国境内发生应税销售行为、提供应税劳务和销售服务、无形资产、不动产以及进口货物等。关注征税范围的特殊行为中视同发生应税销售行为的处理。

知识点❸　增值税纳税人按会计核算水平是否健全和企业经营规模大小划分，可分为小规模纳税人和一般纳税人。

知识点❹　增值税采用比例税率。2019年4月1日后增值税税率变为4档税率：13%、9%、6%、0。

知识点❺　增值税的计税方法包括一般计税方法和简易计税方法。一般计税方法是国

际上通行的购进扣税法。应纳税额的计算公式为：

本期应纳增值税税额=本期销项税额−本期准予抵扣的进项税额

知识点❻ 纳税人进口货物，按照组成计税价格和规定的税率计算应纳税额。

知识点❼ 《增值税暂行条例》规定了增值税的相关免税项目及有关部门规定的税收优惠政策。

知识点❽ 增值税的征收管理包括纳税义务发生时间、纳税期限和纳税地点等。

知识点❾ 全面数字化的电子发票是与纸质发票具有同等法律效力的全新发票。

思考题

1. 简述我国增值税的特点及征税范围。
2. 简述一般纳税人和小规模纳税人的划分标准。
3. 增值税的税率包括几档，适用的范围分别是什么？
4. 简述增值税征税范围的特殊行为。
5. 特殊销售方式下增值税销售额如何确定？
6. 准予从销项税额中抵扣的进项税额包括哪些？
7. 如何理解不得从销项税额中抵扣的进项税额？
8. 简述小规模纳税人简易征收的计算思路。
9. 进口环节增值税应纳税额应如何计算？
10. 如何填写增值税一般纳税人纳税申报资料？

练习题

1. 青云商业企业是增值税一般纳税人，2024年6月增值税留抵税额3 000元，7月发生下列业务：

（1）购装饰纸一批，取得增值税专用发票，价款200 000元、增值税26 000元，这批装饰纸50%用于装饰单位幼儿园，50%用于零售销售，取得含税收入150 000元。

（2）购入文教用品笔记本10 000个，取得的增值税专用发票上注明价款80 000元、增值税10 400元，将其中500个赠送川北共建小学，其余以每个20元的零售价格全部零售。

（3）为华义化工厂（增值税一般纳税人）代销化肥，取得零售收入82 000元；和华义化工厂结账，支付华义化工厂45 100元（含税），取得增值税专用发票；另向华义化工厂收取结账额5%的返还收入。

（4）将企业使用过的包装物卖给废品回收公司，取得含税收入6 000元。

【要求】根据上述资料，计算下列问题：

（1）该企业当期实际可抵扣的增值税进项税额。

（2）该企业当期的增值税销项税额。

（3）该企业当期应缴纳的增值税。

2. 华远玩具厂（增值税一般纳税人）生产销售儿童电动玩具，出厂不含税单价为280元/个。2024年6月末留抵税额为5 000元，7月该厂购销情况如下：

（1）向当地百货大楼销售800个，百货大楼当月付清货款后，厂家给予了8%的销售折让。

（2）向外地特约经销点销售500个，收到一般纳税人开具的货物运输业增值税专用发票上注明运费不含税金额为6 000元。

（3）当期销售货物发出包装物收取押金50 000元，本月没收逾期未收回的包装物押金70 000元。

（4）购进玩具零部件，取得的增值税专用发票上注明的销售金额80 000元、税款10 400元。

（5）从小规模纳税人处购进玩具零件，价税合计支付90 000元，取得增值税专用发票。

（6）本厂直接组织收购废旧自行车，支出收购金额50 000元（未取得增值税专用发票）。

【要求】根据上述资料，计算下列问题：

（1）该玩具厂当期准予抵扣的进项税额总和。

（2）该玩具厂当期的增值税销项税额。

（3）当期该玩具厂应纳增值税合计数。

3. 康大食品加工厂（增值税一般纳税人）2024年5月发生下列业务：

（1）向农民收购大麦10吨，收购凭证上注明价款20 000元，验收后送另一食品加工厂（增值税一般纳税人）加工生产，支付加工费价税合计1 000元，取得增值税专用发票。

（2）从达胜工具厂（小规模纳税人）购入小型磨面机一台，取得增值税专用发票，价税合计6 500元。

（3）将以前月份购入的玉米10吨对外销售9吨，取得不含税销售额21 000元，将1吨玉米渣无偿赠送给客户。

（4）生产饼干销售，开具的增值税专用发票上注明销售额100 000元。

（5）上月向农民收购入库的小米因保管不善霉烂，账面成本3 700元。

（6）转让去年购入的小型设备一台，从购买方取得支票8 000元（含税）。

【要求】根据上述资料，计算下列问题：

（1）该食品厂当期可以抵扣的进项税额。

（2）该食品厂当期增值税销项税额。

（3）该食品厂当期应纳增值税额。

第三章

消费税

【学习目标】

1. 掌握消费税的概念、特点和征税范围。
2. 理解消费税的税目和税率。
3. 掌握消费税的纳税环节。
4. 掌握生产、委托加工和进口等环节应纳消费税的计算。
5. 熟悉外购、委托加工收回的应税消费品已纳税额的扣除。

案例导入

张新过年看望朋友时，给朋友买了一套高档化妆品、一箱白酒、两瓶红酒。朋友回赠了四条中华香烟、一块电子表、一块1.5万元的手表和一条钻石项链。上述物品的价格中哪些含有消费税?

第一节　消费税概述

一、消费税的概念

消费税是以特定消费品的流转额作为征税对象的一种商品税。消费税法是流转税法的重要组成部分，是除增值税法以外的第二大流转税法。消费税被世界各国普遍征收，目前世界上有120多个国家征收消费税。由于受各国国情的影响，各国消费税的征收范围存在着较大的差异。我国的消费税是对增值税的有益补充，即在增值税的征税基础上，有选择性地对一部分特殊的消费品征收消费税。这部分特殊的消费品包括：过度消费会影响人身健康的消费品，如烟酒等；不可再生和替代的稀缺资源，如汽油、柴油等；非生活必需品，如高档化妆品、贵重手表、珠宝玉石等；高能耗及高档消费品，如小汽车、高尔夫球具等。目前，消费税的税目共有15个。

消费税是指对在中国境内从事生产、委托加工和进口应税消费品的单位和个人，就其销售额或销售数量在特定环节征收的一种税。简单地说，消费税就是对特定的消费品和消费行为征收的一种流转税。消费税可以优化资源配置，调整消费结构，调节支付能力，缓解分配不公，从而稳定税收来源，保证国家财政收入。

二、消费税的特点

与增值税等其他流转税相比，消费税的特点为：

1. 征税范围具有选择性

消费税在征收范围上并非对所有消费品都征收，而是对部分特殊消费品征税。这部分消费品包括过度消费会对人身健康有危害的、非生活必需品、高能耗消费品、不可再生和替代的资源消费品等。与国外的消费税相比，我国消费税的征税范围偏窄，不包括对特殊消费行为和消费服务征税。

2. 纳税环节具有单一性

消费税实行单一环节一次性征税原则，通常在生产销售环节、委托加工环节和进口环节征收。对于使用外购的已税消费品继续生产应税消费品再进行销售的行为，采取扣除已缴纳消费税税额的办法，从而避免重复计征消费税。另外，卷烟是特例，必须在生产和批发两个环节征收消费税。

3. 征收方法具有灵活性

消费税的计算方法相比增值税的从价计征更为灵活，可以采取从价计征、从量计征和复合计征三种方法。对价格变化较大且便于按价格计算的应税消费品实行从价计征；对价格变动较小、品种和规格型号比较单一的应税消费品实行从量计征；对卷烟、白酒实行从价与从量相结合的复合计征。

4. 税率具有较大的差异性

为体现国家特定调节政策，消费税实行差别税率。根据不同消费品的种类、结构、档次和功能，以及市场供求状况和消费品价格水平等情况，制定了不同层次的比例税率和定额税率。例如，卷烟的最高税率是56%，排气量在1.0升以下的小汽车税率是1%，可见，对需要限制或控制消费的消费品通常税负就较高。

5. 税收负担具有转嫁性

增值税是价外税，而消费税是价内税。应税消费品的价格里面包含着消费税税款。可见，无论消费税在哪个环节征收，消费品价格中所含的消费税税款最终都是由购买应税消费品的人来负担，税款最终转嫁到消费者身上。

第二节　纳税义务人和征税范围

一、纳税义务人

消费税的纳税义务人是指在中国境内（起运地或所在地在境内）生产、委托加工和进口应税消费品的单位和个人，以及国务院确定的销售消费品的其他单位和个人。

二、征税环节

消费税在应税消费品生产经营的起始环节征税，实行单环节一次征收，除金银首饰、铂金首饰、钻石及钻石饰品及超豪华小汽车改在零售环节征税，卷烟在批发环节加征消费税以外，其他消费品只在生产、委托加工或进口环节征税，在以后的批发、零售等环节不再征收消费税。消费税的纳税环节如图3-1所示。

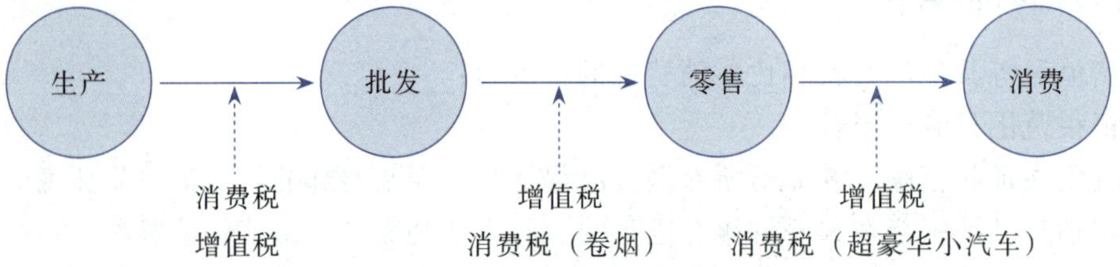

图3-1 消费税的纳税环节

消费税的征税环节具体如下：

（一）生产应税消费品

消费税征收的主要环节是应税消费品的生产销售环节，包括直接对外销售应税消费品应缴纳的消费税和自产自用应税消费品应缴纳的消费税。

由于消费税具有单一环节征税的特点，因此在出厂销售环节征收后，在流通环节不必再缴纳消费税。除直接对外销售应征收消费税外，纳税人将生产的应税消费品换取生产资料、消费资料、偿还债务、投资入股，以及用于继续生产非应税消费品的，应在移送使用环节缴纳消费税。

工业企业以外的单位和个人将外购的消费税非应税产品以消费税应税产品的形式对外销售的，或者将外购的消费税低税率应税产品以高税率应税产品对外销售的，这些行为都视为应税消费品的生产行为，要征收消费税。

（二）委托加工应税消费品

委托加工应税消费品是指委托方提供原料与主要材料，受托方只收取加工费或代垫部分辅助材料而加工的应税消费品。由受托方提供原材料或其他情形的一律不能视同加工应税消费品。委托加工的应税消费品收回后，继续用于生产应税消费品再销售的，其加工环节缴纳的消费税款可以在销售环节缴纳消费税时进行扣除。

（三）进口应税消费品

单位和个人进口货物属于消费税征税范围的，在报关进口环节缴纳海关代征的消费税。

（四）零售应税消费品

除镀金（银）、包金（银）首饰以及镀金（银）、包金（银）的镶嵌首饰（即非金银首饰）仍在生产销售环节征收10%的消费税以外，金银首饰消费税由生产环节征收改为零售环节征收，税率为5%。零售环节征收消费税的金银首饰仅限于金基、银基合金首饰以及金、银和金基、银基合金的镶嵌首饰，钻石及钻石饰品、铂金首饰消费品。

提示

《财政部 国家税务总局关于对超豪华小汽车加征消费税有关事项的通知》（财税〔2016〕129号）规定，在“小汽车”税目下增设“超豪华小汽车”子税目。该子税目的征收范围是每辆零售价格130万元（不含增值税）及以上的乘用车和中轻型商用客车，即乘用车和中轻型商用客车子税目中的超豪华小汽车。对超豪华小汽车，在生产或进口环节按现行税率征收消费税的基础上，在零售环节加征消费税，税率为10%。

（五）批发应税消费品

自2015月10日起，将卷烟批发环节的消费税税率由5%提高至11%，并按0.005元/支加征从量消费税。卷烟的消费税需要在生产和批发两个环节征收，并且批发企业在计算纳税时不得扣除已含的生产环节的消费税税额。

纳税人兼营卷烟批发和零售业务的，应当分别核算批发和零售环节的销售额、销售数量；未分别核算批发和零售环节销售额、销售数量的，按照全部销售额、销售数量计征批发环节消费税。纳税人应向卷烟批发企业的机构所在地申报纳税；总机构与分支机构不在同一地区的，由总机构申报纳税。

提示

只有卷烟在商业批发环节缴纳消费税，烟丝和雪茄烟以及其他应税消费品在商业批发环节只缴纳增值税，不缴纳消费税。

（六）移送使用应税消费品

纳税人在生产经营过程中，将应税消费品移送用于加工非应税消费品，应在移送使用时对移送部分征收消费税。例如，纳税人购入了一批烟丝用于生产卷烟，购入烟丝的价格中已经包含了消费税，再领用烟丝用于生产卷烟，在移送使用时不用缴纳消费税，而且可以按一定比例抵扣购买烟丝时已缴纳的消费税。纳税人用生产的卷烟作为员工福利或公司样品，应视同销售在移送使用时缴纳消费税。

提示

征税环节具有单一性，但有三种特殊情况：①卷烟除了在生产环节缴纳一道消费税以外，还在批发环节再缴纳一道消费税；②金银首饰在零售环节而非生产环节征收消费税；③超豪华小汽车除了在生产环节缴纳一道消费税以外，还在零售环节再缴纳一道消费税，即自2016年12月1日起，在生产（进口）环节按现行税率征收消费税基础上，对超豪华小汽车销售给消费者的单位和个人在零售环节销售时，加征一道消费税。该征税范围为乘用车和中轻型商用客车子税目中的超豪华小汽车。

三、征税范围

消费税的征收范围比较窄，同时也会根据经济发展和环境保护等国家政策方针再修订，依据《中华人民共和国消费税暂行条例》（以下简称《消费税暂行条例》）及相关法规规定，目前消费税征税范围包括烟、酒、高档化妆品等15种商品，部分商品还划分了若干子目。

（一）烟

凡是以烟叶为原料加工生产的产品，不论使用何种辅料，都属于本税目的征收范围，包括卷烟（进口卷烟、白包卷烟、手工卷烟和未经国务院批准纳入计划的企业及个人生产的卷烟）、雪茄烟和烟丝。“卷烟”又分“甲类卷烟”和“乙类卷烟”。纳税人销售给纳税人以外的单位和个人的卷烟于销售时纳税，纳税人之间销售的卷烟不缴纳消费税。

（二）酒

酒是指酒精浓度在1度以上的各种酒类饮料，包括白酒、黄酒、啤酒和其他酒。对饮食业、商业和娱乐业举办的啤酒屋或啤酒坊等，利用啤酒生产设备生产的啤酒，应当征收消费税。

果啤属于啤酒，按啤酒征收消费税。配制酒（露酒）是指以发酵酒、蒸馏酒或食用酒精为酒基，加入可食用或药食两用的辅料或食品添加剂，进行调配、混合或再加工制成的饮料酒。

【例3-1】（多项选择题）下列项目中，应征收消费税的是（　　）。

A.啤酒坊销售自制扎啤　　B.药厂外购酒精制成含酒精的药销售

C.白酒厂生产果酒销售　　D.药厂生产自制医用酒精并销售

【答案】AC。

（三）高档化妆品

高档化妆品的税目包括高档美容、修饰类化妆品、高档护肤类化妆品和成套化妆品。高档美容、修饰类化妆品和高档护肤类化妆品是指生产或进口环节销售价格（不含增值税）在10元/毫升（克）或15元/片（张）及以上的美容、修饰类化妆品和护肤类化妆品。舞台、戏剧、影视演员化妆用的上妆油、卸妆油、油彩，不属于本税目的征收范围。

（四）贵重首饰及珠宝玉石

以金、银、白金、宝石、珍珠、钻石、翡翠、珊瑚、玛瑙等高贵稀有物质以及其他金属、人造宝石等制作的各种纯金银首饰及镶嵌首饰和经采掘、打磨、加工的各种珠宝玉石。对出国人员免税商店销售的金银首饰征收消费税。

（五）鞭炮、焰火

体育上用的发令纸、鞭炮药引线，不按本税目征收。

（六）成品油

成品油包括汽油、柴油、石脑油、溶剂油、航空煤油、润滑油、燃料油7个子目。航空煤油暂缓征收。

（七）小汽车

小汽车是指由动力驱动，具有4个或4个以上车轮的非轨道承载的车辆。

不属于消费税的征收范围的有：沙滩车、雪地车、卡丁车、高尔夫车；电动汽车；车身长度大于7米（含），并且座位在10～23座（含）以下的商用客车。

（八）摩托车

摩托车包括轻便摩托车和摩托车两种。气缸容量250毫升（不含）以下的小排量摩托车不征收消费税。

（九）高尔夫球及球具

高尔夫球及球具是指从事高尔夫球运动所需的各种专用装备，包括高尔夫球、高尔夫球杆及高尔夫球包等。

（十）高档手表

高档手表是指销售价格（不含增值税）每只在10 000元（含）以上的各类手表。

（十一）游艇

游艇是指艇身长度大于8米（含）小于90米（含），内置发动机，可以在水上移动，一般为私人或团体购置，主要用于水上运动和休闲娱乐等非营利活动的各类机动艇。

（十二）木制一次性筷子

木制一次性筷子是指以木材为原料，经过锯段、浸泡、旋切、刨切、烘干、筛选、打磨、倒角、包装等环节加工而成的各类供一次性使用的筷子，包括各种规格的木制一次性筷子，未经打磨、倒角的木制一次性筷子。

（十三）实木地板

实木地板是指以木材为原料，经锯割、干燥、刨光、截断、开榫、涂漆等工序加工而成的块状或条状的地面装饰材料，包括各类规格的独板（块）实木地板、实木指接地板、实木复合地板及用于装饰墙壁等的实木装饰板。

（十四）电池

电池包括原电池、蓄电池、燃料电池、太阳能电池和其他电池。对无汞原电池、金属氢化物镍蓄电池、锂原电池、锂离子蓄电池、太阳能电池、燃料电池、全钒液流电池免征消费税。

（十五）涂料

涂料是指涂于物体表面能形成具有保护、装饰或特殊性能的固态涂膜的一类液体或固体材料之总称。自2015年2月1日起对涂料征收消费税。施工状态下挥发性有机物含量低于420克/升（含）的涂料免征消费税。

第三节　税率

为适应不同应税消费品的实际情况，消费税采用比例税率和定额税率两种形式。消费税税率大部分采用比例税率，比如高档化妆品税率为15%、雪茄烟税率为36%。黄酒、啤酒和成品油按单位重量和单位体积采用定额税率。卷烟和白酒采用比例税率和定额税率结合的复合计税方式。应税消费品名称、税率和计量单位对照表见表3-1。

表3-1　　应税消费品名称、税率和计量单位对照表

应税消费品名称	比例税率	定额税率	计量单位
一、烟			
1.卷烟			
（1）工业			
①甲类卷烟（调拨价70元（不含增值税）/条以上（含70元））	56%	30元/万支	万支
②乙类卷烟（调拨价70元（不含增值税）/条以下）	36%	30元/万支	
（2）商业批发	11%	50元/万支	

续表

应税消费品名称	比例税率	定额税率	计量单位
2.雪茄烟	36%	—	支
3.烟丝	30%	—	千克
4.电子烟			
（1）工业	36%	—	盒
（2）商业批发	11%	—	盒
二、酒			
1.白酒	20%	0.5元/500克（毫升）	500克（毫升）
2.黄酒	—	240元/吨	吨
3.啤酒			
（1）甲类啤酒（出厂价格3 000元（不含增值税）/吨以上（含3 000元））	—	250元/吨	吨
（2）乙类啤酒（出厂价格3 000元（不含增值税）/吨以下）	—	220元/吨	吨
4.其他酒	10%	—	吨
三、高档化妆品	15%	—	实际使用计量单位
四、贵重首饰及珠宝玉石			
1.金银首饰、铂金首饰和钻石及钻石饰品	5%	—	实际使用计量单位
2.其他贵重首饰和珠宝玉石	10%	—	实际使用计量单位
五、鞭炮、焰火	15%	—	实际使用计量单位
六、成品油			
1.汽油	—	1.52元/升	升
2.柴油	—	1.20元/升	升
3.航空煤油	—	1.20元/升	升
4.石脑油	—	1.52元/升	升
5.溶剂油	—	1.52元/升	升
6.润滑油	—	1.52元/升	升
7.燃料油	—	1.20元/升	升

续表

应税消费品名称	比例税率	定额税率	计量单位
七、摩托车			
1.气缸容量（排气量，下同）=250毫升	3%	—	辆
2.气缸容量＞250毫升	10%	—	
八、小汽车			
1.乘用车			
（1）气缸容量（排气量，下同）≤1.0升	1%	—	辆
（2）1.0升＜气缸容量≤1.5升	3%	—	
（3）1.5升＜气缸容量≤2.0升	5%	—	
（4）2.0升＜气缸容量≤2.5升	9%	—	
（5）2.5升＜气缸容量≤3.0升	12%	—	
（6）3.0升＜气缸容量≤4.0升	25%	—	
（7）气缸容量＞4.0升	40%	—	
2.中轻型商用客车	5%	—	
3.超豪华小汽车	10%	—	
九、高尔夫球及球具	10%	—	实际使用计量单位
十、高档手表	20%	—	只
十一、游艇	10%	—	艘
十二、木制一次性筷子	5%	—	万双
十三、实木地板	5%	—	平方米
十四、电池	4%	—	只
十五、涂料	4%	—	吨

纳税人兼营不同税率的应税消费品，应分别核算不同税率应税消费品的销售额、销售数量。未分别核算销售额、销售数量，或者将不同税率的应税消费品组成成套消费品销售的，从高适用税率。

【例3-2】（案例分析题）新振酒厂主要业务有以下两种：

（1）既生产税率为20%的粮食白酒，又生产税率为10%的药酒。

（2）生产白酒与药酒小瓶装组成成套礼品盒。

【要求】如何处理（1）和（2）业务?

【答案】（1）该厂应分别核算白酒与药酒的销售额，然后按各自适用税率计税。若不能分别核算各自销售额，药酒也要按白酒的税率计算纳税。

(2) 对于成套消费品，应对全部销售额按白酒的税率20%计算应纳消费税税额，而不能以药酒10%的税率计算，也不能单独分开计算应纳税额。

第四节 计税依据

一、实行从价定率的计税依据

实行从价定率征税的应税消费品，计税依据是应税消费品的销售额，消费税税基与增值税税基是一样的，都是以含消费税但不含增值税的销售额作为计税基数。

（一）销售额的确定

销售额是纳税人发生应税交易取得的与之相关的对价，包括全部货币或非货币形式的经济利益。销售额还包括价外向购买方收取的手续费、补贴、基金、集资费、返还利润、奖励费、违约金、滞纳金、延期付款利息、赔偿金、代收款项、代垫款项、包装费、包装物租金、储备费、优质费、运输装卸费以及其他各种性质的价外收费。但下列项目不包括在内：

1.同时符合以下条件的代垫运输费用

（1）承运部门的运输费用发票开具给购买方的。

（2）纳税人将该项发票转交给购买方的。

2.同时符合以下条件代为收取的政府性基金或者行政事业性收费：

（1）由国务院或财政部批准设立的政府性基金，由国务院或者省级人民政府及其财政、价格主管部门批准设立的行政事业性收费。

（2）收取时开具省级以上财政部门印制的财政票据。

（3）所收款项全额上缴财政。

实行从价定率办法计算应纳税额的应税消费品连同包装销售的，无论包装是否单独计价，也不论在会计上如何核算，均应并入应税消费品的销售额中征收消费税。如果包装物不作价随同产品销售，而是收取押金，押金不应并入应税消费品的销售额中征税。但因逾期未收回的包装物不再退还的或已收取的时间超过12个月的押金，应并入应税消费品的销售额，按照应税消费品的适用税率缴纳消费税。

提示

对销售啤酒、黄酒以外的其他酒类产品收取的包装物押金，无论是否返还以及会计上如何核算，均应并入当期销售额征税。

白酒生产企业随着应税白酒销售而向购货方收取的“品牌使用费”，是应税白酒销售价款的组成部分，应并入白酒的销售额中一并缴纳消费税。

（二）含增值税销售额的换算

应税消费品在缴纳消费税时，还应缴纳增值税。但是应税消费品的销售额，不包括向购货方收取的增值税税款。若纳税人应税消费品的销售额中未扣除增值税税款时，应将含增值税的销售额换算为不含增值税税款的销售额。通常所说的“不含税价”是指不含增值税，并不意味着不含消费税。含增值税销售额的换算公式为：

应税消费品的销售额=含增值税的销售额÷（1+增值税税率或征收率）

提示

通常情况下，从价计算消费税的销售额与计算增值税销项税额的销售额是相同的，但消费税、增值税与价格的关系是不同的。增值税是价外税，计算增值税的价格中不包含增值税税金，消费税是价内税，计算消费税的价格中包括消费税税金。

二、实行从量定额的计税依据

实行从量定额征税的应税消费品，计税依据是应税消费品的销售数量和单位税额两个因素。

（一）销售数量的确定

销售数量是指纳税人生产、加工和进口应税消费品的数量。具体规定为：

1. 销售应税消费品的，为应税消费品的销售数量。

2. 自产自用应税消费品的，为应税消费品的移送使用数量。

3. 委托加工应税消费品的，为纳税人收回的应税消费品数量。

4. 进口应税消费品的，为海关核定的应税消费品进口征税数量。

（二）计量单位的换算标准

黄酒、啤酒是以吨为税额单位；汽油、柴油是以升为税额单位。实际销售时，一些纳税人会把吨或升的计量单位混用，为规范不同产品的计量单位、准确计算应纳税额，吨与升两个计量单位的换算标准见表3-2。

表3-2　　吨和升两个计量单位的换算标准表

名称	计量单位的换算标准	名称	计量单位的换算标准
黄酒	1吨=962升	石脑油	1吨=1 385升
啤酒	1吨=988升	溶剂油	1吨=1 282升
汽油	1吨=1 388升	润滑油	1吨=1 126升
柴油	1吨=1 176升	燃料油	1吨=1 015升
航空煤油	1吨=1 246升		

三、实行复合计征的计税依据

消费税征税范围中，只有卷烟、白酒采用复合计征方法。计算应纳税额时要考虑从价计征和从量计征两部分。

其中，生产销售卷烟、白酒从量定额计税依据为实际销售数量，进口、委托加工、自产自用卷烟、白酒的从量定额计税依据分别为海关核定的进口征税数量、委托方收回的数量和移送使用的数量。

四、计税依据的特殊规定

动漫微课 3-1

消费税——酒应纳税额的计算

（一）白酒最低计税价格的核定

白酒最低计税价格核定的原理为：白酒生产企业的价格C与白酒销售企业的价格D之间的差异不能过大。

假设白酒生产企业消费税计税价格为C，白酒销售企业对外销售价格为D。

情况一：如果C<70% D时，则C是不正常价格，需要核定最低计税价格。

情况二：如果C>70% D时，则C是正常价格，不需要核定最低计税价格。

上面两种假定为核定标准：

（1）白酒生产企业销售给销售单位的白酒，生产企业消费税计税价格低于销售单位对外销售价格70%以下的，消费税最低计税价格由税务机关根据生产规模、白酒品牌和利润水平等情况，在销售单位对外销售价格50%～70%范围内自行核定。对于生产规模较大、利润水平较高的企业生产的需要核定消费税最低计税价格的白酒，税务机关核价幅度原则上应选择在销售单位对外销售价格60%～70%范围内。自2017年5月1日起，白酒消费税最低计税价格核定比例由50%～70%统一调整为60%，已核定最低计税价格的白酒，税务机关应按照调整后的比例重新核定。

（2）当白酒生产企业销售给销售单位白酒，生产企业消费税计税价格高于销售单位对外销售价格70%（含70%）以上的，税务机关暂不核定消费税最低计税价格。

动漫微课 3-2

卷烟应纳税额的计算

（二）卷烟计税价格的核定

卷烟消费税最低计税价格的核定范围为卷烟生产企业在生产环节销售的所有牌号、规格的卷烟。其计税价格由国家税务总局按照卷烟批发环节销售价格扣除卷烟批发环节批发毛利核定并发布。计税价格的核定公式为：

某牌号、规格卷烟计税价格=批发环节销售价格×（1-适用批发毛利率）

已经国家税务总局核定计税价格的卷烟，生产企业实际销售价格高于计税价格的，按实际销售价格确定适用税率，计算应纳税款并申报纳税；实际销售价格低于计税价格的，按计税价格确定适用税率，计算应纳税款并申报纳税。

【例3-3】（单项选择题）云腾卷烟生产企业的飞龙牌卷烟出厂价格为每标准条55元（不含增值税），税务机关采集飞龙牌卷烟批发环节价格为每标准条150元，国家税务总局核定的同类卷烟的批发环节毛利率为30%。该企业当期出厂销售飞龙牌卷烟300标准箱（250条/每标准箱，一条10盒，一盒20支），卷烟的消费税税率为56%加0.003元/支。该企业当期应纳的消费税为（　　）元。

A.3 000 200　　B.4 455 000　　C.2 000 000　　D.4 500 000

【答案】B。

【解析】卷烟计税价格=150×（1-30%）=105（元/条）

当期应纳消费税=105×300×250×56%+300×250×20×10×0.003=4 455 000（元）

（三）自设非独立核算门市部销售应税消费品的规定

纳税人通过自设非独立核算门市部销售的自产应税消费品，应当按照门市部对外销售额或者销售数量征收消费税。

【例3-4】（单项选择题）云飞化妆品厂为增值税一般纳税人，下设一个非独立核算的门市部，2024年9月该厂将生产的一批成本价70万元的高档化妆品移送门市部，门市部将其中70%销售，取得含税销售额56.5万元。高档化妆品的消费税税率为15%，成本利润率为10%，该化妆品厂此项业务应缴纳的消费税税额为（　　）万元。

A.5.5　　B.7.5　　C.6.8　　D.7.8

【答案】B。

【解析】纳税人通过自设非独立核算的门市部销售自产应税消费品的，要按非独立核算门市部的销售额或销售数量计算消费税税额。

该化妆品厂应缴纳的消费税=56.5÷（1+13%）×15%=7.5（万元）

（四）同类最高销售价格为计税依据的规定

纳税人将自产的应税消费品，用于换取生产资料和消费资料、投资入股及抵偿债务等方面，应当以纳税人同类应税消费品的最高销售价格作为计税依据。

提示

纳税人用于换取生产资料和消费资料、投资入股和抵偿债务等方面的应税消费品，应当以纳税人同类应税消费品的最高销售价格作为计税依据计算消费税。对于该业务增值税没有最高销售价格的规定，只有平均销售价格的规定。

【例3-5】（多项选择题）下列自产应税消费品，以纳税人同类应税消费品的最高销售价格作为计税依据计算消费税的有（　　）。

A.用于抵债的应税消费品　　B.用于换取生产资料的应税消费品

C.用于馈赠的应税消费品　　D.对外投资入股的应税消费品

【答案】ABD。

（五）金银首饰销售额的确定

对既销售金银首饰，又销售非金银首饰的生产、经营单位，应将两类商品划分清楚，分别核算各自的销售额。如果划分不清或不能分别核算的，并且在生产环节销售的，一律从高适用税率征收消费税。在零售环节销售的应税消费品，一律按金银首饰征收消费税。

金银首饰与其他产品组成成套消费品进行销售的，应按全额的销售额征收消费税。与包装物连同销售的，无论包装物是否单独计价，均应并入金银首饰的销售额计征消费税。

纳税人采用以旧换新（含翻新改制）方式销售的金银首饰，应按实际收取的不含增值税的全部价款确定计税依据征收消费税。

【例3-6】（单项选择题）周小福饰品公司采用以旧换新方式销售金戒指一枚，商品标价2 000元，旧戒指折价1 000元，则计征消费税的销售额为（　　）元。

A.1 000　　B.2 000　　C.3 000　　D.884.96

【答案】D。

【解析】以旧换新（含翻新改制）方式销售金银首饰，应按实际收取的不含增值税的全部价款确定计税依据并征收消费税。

应缴纳消费税的销售额=（2 000−1 000）÷（1+13%）=884.96（元）

第五节　应纳税额的计算

消费税应纳税额的计算分为从价计征、从量计征和从价从量复合计征三种方法。

一、生产销售环节应纳消费税的计算

纳税人生产销售环节应纳消费税，包括直接对外销售应税消费品应缴纳的消费税和自产自用应税消费品应缴纳的消费税。

（一）直接对外销售应纳消费税的计算

1. 从价定率计算方法

在从价定率计算方法下，应纳税额等于应税消费品的销售额乘以适用税率，应纳税额的多少取决于应税消费品的销售额和适用税率两个因素。计算公式为：

应纳税额=应税消费品的销售额×比例税率

【例3-7】（计算题）佳力电池生产企业为增值税一般纳税人。向某超市销售电池一批，开具增值税专用发票，取得不含增值税销售额100万元；向某单位销售电池一批，开具普通发票，取得不含增值税销售额20万元。电池适用消费税税率4%。

【要求】计算该电池生产企业上述业务应缴纳的消费税税额。

【答案】应缴纳的消费税税额=（100+20）×4%=4.8（万元）

2. 从量定额计算方法

在从量定额计算方法下，应纳税额等于应税消费品的销售数量乘以单位税额，应纳税额的多少取决于应税消费品的单位税额和销售数量两个因素。其计算公式为：

应纳税额=应税消费品的销售数量×定额税率

【例3-8】（计算题）福源啤酒厂销售黄酒10吨，取得不含增值税销售额56万元，增值税税款7.28万元，另收取包装物押金2万元。销售黄酒，适用定额税率每吨为240元。

【要求】计算该啤酒厂应纳消费税税额。

【答案】应纳消费税额=销售数量×定额税率=10×240=2 400（元）

3. 复合计征计算方法

卷烟、白酒采用复合计征方法。应纳税额等于应税销售额乘以比例税率再加上应税销售数量乘以定额税率。计算公式为：

应纳税额=应税消费品的销售数量×定额税率+应税销售额×比例税率

【例3-9】（计算题）某白酒生产企业为增值税一般纳税人，销售白酒80吨，取得不含增值税的销售额180万元。

【要求】计算白酒企业应缴纳的消费税额。

【答案】白酒适用比例税率20%，定额税率每500克为0.5元。

应纳消费税额=80×2 000×0.00005+180×20%=44（万元）

以上三种计算消费税应纳税额的方法，归纳见表3-3。

表3-3　三种计算消费税应纳税额方法

计税方法	计税公式
从价定率计税	应纳税额=不含税销售额×比例税率
从量定额计税 （啤酒、黄酒、成品油）	应纳税额=销售数量×定额税额
复合计税 （白酒、甲乙类卷烟）	应纳税额=销售额×比例税率+销售数量×定额税额

（二）自产自用应税消费品应纳税额的计算

自产自用应税消费品是指纳税人生产应税消费品后，不是直接对外销售，而是用于自己连续生产应税消费品或者用于其他方面。

1. 用于连续生产应税消费品

纳税人自产自用的应税消费品，用于连续生产应税消费品的不纳税。这种情况是指连续生产的应税消费品是生产最终应税消费品的直接材料并且构成了最终产品实体的应税消费品。例如，卷烟厂生产烟丝，再使用生产的烟丝连续生产卷烟。虽然烟丝和卷烟都是消费税的税目，但是烟丝作为连续生产卷烟的应税消费品就不用再缴纳消费税了，这也体现了不重复征税的原则。假设卷烟厂生产的烟丝是外购的，这里还会涉及外购应税消费品已纳税款扣除的问题，将在后文中讲述。

2. 用于其他方面的应税消费品

纳税人自产自用的应税消费品，用于其他方面，应当于移送使用时纳税。用于其他方面是指纳税人用于生产非应税消费品、管理部门、非生产机构、在建工程、提供劳务，以及用于馈赠、赞助、集资、广告、样品、职工福利、奖励等方面。所谓的“用于生产非应税消费品”，是指把自产应税消费品用于生产消费税税目所列的15类产品以外的产品。如果涉及视同销售业务的需要缴纳增值税，否则只缴纳消费税即可。

【例3-10】（案例分析题）某公司发生下列业务：

情况1：将自产应税消费品酒精用于连续加工高档化妆品。

情况2：原油加工厂用生产出的应税消费品柴油调和制成溶剂柴油。

情况3：化工厂把自己生产的汽油提供给本厂基建工程的车辆使用。

情况4：汽车制造厂把生产出的小汽车提供给上级主管部门使用。

情况5：涂料厂将自己生产的应税消费品涂料，以福利或奖励等形式发给本厂职工。

【要求】针对上述情况企业是否应缴纳增值税和消费税。

【答案】

（1）将自产的应税消费品酒精，用于连续生产应税消费品的不纳消费税。酒精不缴纳增值税，只有当高档化妆品对外销售时才缴纳增值税和消费税。

（2）属于自产自用应税消费品“用于生产非应税消费品”。溶剂柴油属于非应税消费品，加工厂对自产自用行为缴纳消费税，但不用缴纳增值税。

（3）属于自产自用应税消费品“用于在建工程”。把自产的应税消费品用于本单位的各项建设工程，应缴纳消费税和增值税。

（4）属于“用于管理部门、非生产机构”。将自己生产的应税消费品用于与本单位有隶属关系的管理部门或非生产机构，应缴纳消费税和增值税。

（5）属于“用于馈赠、赞助、集资、广告、样品、职工福利和奖励”。将自己生产的应税消费品涂料无偿赠送给他人，应缴纳消费税和增值税。

提示

将自产应税消费品用于抵偿债务、以物易物和投资入股的，应按同类平均售价计征增值税，按同类最高售价计征消费税。

3. 组成计税价格

纳税人自产自用的应税消费品用于其他方面应纳税时，按照纳税人生产的同类消费品的当月销售价格计算纳税。如果当月同类消费品各期销售价格高低不等，应按销售数量加权平均计算。但是销售价格无理由明显偏低的，或者无销售价格的情况下不能采用加权平均计算方法计算价格。

如果当月无销售价格或者当月未完结，应按同类消费品上月或最近月份的销售价格计算纳税。

如果没有同类消费品销售价格，按组成计税价格计算纳税。

（1）从价定率计算的组成计税价格，计算公式为：

组成计税价格=（成本+利润）÷（1-消费税比例税率）

应纳税额=组成计税价格×消费税比例税率

（2）复合计征计算的组成计税价格，计算公式为：

组成计税价格=（成本+利润+自产自用数量×消费税定额税率）÷（1-消费税比例税率）

应纳税额=组成计税价格×消费税比例税率+自产自用数量×消费税定额税率

公式中的“成本”是指应税消费品的产品生产成本。“利润”是指根据应税消费品的全国平均成本利润率计算的利润。平均成本利润率见表3-4。

表3-4 平均成本利润率表（%）

货物名称	利润率	货物名称	利润率
1.甲类卷烟	10	12.高尔夫球及球具	10
2.乙类卷烟	5	13.高档手表	20
3.雪茄烟	5	14.游艇	10
4.烟丝	5	15.木制一次性筷子	5
5.粮食白酒	10	16.实木地板	5
6.薯类白酒	5	17.乘用车	8
7.其他酒	5	18.中轻型商用客车	5
8.高档化妆品	5	19.电池	4
9.鞭炮、焰火	5	20.电子烟	10
10.贵重首饰及珠宝玉石	6	21.涂料	7
11.摩托车	6		

二、委托加工环节应税消费品应纳税额的计算

动漫微课 3-3

委托加工应税消费品应纳税额的计算

对于委托加工应税消费品，应在委托加工环节征收消费税。对于由受托方提供原材料生产的应税消费品，或受托方先将原材料卖给委托方，再接受加工的应税消费品，或由受托方以委托方名义购进原材料进行生产的应税消费品，无论纳税人是否做销售处理，都不视为委托加工应税消费品业务，而应按照销售自制应税消费品业务缴纳消费税。委托加工是生产应税消费品的一种形式，解决了企业人力、技术和设备有限的问题。加工后收回的应税消费品，可以直接销售也可以自己使用。委托加工业务示意图如图 3-2 所示。

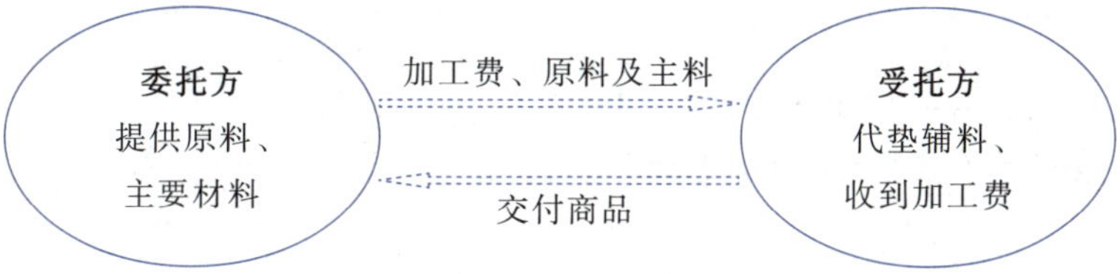

图3-2　委托加工业务示意图

（一）代收代缴税款

委托加工应税消费品业务中，由受托方在向委托方交付商品时代收代缴消费税。如果委托个人（含个体工商户）加工的应税消费品，则由委托方收回后缴纳消费税。

注意：委托加工的应税消费品，受托方在交付商品时已代收代缴消费税，委托方将收回的应税消费品，以不高于受托方的计税价格出售的，属于直接出售，不需要再缴纳消费税；反之，委托方以高于受托方的计税价格出售的，不属于直接出售，需按照规定申报缴纳消费税，并且准予扣除受托方已代收代缴的消费税。

如果受托方没有按规定代收代缴税款，不能免除委托方补缴税款的责任。在对委托方进行税务检查中，如果发现受其委托加工应税消费品的受托方没有代收代缴税款，按照《税收征收管理法》的规定，对受托方处以应代收代缴税款50%以上3倍以下的罚款。同时委托方要补缴税款，如果收回的应税消费品已经直接销售的，按销售额计税；收回的应税消费品尚未销售或不能直接销售的，比如收回后用于连续生产等，则按组成计税价格计税。

（二）组成计税价格和应纳税额的计算

委托加工的应税消费品，按照受托方同类消费品的当月销售价格计算纳税。如果当月同类消费品各期销售价格高低不同，按销售数量加权平均计算。与自产自用应税消费品的组成计税价格相同。

如果当月无销售或当月未完结，按同类消费品上月或最近月份的销售价格计算纳税。没有同类消费品销售价格的，按组成计税价格计算纳税。计算公式为：

1. 从价定率计算的组成计税价格

组成计税价格=（材料成本+加工费）÷（1-消费税比例税率）

2. 复合计征计算的组成计税价格

$$\text{组成计税价格}=\left(\text{材料成本}+\text{加工费}+\text{委托加工数量}\times\text{消费税定额税率}\right)\div\left(1-\text{消费税比例税率}\right)$$

其中，材料成本是指委托方加工合同上如实提供的加工材料的实际成本。为避免少报材料成本，若纳税人未提供材料成本的，受托方所在地主管税务机关有权核定其材料成本。

加工费是指受托方加工应税消费品向委托方收取的全部费用，包括代垫辅助材料的实际成本，但不包括增值税税金。为了保证组成计税价格的正确性，受托方应如实提供向委托方收取的全部费用。

【例3-11】（计算题）高尔夫球具厂受托为某单位加工一批高尔夫球球杆，委托单位提供的原材料金额为130万元，收取委托单位不含增值税的加工费14万元，高尔夫球及球具的消费税税率10%，该高尔夫球具厂暂无同类产品的市场价格。

【要求】计算高尔夫球具厂应代收代缴的消费税。

【答案】

（1）组成计税价格=（130+14）÷（1-10%）=160（万元）

（2）应代收代缴消费税=160×10%=16（万元）

提示

委托加工应税消费品业务中，消费税的纳税人是委托方，不是受托方，受托方承担的是代收代缴的义务。

三、进口应税消费品应纳税额的计算

进口的应税消费品，由进口人或其代理人向报关地海关申报纳税。其消费税由海关代征。进口应税消费品消费税的纳税义务人是进口应税消费品的收货人或办理报关手续的单位和个人。

纳税人进口应税消费品，应自海关填发海关进口消费税专用缴款书之日起15日内缴纳税款。进口环节消费税除国务院另有规定者外，一律不得给予减税和免税。

进口商品的总金额包括到岸价格、关税和消费税三部分。纳税人进口应税消费品，按组成计税价格和规定的税率计算应纳税额。计算公式为：

1. 从价定率计算的组成计税价格

组成计税价格=（关税完税价格+关税）÷（1-消费税比例税率）

应纳税额=组成计税价格×消费税比例税率

其中："关税完税价格"是指海关核定的关税计税价格。

【例3-12】（计算题）利达有限公司12月从国外进口一艘应税消费品游艇，已知该批应税消费品的关税完税价格为80万元，按规定应缴纳关税19万元，假定进口的应税消费品的消费税税率为10%。

【要求】计算该批消费品进口环节应缴纳的消费税税额。

【答案】

（1）组成计税价格=（80+19）÷（1-10%）=110（万元）

（2）应缴纳消费税税额=110×10%=11（万元）

2. 从量定额计算的组成计税价格

应纳税额=应税消费品数量×消费税定额税率

其中：消费品数量是指海关核定的应税消费品进口征税数量。

3. 复合计征计算的组成计税价格

$$\text{组成计税价格}=\left(\text{关税完税价格}+\text{关税}+\text{进口数量}\times\text{消费税定额税率}\right)\div\left(1-\text{消费税比例税率}\right)$$

应纳税额=组成计税价格×消费税比例税率+应税消费品进口数量×消费税定额税率

【例3-13】（单项选择题）某公司进口10箱卷烟（5万支/箱），经海关审定，关税完税价格22万元/箱，关税税率50%，消费税税率56%，定额税率150元/箱。该公司进口环节应缴纳消费税为（　　）。（2011年注册税务师考试试题）

A. 100.8万元　　B.288.88万元　　C.420.34万元　　D.1 183.64万元

【答案】C。

【解析】

从价税=［22×10×（1+50%）+150×10÷10 000］÷（1−56%）×56%=420.19（万元）

从量税=150×10÷10 000=0.15（万元）

该公司进口环节应缴纳消费税=420.19+0.15=420.34（万元）

四、已纳消费税扣除的计算

税法规定，以外购、进口和委托加工收回的应税消费品为原料，继续生产应税消费品再销售的，可以将外购、进口和委托加工收回应税消费品已缴纳的消费税给予扣除，这也是计算消费税的一大特点。为了避免企业重复征税，经主管税务机关核实的外购应税消费品未缴纳消费税的，纳税人应将已抵扣的消费税税款，从核实当月允许抵扣的消费税中冲减。已纳消费税扣除绝非增值税的进项税额抵扣，切勿混淆。

（一）外购应税消费品的扣除范围

1. 外购应税消费品连续生产应税消费品

某些应税消费品是用外购已缴纳消费税的应税消费品连续生产而得的，在对连续生产而来的应税消费品计算征税时，税法规定：应按当期生产领用数量计算准予扣除外购的应税消费品已纳的消费税税款。扣除范围包括：

（1）外购已税烟丝生产的卷烟。

（2）外购已税高档化妆品为原料生产的高档化妆品。

（3）外购已税珠宝玉石为原料生产的贵重首饰及珠宝玉石。

（4）外购已税鞭炮、焰火为原料生产的鞭炮、焰火。

（5）外购已税杆头、杆身和握把为原料生产的高尔夫球杆。

（6）外购已税木制一次性筷子为原料生产的木制一次性筷子。

（7）外购已税实木地板为原料生产的实木地板。

（8）外购已税汽油、柴油、石脑油、燃料油、润滑油为原料连续生产的应税成品油。

（9）纳税人从葡萄酒生产企业购进、进口葡萄酒连续生产应税葡萄酒的，准予从葡萄酒消费税应纳税额中扣除所耗用应税葡萄酒已纳消费税税款。

上述扣除范围需要注意以下几个问题：第一，从大类上看允许抵扣的税目，不包括酒类（除葡萄酒以外）、摩托车、小汽车、高档手表、游艇、电池、涂料。第二，允许扣税的范围一般只涉及同一大类税目中的购入应税消费品的连续加工，不能跨税目抵扣。第三，需要企业按生产领用数量自行计算抵扣，与增值税的进项税额抵扣不同。第四，纳税人外购应税油品连续生产应税成品油，根据其取得的外购应税油品增值税专用发票开具时间来确定扣除金额。第五，三个不能抵扣：①卷烟消费税在生产和批发两个环节征收后，批发企业批发环节的卷烟不得抵扣其生产环节缴纳的消费税；②零售环节的超豪华小汽车不得抵扣其生产环节缴纳的消费税；③零售环节纳税的金银首饰、铂金首饰、钻石及钻石饰品不得抵扣外购珠宝玉石的已纳税款。第六，扣税计算：按当期生产领用数量扣除其已纳消费税。增值税：购入就能抵扣进项税；消费税：先购入，领用时再扣减。

扣除外购应税消费品已纳消费税税款的计算公式为：

当期准予扣除的外购应税消费品已纳税款=当期准予扣除的外购应税消费品买价×外购应税消费品适用税率

当期准予扣除的外购应税消费品买价=期初库存的外购应税消费品买价+当期购进的应税消费品买价−期末库存的外购应税消费品买价

当期准予扣除的外购应税消费品买价采用倒挤的方法，推算而得。其中，外购已税消费品买价是指购货发票上标注的不包括增值税税款的销售额。

【例3-14】（计算题）云祥卷烟生产企业某月初库存外购应税烟丝金额60万元，当月又外购应税烟丝金额600万元（不含增值税），月末库存烟丝金额40万元，其余被当月生产卷烟领用。烟丝适用的消费税税率为30%。

【要求】计算卷烟厂当月准许扣除的外购烟丝已缴纳的消费税税额。

【答案】

（1）当期准许扣除的外购烟丝买价=60+600−35=625（万元）

（2）当月准许扣除的外购烟丝已缴纳的消费税税额=625×30%=187.5（万元）

2. 外购应税消费品后销售

外购应税消费品后再销售应税消费品的企业，其销售的商品，如珠宝玉石，高档化妆品，酒，鞭炮、焰火等，不能构成最终消费品直接进入消费品市场，需进一步生产加工、包装或组合的，应当征收消费税，同时允许扣除上述外购应税消费品的已纳税款。

【例3-15】（多项选择题）下列各项中，外购应税消费品已纳消费税税款准予扣除的有（　　）。

A. 外购已税烟丝生产的卷烟

B. 外购已税润滑油为原料生产的成品油

C. 外购已税珠宝玉石为原料生产的金银镶嵌首饰

D. 外购已税电池生产的摩托车

【答案】AB。

（二）委托加工收回的应税消费品的扣除范围

委托加工的应税消费品因为已由受托方代收代缴消费税，因此，委托方收回货物后用于连续生产应税消费品的，其已纳税款准予按照规定从连续生产的应税消费品应纳消费税税额中抵扣。

下列连续生产的应税消费品准予从应纳消费税税额中按当期生产领用数量计算扣除委托加工收回的应税消费品已纳消费税税款：

（1）以委托加工收回的已税烟丝为原料生产的卷烟。

（2）以委托加工收回的已税高档化妆品为原料生产的高档化妆品。

（3）以委托加工收回的已税珠宝玉石为原料生产的贵重首饰及珠宝玉石。

（4）以委托加工收回的已税鞭炮、焰火为原料生产的鞭炮、焰火。

（5）以委托加工收回的已税杆头、杆身和握把为原料生产的高尔夫球杆。

（6）以委托加工收回的已税木制一次性筷子为原料生产的木制一次性筷子。

（7）以委托加工收回的已税实木地板为原料生产的实木地板。

（8）以委托加工收回的已税汽油、柴油、石脑油、燃料油、润滑油为原料连续生产的应税成品油。

当期准予扣除委托加工收回的应税消费品已纳消费税税款的计算公式为：

当期准予扣除的委托加工应税消费品已纳税款 = 期初库存的委托加工应税消费品已纳税款 + 当期收回的委托加工应税消费品已纳税款 − 期末库存的委托加工应税消费品已纳税款

提示

纳税人用委托加工收回的已税珠宝、玉石生产的改在零售环节征收消费税的金银首饰，在计税时一律不得扣除委托加工收回的珠宝、玉石的已纳消费税税款。

第六节　征收管理

一、纳税义务发生时间

1.纳税人销售的应税消费品，其纳税义务的发生时间为：

（1）纳税人采取赊销和分期收款结算方式的，其纳税义务的发生时间，为书面合同约定的收款日期的当天；书面合同没有约定收款日期或者无书面合同的，其纳税义务的发生时间，为发出应税消费品的当天。

（2）纳税人采取预收货款结算方式的，其纳税义务的发生时间，为发出应税消费品的当天。

（3）纳税人采取托收承付和委托银行收款方式销售的应税消费品，其纳税义务的发生时间，为发出应税消费品并办妥托收手续的当天。

（4）纳税人采取其他结算方式的，其纳税义务的发生时间，为收讫销售款或者取得索取销售款凭据的当天。

2.纳税人自产自用的应税消费品，其纳税义务的发生时间为移送使用的当天。

3.纳税人委托加工的应税消费品，其纳税义务的发生时间为纳税人提货的当天。

4.纳税人进口的应税消费品，其纳税义务的发生时间为报关进口的当天。

二、纳税期限

动漫微课 3-4

时间的价值——延长消费税的纳税期限

消费税纳税期限与增值税的相关规定一致。按照《消费税暂行条例》规定，消费税的纳税期限分别为1日、3日、5日、10日、15日、1个月或者1个季度。纳税人的具体纳税期限，由主管税务机关根据纳税人应纳税额的大小分别核定。不能按照固定期限纳税的，可以按次纳税。

纳税人以1个月或以1个季度为一个纳税期的，自期满之日起15日内申报纳税；以1日、3日、5日、10日或者15日为一个纳税期的，自期满之日起5日内预缴税款，于次月1日起至15日内申报纳税并结清上月应纳税款。

纳税人进口应税消费品，应当自海关填发海关进口消费税专用缴款书之日起15日内缴纳税款。

三、纳税地点

1.纳税人销售的应税消费品以及自产自用的应税消费品，除国务院财政、税务主管部门另有规定外，应向纳税人机构所在地或居住地的主管税务机关申报纳税。

2.委托加工的应税消费品，除受托方为个人外，由受托方向机构所在地或居住地的主管税务机关申报纳税。

3.进口的应税消费品，由进口人或其代理人向报关地海关申报纳税。

4.纳税人到外县（市）销售或委托外县（市）代销自产应税消费品的，于应税消费品销售后，向机构所在地或居住地主管税务机关申报纳税。

纳税人的总机构和分支机构不在同一县（市），但在同一省、自治区或直辖市范围内，经省、自治区或直辖市的财政厅（局）、主管税务机关审批同意并上报备案后，可以由总机构汇总向总机构所在地的主管税务机关申报缴纳消费税。

5.纳税人销售的应税消费品，由于质量等原因发生退货的，其已缴纳的消费税税款可予以退还。纳税人办理退税手续时，应将开具的红字增值税发票、退税证明等资料报主管税务机关备案。主管税务机关核对无误后办理退税。

6.纳税人直接出口的应税消费品办理免税后，发生退关或者国外退货，复进口时已予以免税的，可暂不办理补税，待其转为国内销售的当月申报缴纳消费税。

【例3-16】（单项选择题）下列各项中，符合消费税有关规定的是（　　）。

A.纳税人委托加工应税消费品，纳税义务发生时间为纳税人支付加工费的当天

B.纳税人销售的应税消费品，通常应向纳税人机构所在地或居住地的主管税务机关申报纳税

C.纳税人的总、分支机构不在同一县（市）的，一律在总机构所在地缴纳消费税

D.纳税人到外县（市）销售或者委托外县（市）代销自产应税消费品的，向销售地主管税务机关申报纳税

【答案】B。

【解析】选项A纳税人委托加工应税消费品，其纳税义务发生时间为纳税人提货的当天。

选项C除卷烟的批发企业外，纳税人的总、分支机构不在同一县（市）的，应在各自机构所在地主管税务机关申报缴纳消费税；纳税人的总机构与分支机构不在同一县（市），但在同一省（自治区、直辖市）范围内，经省（自治区、直辖市）财政厅（局）、税务局审批同意，也可由总机构汇总向总机构所在地的主管税务机关申报纳税。

选项D纳税人到外县（市）销售或者委托外县（市）代销自产应税消费品的，于应税消费品销售后，向机构所在地或居住地主管税务机关申报纳税。

四、纳税申报

动漫微课3-5

纳税申报知多少——涂料的消费税申报表填写（上）

动漫微课3-6

纳税申报知多少——涂料的消费税申报表填写（下）

消费税的纳税人应如实填写消费税及附加税费申报表，及时办理纳税申报。消费税及附加税费申报表见表3-5。

表3-5 消费税及附加税费申报表

税款所属期：自　　年　月　日至　　年　月　日

纳税人识别号（统一社会信用代码）：□□□□□□□□□□□□□□□□□□□□

纳税人名称：　　　　　　　　　　　　　　　　　　金额单位：人民币元（列至角分）

项目 应税消费品名称	适用税率		计量单位	本期销售数量	本期销售额	本期应纳税额
	定额税率	比例税率				
	1	2	3	4	5	6=1×4+2×5
合计	—	—	—	—	—	

	栏次	本期税费额
本期减（免）税额	7	
期初留抵税额	8	

续表

项目 / 应税消费品名称	适用税率：定额税率	适用税率：比例税率	计量单位	本期销售数量	本期销售额	本期应纳税额
	1	2	3	4	5	6=1×4+2×5
本期准予扣除税额				9		
本期应扣除税额				10=8+9		
本期实际扣除税额				11［10<（6-7），则为10，否则为6-7］		
期末留抵税额				12=10-11		
本期预缴税额				13		
本期应补（退）税额				14=6-7-11-13		
城市维护建设税本期应补（退）税额				15		
教育费附加本期应补（退）费额				16		
地方教育附加本期应补（退）费额				17		

声明：此表是根据国家税收法律法规及相关规定填写的，本人（单位）对填报内容（及附带资料）的真实性、可靠性、完整性负责。

纳税人（签章）： 年 月 日

经办人： 经办人身份证号： 代理机构签章： 代理机构统一社会信用代码：	受理人： 受理税务机关（章）： 受理日期： 年 月 日

本章小结

知识点❶ 消费税是以特定消费品的流转额作为征税对象的一种商品税。在我国，消费税的征税范围包括烟、酒和高档化妆品等15个税目。

知识点❷ 消费税的纳税人是指在中国境内生产、委托加工和进口应税消费品的单位和个人，以及国务院确定的销售消费品的其他单位和个人。

知识点❸ 消费税的征税范围包括生产应税消费品、委托加工应税消费品、进口应税消费品、零售及批发应税消费品和移送使用应税消费品等。

知识点❹ 消费税应纳税额的计算方法主要有从价计征、从量计征和复合计征三种方式。

知识点❺ 以外购、进口和委托加工收回的应税消费品为原料，继续生产应税消费品再销售的，可以将外购、进口和委托加工收回应税消费品已缴纳的消费税给予扣除。

知识点❻ 消费税的征收管理包括纳税义务发生时间、纳税期限、纳税地点和纳税申报。

知识点❼ 消费税的计算方法总结如下：

（1）从价计税时：应纳税额=应税消费品销售额×消费税比例税率

（2）从量计税时：应纳税额=应税消费品销售数量×消费税定额税率

（3）自产自用应税消费品：

① 用于连续生产应税消费品的，不纳税；

② 用于其他方面的：有同类消费品销售价格的，按照纳税人生产的同类消费品销售价格计算纳税；没有同类消费品销售价格的，按组成计税价格计算纳税。

组成计税价格=（成本+利润）÷（1−消费税比例税率）

应纳税额=组成计税价格×消费税比例税率

（4）委托加工应税消费品的由受托方交货时代扣代缴消费税。按照受托方的同类消费品销售价格计算纳税；没有同类消费品销售价格的，按组成计税价格计算纳税。

组成计税价格=（材料成本+加工费）÷（1−消费税比例税率）

应纳税额=组成计税价格×消费税比例税率

（5）进口应税消费品，按照组成计税价格计算纳税。

组成计税价格=（关税完税价格+关税）÷（1−消费税比例税率）

应纳税额=组成计税价格×消费税比例税率

（6）对于生产、批发、零售单位用于馈赠、赞助、集资、广告、样品、职工福利、奖励等方面或未分别核算销售的按照组成计税价格计算纳税。

思考题

1. 简述消费税的概念和特点。
2. 简述消费税的纳税环节。
3. 简述消费税的纳税义务人和征税范围。
4. 简述消费税的计税依据。
5. 消费税计税依据的特殊规定有哪些？
6. 消费税应纳税额的计算包括几种方法？
7. 如何对自产自用应税消费品的应纳税额进行计算？
8. 外购应税消费品的扣除范围包括什么？
9. 纳税人销售的应税消费品，其纳税义务发生时间有哪些？
10. 如何填写消费税的纳税申报资料？

练习题

1. 香醇白酒生产企业是增值税一般纳税人，白酒的消费税比例税率为20%，定额税率为0.5元/500克；其他酒的消费税税率为10%。2024年9月发生以下业务：

（1）向某烟酒专卖店销售粮食白酒20吨，开具普通发票，取得含税收入200万元，另收取品牌使用费60万元、包装物租金30万元。

（2）提供10万元的原材料委托乙企业加工散装药酒1 000千克，收回时向乙企业支付不含增值税的加工费3万元，乙企业已代收代缴消费税。

（3）委托加工收回后，将其中900千克散装药酒继续加工成瓶装药酒1 700瓶，以每瓶不含税售价100元通过非独立核算门市部销售完毕。

（4）进口一批散装葡萄酒，关税完税价格28万元，关税税率14%，缴纳进口环节税金后海关放行并已填发海关专用缴款书。

（5）将进口散装葡萄酒连续加工瓶装葡萄酒全部销售，不含增值税售价41万元。

【要求】根据上述资料，计算下列问题：

（1）计算本月香醇白酒生产企业向专卖店销售白酒应缴纳的消费税。

（2）计算乙企业已代收代缴的消费税。

（3）计算本月香醇白酒生产企业销售瓶装药酒应缴纳的消费税。

（4）计算进口环节海关代征的消费税。

（5）计算香醇白酒生产企业销售瓶装葡萄酒应纳的消费税。

2.丰泽涂料厂为增值税一般纳税人，生产1号涂料平均出厂价格不含增值税110元/桶，最高出厂价格不含增值税140元/桶；生产2号涂料平均出厂价格不含增值税120元/桶，最高出厂价格不含增值税130元/桶。涂料消费税税率为4%。2号涂料免征消费税。2024年10月发生下列业务：

（1）外购原材料并支付运费，取得的增值税专用发票注明材料金额60万元、税额7.8万元，取得运输企业开具的增值税专用发票注明运费金额2万元、税额0.18万元。

（2）将自产1号涂料对外销售并开具增值税专用发票，注明销售金额160万元、税额20.8万元。

（3）将自产1号涂料250桶用于自建修缮；用自产1号涂料550桶换取一批生产材料，该业务未互开发票。

（4）受A企业委托加工2号涂料300桶，A企业提供主要材料价值2万元，支付不含税加工费2万元。

【要求】根据上述资料，计算下列问题：

（1）计算业务（2）应缴纳的消费税。

（2）计算业务（3）应缴纳的消费税。

（3）计算业务（4）应缴纳的消费税。

（4）计算涂料厂应缴纳的增值税。

3.迅达白酒生产企业为增值税一般纳税人，发生以下业务：

（1）8月，向铁岭烟酒专卖店销售粮食白酒20吨，开具普通发票，取得含税收入200万元，另收取品牌使用费50万元、包装物租金20万元。

（2）8月，提供10万元原材料委托仁堂企业加工散装药酒1 000千克，收回时向仁堂企业支付不含增值税的加工费1万元，仁堂企业已代收代缴消费税。

（3）9月，将8月份委托加工收回的散装药酒900千克继续加工成瓶装药酒1 800瓶，以每瓶不含税售价100元通过非独立核算门市部销售完毕；将剩余100千克散装药酒作为福利分给职工，同类药酒的不含税销售价为150元/千克。

药酒消费税税率为10%，白酒消费税比例税率为20%，定额税率0.5元/500克。

【要求】根据上述资料，计算下列问题：

（1）8月迅达白酒生产企业向铁岭烟酒专卖店销售白酒应纳消费税；

（2）8月仁堂企业代收代缴消费税；

（3）9月迅达白酒生产企业销售瓶装药酒应纳消费税；

（4）9月迅达白酒生产企业分给职工散装药酒应纳消费税。

4.甲烟草生产企业（以下简称甲企业）为增值税一般纳税人，2024年10月发生下列业务：

（1）甲企业将成本为120万元的烟叶发往乙企业委托加工成为烟丝。取得的增值税专用发票上注明的加工费20万元（含代垫辅料费用2万元）。烟丝当月加工完成，甲企业将烟丝全部收回并连续生产为A牌号卷烟250箱，当月销售80%（假设期初和期末烟丝库存均为0）。收回时乙企业已经代收代缴消费税。

销售情况如下：

① 采取直接收款方式销售A牌号卷烟给某卷烟批发企业100箱，每箱不含税售价为13 000元。

② 以分期收款方式销售A牌号卷烟80箱，合同约定每箱不含税销售额15 000元，10月28日收取货款的70%，12月28日收取货款的30%。当月货款尚未收到。

③ 赠送给客户20箱卷烟。

（2）领用成本为500万元的自产烟丝连续生产B牌号卷烟。

（3）甲企业将成本为200万元的烟叶发往丙企业委托加工成烟丝。取得的增值税专用发票上注明的加工费30万元、增值税3.9万元。烟丝当月加工完成，甲企业将烟丝全部收回并连续生产为C牌号卷烟300箱，当月销售10%（假设期初和期末烟丝库存均为0），每箱不含税售价为20 000元。收回时丙企业未代收代缴消费税。

（4）其他相关资料：已知甲类卷烟消费税税率为56%加0.003元/支，乙类卷烟消费税税率为36%加0.003元/支，卷烟批发环节消费税税率为11%加0.005元/支，烟丝的消费税税率为30%。

【要求】根据上述资料，计算下列问题：

（1）计算乙企业应代收代缴的消费税。

（2）计算乙企业应缴纳的增值税。

（3）说明丙企业未代收代缴消费税，依据《税收征收管理法》应如何处理？

（4）计算甲企业当月应缴纳的消费税。

第四章

企业所得税

【学习目标】

1. 了解企业所得税的特点和企业所得税纳税人。
2. 掌握企业所得税的征税对象和税率。
3. 掌握企业所得税应纳税所得额的计算。
4. 了解与企业所得税计算相关的资产的税务处理和税收优惠。
5. 熟悉企业所得税征收管理相关规定。

案例导入

张永于年初成立了友和塑钢有限责任公司。由于公司成立之初，需要业务拓展，全年发生的业务招待费金额7.8万元。平时对于员工发生的业务招待费的处理，张永都是审核后正常签字，实报实销。该公司在计算全年应纳税所得额时，是否应该将这部分业务招待费全部扣除呢?

第一节 企业所得税概述

一、企业所得税的概念

企业所得税是对我国境内的企业和其他取得收入的组织的生产经营所得和其他所得征收的一种税。企业所得税法是国家制定的用以调整企业所得税征收与缴纳之间权利和义务关系的法律规范。

在我国现行税制中，企业所得税是仅次于增值税的第二大税种。现行的《企业所得税法》从税率及应纳税所得额的计算、税收优惠和征收管理等方面对内、外资企业进行了统一规定。近年来为了扶持小型微利企业发展，又出台了一系列小型微利企业所得税的优惠政策。

企业所得税的作用：①广泛筹集财政资金。无论是内资企业还是外资企业，只要取得所得就要缴纳企业所得税。企业所得税是我国主要的财政收入形式。②促进企业改善经营管理，提升企业盈利能力和竞争能力。③作为国家宏观调控的手段之一，可以调节产业结构，促进经济发展。例如，国家可以通过一系列的税收优惠政策，推动产业结构调整。

二、企业所得税的特点

（一）计税依据是应纳税所得额

原则上讲，企业盈利时应缴纳企业所得税，亏损不需要缴纳。盈利是指企业的应纳税所得额大于零时，而应纳税所得额并非直接意义上的会计利润，更不能单纯理解为收入总额。因为在计算企业所得税时，会发生一些会计和税法上不一致的地方，即“纳税调整项目”，因此，计算企业所得税计税依据的应纳税所得额，应为会计利润总额加减纳税调整项目后的金额。纳税调整项目的计算是企业所得税学习中的难点和重点。需要注意的是，纳税调整项目只是为了计算企业所得税时用，并不需要任何调账和调报表的处理。

（二）征税原则以量能负担为主

企业所得税的负担多少与纳税人所得的多少有直接关系。对于所得多、负担能力大的企业，就多征企业所得税；对于所得少、负担能力小的企业，就少征企业所得税；对于无所得、没有负担能力的企业，不征企业所得税。这也体现了税收公平的原则。因此，以所得额为课税对象，税负大小直接影响企业经济效益。

（三）税负不易转嫁

企业所得税是直接税，纳税人和实际负担人通常是一致的，因此可以直接调节并影响纳税人的收入，税负不易转嫁。

动漫微课 4-1

存货发出计价方法的纳税筹划

（四）征收办法是按年计算、分期预缴

一般情况下，企业所得税的征收办法是以全年的应纳税所得额作为计税依据，实行按年计算，分月或分季预缴，年终汇算清缴并于次年的5月末前完成汇算清缴工作。

第二节　纳税义务人、征税对象与税率

一、纳税义务人

企业所得税的纳税义务人是指在中华人民共和国境内的企业和其他取得收入的组织。除个人独资企业、合伙企业不适用企业所得税法以外，凡在我国境内的企业和其他取得收入的组织均为企业所得税的纳税人。对于属于自然人性质的个人独资企业和合伙企业应缴纳个人所得税。

为了有效地行使和保障我国税收管辖权，依据国际惯例，我国按照地域管辖权和居民管辖权的双重管辖权作为标准，即“注册登记地标准”和“实际管理机构所在地标准”相结合，将企业所得税的纳税人分为居民企业和非居民企业。

（一）居民企业

居民企业是指依法在中国境内成立，或者依照外国（地区）法律成立但实际管理机构在中国境内的企业。居民企业包括国有企业、集体企业、联营企业、私营企业、股份制企业、外商投资企业、外国企业以及有生产、经营所得和其他所得的其他组织。

（二）非居民企业

非居民企业是指依照外国（地区）的法律成立，实际管理机构不在中国境内，但在中国境内设立机构、场所的，或者在中国境内未设立机构、场所，但有来源于中国境内所得的企业。其中，机构、场所是指在中国境内从事生产经营活动的机构、场所，包括：①管理机构、营业机构、办事机构；②工厂、农场、开采自然资源的场所；③提供劳务的场所；④从事建筑、安装、装配、修理、勘探等工程作业的场所；⑤其他从事生产经营活动的机构、场所。

提示

如果非居民企业委托营业代理人在中国境内从事生产经营活动，包括委托单位或者个人经常代其签订合同、储存和交付货物等业务，则该营业代理人视为非居民企业在中国境内设立的机构、场所。

居民企业和非居民企业的区别见表4-1。

表4-1　居民企业和非居民企业的区别

纳税人类型	具备条件	
	在中国境内成立（注册法人）	实际管理机构在中国境内
居民企业	√	×
	×	√
	√	√
非居民企业	×	×

【例4-1】（多项选择题）依据《企业所得税法》规定，判定居民企业的标准有（　　）。（2008年注册会计师考试试题）

A.登记注册地标准

B.所得来源地标准

C.经营行为实际发生地标准

D.实际管理机构所在地标准

【答案】AD。

【解析】居民企业是指依法在中国境内成立，或按照外国（地区）法律成立但实际管理机构在中国境内的企业。企业所得税法采用“登记注册地标准”和“实际管理机构所在地标准”两个判断标准，对居民企业和非居民企业做出明确的界定。

二、征税对象

企业所得税的征税对象是指企业的生产经营所得、其他所得和清算所得。

（一）居民企业的征税对象

居民企业应以来源于中国境内和境外的所得作为征税对象。所得包括销售货物所得、提供劳务所得、转让财产所得、租金所得、股息红利等权益性投资所得、利息所得、特许权使用费所得、接受捐赠所得和其他所得。

（二）非居民企业的征税对象

非居民企业在中国境内设立机构、场所的，应根据其所设机构、场所取得的来源于中国境内的所得，以及发生在中国境外但与其所设机构、场所有实际联系的所得，缴纳企业所得税。非居民企业在中国境内未设立机构、场所的，或虽设立机构、场所，但取得的所得与其所设机构、场所没有实际联系的，应根据其来源于中国境内的所得缴纳企业所得税。所谓“实际联系”是指非居民企业在中国境内设立的机构、场所和拥有的据以取得所得的股权、债权，以及拥有、管理和控制据以取得所得的财产。居民企业和非居民企业在我国缴纳企业所得税情况见表4-2。

表4-2　居民企业和非居民企业在我国缴纳企业所得税情况表

企业类型	所得类型		是否在我国缴纳企业所得税
在中国境内设立机构、场所	来源于境内的所得	与所设机构场所有实际联系	√
		与所设机构场所没有实际联系	√
	来源于境外的所得	与所设机构场所有实际联系	√
		与所设机构场所没有实际联系	×
在中国境内未设立机构、场所	来源于境内的所得		√
	来源于境外的所得		×

（三）所得来源地的确定

（1）销售货物所得，按照交易活动发生地确定。

（2）提供劳务所得，按照劳务发生地确定。

（3）转让财产所得：转让不动产所得按照不动产所在地确定；转让动产所得按照转让动产的企业或机构、场所所在地确定；转让权益性投资资产所得按照被投资企业所在地确定。

（4）股息、红利等权益性投资所得，按照分配所得的企业所在地确定。

（5）利息所得、租金所得和特许权使用费所得，按照负担、支付所得的企业或机构、场所所在地确定，或按照负担、支付所得的个人住所地确定。

（6）其他所得，由国务院财政、税务主管部门确定。

三、税率

企业所得税税率实行比例税率。比例税率的特点是简便易行，透明度高。为了考虑企业间的税负负担水平，将企业所得税税率定为：

（1）基本税率为25%，适用于居民企业和在中国境内设有机构、场所且所得与机构、场所有关联的非居民企业。

（2）低税率为20%，适用于在中国境内未设立机构、场所的，或虽设立机构、场所但取得的所得与其所设机构、场所没有实际联系的非居民企业。但实际征税时适用10%的税率。

（3）优惠税率。居民企业中符合条件的小型微利企业减按20%税率征税；国家重点扶持的高新技术企业、经认定的技术先进型服务企业减按15%税率征税。现代服务业合作区的鼓励类产业企业、西部地区鼓励类产业、从事污染防治的第三方企业、海南自由贸易港鼓励企业减按15%税率征税。国家鼓励的重点软件企业和集成电路设计企业，自获利年度起，第一至第五年免征企业所得税，接续年度减按10%税率征税。非居民企业减按10%征税。

【例4-2】（多项选择题）以下适用25%企业所得税税率的企业有（　　）。

A. 在中国境内的居民企业

B. 在中国境内设有机构、场所，且取得的所得与其所设机构、场所有实际联系的非居民企业

C. 在中国境内未设立机构、场所的非居民企业

D. 在中国境内设有机构、场所，但取得的所得与其所设机构、场所没有实际联系的非居民企业

【答案】AB。

【解析】居民企业和在中国境内设有机构、场所，且取得的所得与其所设机构、场所有实际联系的非居民企业，适用25%的税率；在中国境内未设立机构、场所的，或者虽设立机构、场所，但取得的境内所得与其所设机构、场所没有实际联系的非居民企业，实际减按10%的税率征收企业所得税。

第三节　企业所得税应纳税所得额

动漫微课 4-2

会计利润总额等于应纳税所得额吗

企业所得税的计税依据是应纳税所得额。确定应纳税所得额的方式有两种：

方法一：间接法，即企业的利润总额加或减纳税调整项目。

利润总额可以从利润表直接得到，见表4-3。纳税调整项目是会计和税法在计算口径和确认时间方面存在一定的差异形成的。在纳税调整项目中，增加项目是指纳税人会计处理与税收规定不一致时，需要进行纳税调整增加的项目，主要包括税法规定不允许扣除的项目，企业已计入当期费用但超过税法规定扣除标准的金额，如超过税法规定标准的业务招待费支出、工资支出、税收罚款滞纳金、非公益性捐赠支出等。减少项目是指纳税人会计处理与税收规定不一致时，需要进行纳税调整减少的项目，如按税法规定允许弥补的亏损、税收优惠项目和准予免税的项目，国债的利息收入等。基本计算公式为：

应纳税所得额=利润总额±纳税调整项目

方法二：直接法，即企业每一个纳税年度的收入总额，减除不征税收入、免税收入、各项扣除和允许弥补的以前年度亏损后的余额。基本公式为：

应纳税所得额=收入总额-不征税收入-免税收入-各项扣除项目-允许弥补的以前年度亏损

表4-3　　利润表　　会企02表

编制单位：　　年　月　　单位：元

项目	本期金额	上期金额
一、营业收入		
减：营业成本		
税金及附加		
销售费用		
管理费用		
研发费用		
财务费用		
其中：利息费用		
利息收入		
加：其他收益		
投资收益（损失以“-”号填列）		
其中：对联营企业和合营企业的投资收益		
以摊余成本计量的金融资产终止确认收益（损失以“-”号填列）		
净敞口套期收益（损失以“-”号填列）		
公允价值变动收益（损失以“-”号填列）		
信用减值损失（损失以“-”号填列）		
资产减值损失（损失以“-”号填列）		
资产处置收益（损失以“-”号填列）		
二、营业利润（亏损以“-”号填列）		
加：营业外收入		
减：营业外支出		
三、利润总额（亏损总额以“-”号填列）		
减：所得税费用		
四、净利润（净亏损以“-”号填列）		
（一）持续经营净利润（净亏损以“-”号填列）		
（二）终止经营净利润（净亏损以“-”号填列）		

续表

项目	本期金额	上期金额
五、其他综合收益的税后净额		
（一）不能重分类进损益的其他综合收益		
1.重新计量设定受益计划变动额		
2.权益法下不能转损益的其他综合收益		
3.其他权益工具投资公允价值变动		
4.企业自身信用风险公允价值变动		
……		
（二）将重分类进损益的其他综合收益		
1.权益法下可转损益的其他综合收益		
2.其他债权投资公允价值变动		
3.金融资产重分类计入其他综合收益的金额		
4.其他债权投资信用减值准备		
5.现金流量套期储备		
6.外币财务报表折算差额		
……		
六、综合收益总额		
七、每股收益：		
（一）基本每股收益		
（二）稀释每股收益		

一、收入总额

企业收入总额指以货币形式和非货币形式从各种来源取得的收入，包括一般收入和特殊收入。

（一）一般收入的确认

（1）销售货物收入，是指企业销售商品、原材料、包装物，以及其他存货取得的收入。

（2）提供劳务收入，是指企业从事修理修配、建筑安装、交通运输、仓储租赁、金融保险、邮电通信、咨询经纪、技术服务、文化体育、教育培训、餐饮住宿、中介代理、卫生保健、社区服务、旅游、娱乐、加工及其他劳务服务活动取得的收入。

（3）转让财产收入，是指企业转让固定资产、生物资产、无形资产、股权和债权等财产取得的收入。企业转让股权收入，应于转让协议生效且完成股权变更手续时，确认收入的实现。

（4）股息、红利等权益性投资收益，是指企业因权益性投资从被投资方取得的收入。股息、红利等权益性投资收益，除国务院财政、税务主管部门另有规定外，按照被投资方做出利润分配决定的日期确认收入的实现。

（5）利息收入，是指企业将资金提供他人使用但不构成权益性投资，或因他人占用本企业资金取得的收入，包括存款利息、贷款利息、债券利息、欠款利息等收入。利息收入按合同约定的债务人应付利息的日期确认收入的实现。

（6）租金收入，是指企业提供固定资产、包装物或其他有形资产的使用权取得的收入。租金收入按合同约定的承租人应付租金的日期确认收入的实现。如果交易合同或协议中规定租赁期限跨年度，且租金提前一次性支付的，出租人可对已确认的收入，在租赁期内，分期均匀计入相关年度收入。

（7）特许权使用费收入，是指企业提供专利权、商标权、著作权、非专利技术和其他特许权的使用权取得的收入。特许权使用费收入按合同约定的特许权使用人应付特许权使用费的日期确认收入的实现。

（8）接受捐赠收入，是指企业接受的来自其他企业、组织或个人无偿给予的货币性资产或非货币性资产。接受捐赠收入按实际收到捐赠资产的日期确认收入的实现。

（9）其他收入。例如，企业资产溢余收入、逾期未退包装物押金收入、确实无法偿付的应付款项、已做坏账损失处理后又收回的应收款项、补贴收入、违约金收入、债务重组收入和汇兑收益等。

（二）特殊收入的确认

（1）以分期收款方式销售货物的，按合同约定的收款日期确认收入的实现。

（2）企业受托加工制造大型机械设备、船舶、飞机，以及从事建筑、安装、装配工程业务或者提供其他劳务等，持续时间超过12个月的，按纳税年度内完工进度或者完成的工作量确认收入的实现。

（3）采取产品分成方式取得收入的，按企业分得产品的日期确认收入的实现，其收入额按产品的公允价值确定。

（4）企业发生非货币性资产交换，以及将货物、财产、劳务用于捐赠、偿债、赞助、集资、广告、样品、职工福利或利润分配等用途时，应视同销售货物、转让财产或提供劳务。

（5）企业以买一赠一等方式销售本企业商品不属于捐赠，应将总销售金额按各项商品的公允价值比例来分摊确认各项的销售收入。

（6）企业取得财产转让收入、债务重组收入、接受捐赠收入、无法偿付的应付账款收入等，无论以货币形式还是非货币形式，通常应一次性计入确认收入的年度计算缴纳企业所得税。

（三）处置资产收入的确认

1. 内部处置资产——资产所有权属在形式和实质上均未发生改变

企业发生下列情形的处置资产，除将资产转移至境外以外，可作为内部处置资产，不视同销售确认收入，相关资产的计税基础延续计算。

（1）将资产用于生产、制造、加工另一产品。

（2）改变资产形状、结构或性能。

（3）改变资产用途，例如，自建商品房转为经营用途或自用的。

（4）将资产在总机构及其分支机构之间转移，但不包括异地移送。

（5）上述两种或两种以上情形的混合。

2. 非内部处置资产——资产所有权属已发生改变

企业发生下列情形的将资产移送他人，由于资产所有权属已发生改变而不属于内部处置资产，应按规定视同销售确定收入。

（1）用于交际应酬。

（2）用于市场推广或销售。

（3）用于职工奖励或福利。

（4）用于股息分配。

（5）用于对外捐赠。实物捐赠过程中的收入确认有两种情况。①接受捐赠，该接受捐赠收入属于企业一般收入，应列入收入总额。②将货物用于对外捐赠，视同销售，属于特殊收入。按捐赠货物的公允价值与其成本之间的差额计入计税所得。另外，在计算企业所得税时，还要考虑衡量该捐赠是公益性捐赠还是非公益性捐赠，如果是公益性捐赠还要考虑计算捐赠支出是否超过规定的捐赠限额。例如，企业通过公益性社会组织将自产的账面成本80万元、公允价值100万元（不含税）的货物捐赠给灾区，在所得税申报表上，首先要调增视同销售收入和视同销售成本，得出视同销售毛利20万元。

（6）其他改变资产所有权属的用途。

企业发生非内部处置资产时，如果属于企业自制的资产，应按企业同类资产同期对外销售价格确定销售收入；属于外购的资产，应按照被移送资产的公允价值确定销售收入。

提示

视同销售收入是指会计上不作为销售核算，而在税收上作为应税收入缴纳企业所得税的收入。通常，在计算会计利润（利润总额）时，视同销售收入不计入其中。但在计算应纳税所得额时，要作为调整事项予以调增。虽然视同销售收入不影响利润总额，但会影响企业的净利润。

【例4-3】（多项选择题）纳税人下列行为应视同销售确认企业所得税应税收入的有（　　）。

A. 将货物用于对外投资　　B. 将产品移送跨省分公司

C. 将产品用于职工福利　　D. 将商品用于捐赠

【答案】ACD。

【解析】企业发生非货币性资产交换，以及将货物、财产、劳务用于捐赠、偿债、赞助、集资、职工福利和利润分配等用途，应视同销售。但对于货物在同一法人实体内部之间的转移，例如，用于总分支机构之间（未离境或非异地）转移等不做视同销售处理。

【例4-4】（单项选择题）企业在境内发生处置资产的下列情形中，应视同销售确认企业所得税应税收入的是（　　）。（2016年注册会计师考试试题）

A.将资产用于职工激励或福利

B.将资产用于加工另一种产品

C.将资产在总分支机构之间转移

D.资产结构或性能改变

【答案】A。

【解析】企业所得税收入的确认条件是所有权发生转移。

二、不征税收入和免税收入

国家为了减轻企业负担，促进经济协调发展，对那些给予扶持和鼓励的特殊纳税人和特定项目，通过准予抵扣应纳税所得额，或对专项用途的资金作为非税收入处理等途径，对其取得的某些收入予以不征税或免税的特殊政策。

（一）不征税收入

1. 财政拨款

财政拨款是指各级政府对纳入预算管理的事业单位、社会团体等组织拨付的财政性资金，但国务院和国务院财政、税务主管部门另有规定的除外。

2. 依法收取并纳入财政管理的行政事业性收费、政府性基金

行政事业性收费是指依照法律法规等有关规定，按照国务院规定程序批准，在实施社会公共管理，以及在向公民、法人或其他组织提供特定公共服务过程中，向特定对象收取并纳入财政管理的费用。

政府性基金是指企业依照法律、行政法规等有关规定，代政府收取的具有专项用途的财政资金。

从收入总额中减除的包括：上缴财政的政府性基金和行政事业性收费；由国务院、财政部等审批管理权限下批准设立的政府性基金、行政事业性收费。除此以外，企业收取的各种基金、收费，以及未上缴财政的政府性基金和行政事业性收费，均不得从收入总额中减除，而应计入企业当年收入总额。

3. 国务院规定的其他不征税收入

国务院规定的其他不征税收入是指企业取得的由国务院财政、税务主管部门规定专项用途并经国务院批准的财政性资金。例如，直接减免的增值税和即征即退、先征后退、先征后返的各种税收，但不包括企业按规定取得的出口退税款。

（二）免税收入

（1）国债利息收入。企业购买国债也是为了支援国家建设，因此，为鼓励企业积极购买国债，对其购买国债所取得的利息收入，免征企业所得税。国债转让收入不免税。

（2）符合条件的居民企业之间的股息、红利等权益性收益，是指居民企业直接投资于其他居民企业取得的投资收益。居民企业之间不包括居民企业投资到“独资企业、合伙企

业、非居民企业”的投资。

（3）在中国境内设立机构、场所的非居民企业从居民企业取得与该机构、场所有实际联系的股息、红利等权益性投资收益。

该收益不包括连续持有居民企业公开发行并上市流通的股票不足12个月取得的投资收益。

（4）符合条件的非营利组织的收入。

符合条件的非营利组织的收入，不包括非营利组织从事营利性活动取得的收入，但国务院财政、税务主管部门另有规定的除外。

【例4-5】（案例分析题）B企业持有A企业30%股权，采用权益性投资进行账务处理，年底被投资方A企业确认税后净利润1 000万元，投资方B企业应确认300万元的投资收益，假如对方已做出利润分配决定。

【答案】假设1：A企业是高新企业，税率为15%。B企业不补缴企业所得税（免税收入）。

假设2：A企业享受企业所得税“三免、三减半”优惠。B企业不补缴企业所得税（免税收入）。

假设3：如果B企业连续持有A企业公开发行并上市流通的股票，持有时间不到12个月。取得A企业的投资收益300万元不免税。如果持有超过12个月，则免税。

提示

我国的非营利组织主要有以下几种：

（1）政府性组织，比如政府部门、法院、检察院等行政机关。

（2）基金会、社会志愿者协会、慈善机构等。

（3）文教类的团体单位，比如学校、研究所、教育部门、文艺团体等。

（4）消费者权益保护类团体组织，比如消协、法律援助中心、社区业主管委会等。

（5）环保类团体组织，比如绿色组织、动物保护者协会等机构。

（6）宗教类团体组织，比如宗教协会、教堂、民间宗教机构等。

三、准予税前扣除的项目和标准

（一）准予扣除的项目

动漫微课4-3

锦囊妙计——采购中的纳税筹划

企业实际发生的与取得收入有关的、合理的支出，包括成本、费用、税金、损失和其他支出，准予在计算应纳税所得额时扣除。

1. 成本

成本是指企业在生产经营活动中发生的销售成本、销货成本、业务支出及其他耗费，即企业销售商品（材料、废料、下脚料、废旧物资等），提供劳务，转让固定资产、无形资产等的成本。企业可以将经营活动中发生的成本分为直接成本和间接成本。直接成本是指可以直接计入有关成本计算对象或劳务经营成本中的直接材料、直接人工等。间接成本是指多个部门为同一成本对象提供服务的共同成本，或同一种成本投入可以制造两种或两种以上的产品、劳务的成本，需要根据与成本计算对象之间的关系等，以合理方法分配计入到有关成本计算对象中。另外，视同销售业务的成本要与视同销售收入相匹配。

2. 费用

费用是指企业每一纳税年度为生产经营商品和提供劳务等所发生的管理费用、销售费用和财务费用等期间费用，这些费用是指没有计入成本的有关费用。

管理费用是指企业行政管理部门为管理经营活动提供各项工作及服务而发生的费用。销售费用是指应由企业负担的为销售商品、提供劳务而发生的费用，包括保险费、广告费、展览费、运输费、装卸费、包装费、代销手续费、经营性租赁费及销售部门发生的工资、福利费、业务费、折旧费及差旅费等费用。财务费用是指企业筹集生产经营性资金而发生的费用，包括利息净支出、汇兑净损失、金融机构手续费以及其他非资本化支出。

3. 税金

动漫微课 4-4

业务招待费那些事——业务招待费税前扣除限额与简易节税筹划

税金是指企业缴纳的各项税金及其附加，包括消费税、城市维护建设税、教育费附加、关税、资源税、土地增值税、房产税、车船税、城镇土地使用税和印花税等，但不包括企业所得税和允许抵扣的增值税。记入“税金及附加”科目的这些已纳税金准予税前扣除。税金可以采取两种扣除方式：①在发生当期扣除；②在发生当期计入成本，在以后各期进行分摊，比如房产税。

4. 损失

损失是指企业在生产经营活动中发生的固定资产和存货的盘亏、毁损、报废损失，转让财产损失，呆账和坏账损失，自然灾害等不可抗力等因素造成的损失等。企业已作为损失处理的资产，在以后纳税年度又全部或部分收回时，应计入当期收入。

5. 其他支出

其他支出是指企业在生产经营活动中发生的除成本、费用、税金和损失以外的与生产经营活动有关的合理的支出。

（二）准予扣除的标准

1. 工资、薪金支出

工资、薪金支出是企业每一纳税年度支付给本企业任职、与其有雇佣关系的员工的全部的现金或非现金形式的劳动报酬，包括基本工资、奖金、津贴、补贴、加班工资、年终加薪及其他支出。企业发生的合理的工资、薪金支出准予按实际发生数额扣除。

对于企业因雇用季节工、临时工、实习生、返聘离退休人员以及接受外部劳务派遣用工所实际发生的费用，应区分为工资、薪金支出和职工福利费支出。其中，属于工资、薪金支出的，准予计入企业工资、薪金总额的基数，作为计算相关费用扣除的依据，在企业所得税前扣除。实际工作中，支付临时工的工资属于劳务报酬，单位除需要代扣代缴个人所得税以外，在支付临时工劳务费时，不能直接列表发放，正确做法是去企业所在地的税务局代开发票，作为企业税前扣除的凭据入账。

企业接受外部劳务派遣用工所实际发生的费用，可以分两种情况处理：①按照协议约定直接支付给劳务派遣公司的费用，应作为劳务费支出；②直接支付给员工个人的费用，应作为工资、薪金支出和职工福利费支出，准予计入企业工资、薪金总额的基数，作为计算相关费用的税前扣除依据。

提示

扣除的工资、薪金要体现“据实”性，即“实际发放”。企业在年度汇算清缴结束前向员工实际支付的已预提汇缴年度工资、薪金，准予在汇缴年度按规定扣除。例如，企业2023年12月的职工工资在当月预提计入成本费用，但在2024年1月才实际支付，而该工资可以在计算2023年度应纳税所得额时扣除。

2. 职工福利费、工会经费、职工教育经费

企业发生的职工福利费、工会经费、职工教育经费按标准扣除，未超过标准的按实际数扣除，超过标准的只能按标准扣除。

（1）职工福利费。企业发生的职工福利费支出，不超过工资、薪金总额14%的部分准予扣除。包括：

① 企业内设的职工食堂、职工浴室、理发室、医务所、托儿所、疗养院等福利部门的设备、设施及设备维修保养费用，福利部门工作人员的工资、薪金，社会保险费，住房公积金和劳务费等。

② 发放给职工的生活、卫生保健、住房和交通等各项补贴和非货币性福利，包括企业向职工发放的因公外地就医费用、职工供养直系亲属医疗补贴、供暖费补贴、职工防暑降温费、职工困难补贴、救济费、职工食堂经费补贴和职工交通补贴等。

③ 其他职工福利费，包括丧葬补助费、抚恤费、安家费、探亲假路费等。

上述企业发生的职工福利费，应该单独设置福利费账册，进行准确核算。

（2）工会经费。企业拨缴的职工工会经费不超过工资、薪金总额2%的部分，可以凭工会组织开具的“工会经费收入专用收据”在企业所得税税前扣除。

（3）职工教育经费。企业发生的职工教育经费支出，不超过工资、薪金总额8%的部分准予扣除；超过部分，准予在以后纳税年度结转扣除。软件生产企业发生的职工教育经费中的职工培训费用，可以全额在企业所得税前扣除。

【例4-6】（计算题）某生产企业2024年4月应付职工工资290万元，实际为本企业雇员支付工资200万元、奖金50万元、地区补贴20万元。假定该企业工资、薪金支出符合合理性标准。

【要求】计算4月份职工福利费、工会经费和职工教育经费可以在企业所得税前列支的限额分别是多少？

【答案】

可在企业所得税前列支的工资总额=200+50+20=270（万元）

可在企业所得税前列支的职工福利费限额=270×14%=37.8（万元）

可在企业所得税前列支的工会经费限额=270×2%=5.4（万元）

可在企业所得税前列支的职工教育经费限额=270×8%=21.6（万元）

3. 社会保险费

（1）企业按照规定的范围和标准为职工缴纳的五险一金，包括基本养老保险费、基本

医疗保险费、失业保险费、工伤保险费、生育保险费和住房公积金，准予扣除。

（2）企业为投资者或职工支付的补充养老保险费、补充医疗保险费，在国务院财政、税务主管部门规定的范围和标准内，准予扣除。

（3）企业参加的财产保险，按照规定缴纳的保险费，准予扣除。依照国家有关规定，企业为特殊工种职工支付的人身安全保险费和符合国务院财政、税务主管部门规定可以扣除的商业保险费准予扣除。但是企业为投资者或职工支付的商业保险费，不得扣除。

4. 借款利息费用

企业在生产、经营活动中发生的不需要资本化的利息费用，准予按规定扣除。

（1）非金融企业向金融企业借款的利息支出、金融企业的各项存款利息支出以及同业拆借利息支出、企业经批准发行债券的利息支出，可据实扣除。

金融企业是指各类银行、保险公司和经中国人民银行批准的从事金融业务的非银行金融机构。非金融企业是指除上述金融企业之外的所有企业、事业单位和社会团体等企业或组织。

（2）非金融企业向非金融企业借款的利息支出，不超过按照金融企业同期同类贷款利率计算的数额的部分可据实扣除，超过部分不许扣除。

（3）关联企业利息费用的扣除。企业从其关联方接受的债权性投资与权益性投资的比例未超过规定标准而发生的实际支付给关联方的利息支出，准予在计算应纳税所得额时扣除。

（4）企业向股东或其他与企业有关联关系的自然人借款的利息支出，在不超过按照金融企业同期同类贷款利率计算的数额的部分，准予扣除。

【例4-7】（计算题）某公司2024年“财务费用”账户中有两笔利息支出：①10月初以年利率8%向某从事信托投资业务的公司借入期限为10个月的生产周转用资金500万元的借款利息；②10月初向某事业单位借入与第一笔借款同期的生产周转用资金200万元的借款利息16万元。

【要求】2024年该公司计算应纳税所得额时扣除的利息费用是多少？

【答案】

（1）经批准从事信托投资业务的公司属于金融企业范畴，该公司在计算应纳税所得额时扣除的金融企业利息费用为：

利息费用=500×8%÷12×10=33.33（万元）

（2）向事业单位等非金融企业借入款项可扣除的利息费用限额=200×8%÷12×9=12（万元）

该公司支付的利息16万元超过按同期同类金融企业贷款利率计算的利息费用，只能按照限额12万元扣除。

（3）该公司2024年可在计算其应纳税所得额时扣除的利息费用=33.33+12=45.33（万元）

5. 借款费用

（1）企业在生产经营活动中发生的合理的不需要资本化的借款费用，准予扣除。

（2）企业为购置、建造固定资产、无形资产和经过12个月以上的建造才能达到可销售状态的存货而发生的借款，在有关资产购置、建造时发生的合理的借款费用，应作为资本性支出，计入有关资产的成本；有关资产交付使用后发生的借款利息，应作为费用支出，计入发生当期费用予以扣除。

6. 汇兑损失

企业在货币交易业务中，以及纳税年度终了时将人民币以外的货币性资产、负债按照期末即期人民币汇率中间价折算成人民币时产生的汇兑损失，除已经计入有关资产成本和与向所有者进行利润分配相关的部分以外，准予扣除。

7. 业务招待费

企业实际发生的与生产经营活动有关的业务招待费支出，按照发生额的60%扣除，但最高不得超过全年销售（营业）收入的5‰。业务招待费按照两个上限孰小的原则来判断扣除。全年销售收入包括企业的主营业务收入和其他业务收入。

从事股权投资业务的企业，包括集团公司总部、创业投资企业等，从被投资企业分配的股息、红利及股权转让收入，可以按规定比例计算业务招待费扣除限额。在筹建期间，企业发生的与筹办活动相关的业务招待费支出，可以按实际发生额的60%计入企业筹办费，并按照相关规定在税前扣除。

【例4-8】（计算题）某工业企业2024年不含税的销售货物收入2 000万元，出租设备收入400万元，出租包装物收入200万元，视同销售货物收入500万元，转让设备取得收入700万元，接受捐赠收入20万元，债务重组收入10万元。实际发生业务招待费50万元。

【要求】该企业2024年可在企业所得税前列支的业务招待费金额是多少？

【答案】

业务招待费税前扣除限额=2 000+400+200+500=3 100（万元）

50×60%=30（万元）　3 100×5‰=15.5（万元）

比较两组数据孰小后，择其小者扣除，当年可在企业所得税前列支的业务招待费金额是15.5万元。

【解析】转让设备收入属于资产处置损益，接受捐赠收入、债务重组收益均属于营业外收入，不能作为计算业务招待费税前扣除限额基数。

8. 广告费和业务宣传费

企业发生的广告费和业务宣传费支出，除国务院财政、税务主管部门另有规定外，不超过当年销售（营业）收入15%的部分，准予扣除；超过部分，准予结转以后纳税年度扣除。这里所说的广告费需要符合三个条件：广告是通过市场监督管理部门批准的专门机构制作的；通过一定的媒体传播；已经实际支付费用，并已取得相应发票。

在筹建期间，企业发生的广告费和业务宣传费，可按实际发生额计入企业筹办费，按上述规定在税前扣除。

烟草企业的烟草广告费和业务宣传费支出，一律不得在计算应纳税所得额时扣除。

9. 公益性捐赠支出

企业发生的公益性捐赠支出，不超过年度利润总额12%的部分，准予扣除。超过年度利润总额12%的部分，准予以后三年内在计算应纳税所得额时结转扣除。企业在对公益性捐赠支出计算扣除时，需要先扣除以前年度结转的捐赠支出，再扣除当年发生的捐赠支出，即结转后先发生的支出先扣除。

年度利润总额是指企业依照国家统一会计制度的规定计算的年度会计利润。在年度利润表中的“利润总额”栏次的累计数即为企业全年的利润总额，尚未扣除允许弥补的以前年度的亏损。

公益性捐赠是指企业通过公益性社会团体或县级（含县级）以上人民政府及其部门，用于《中华人民共和国公益事业捐赠法》规定的公益事业的捐赠。公益性捐赠有货币捐赠和非货币捐赠。如果企业直接向受赠人捐赠，则不属于公益性捐赠，在计算应纳税所得额时不得扣除，应做纳税调整。

【例4-9】（计算题）某居民企业按规定计算出利润总额400万元，当年直接到受灾现场给居民发放慰问金8万元，通过省级人民政府机关对受灾地区捐赠20万元。

【要求】该企业当年捐赠应调整的应纳税所得额是多少万元？

【答案】

该企业当年可在企业所得税前列支的公益性捐赠限额=400×12%=48（万元）

通过省级人民政府机关对受灾地区的捐赠20万元低于限额48万元，可以全额在企业所得税前扣除，不需纳税调整。直接给受灾人的捐赠在企业所得税前不得扣除，应调增应纳税所得额8万元。

10. 租赁费用

企业根据生产经营活动需要租入固定资产支付的租赁费，按以下方法扣除：

（1）经营租赁方式租入固定资产发生的租赁费支出，按租赁期限均匀扣除。

（2）融资租赁方式租入固定资产发生的租赁费支出，应视同自有资产对其计提固定资产折旧费用，所提折旧费用予以扣除。

11. 环境保护专项资金

企业依法提取的用于环境保护、生态恢复等方面的专项资金，准予扣除。专项资金提取后改变用途的，不得扣除。

12. 劳动保护费

企业发生的合理的劳动保护支出，准予扣除。劳动保护支出是指确因工作需要为雇员配备或提供工作服、手套、安全保护用品等所发生的支出。

企业根据其工作性质和特点，由企业统一制作并要求员工工作时统一着装所发生的工作服饰费用，可以作为企业合理的支出给予税前扣除。

13. 有关资产的费用

企业按规定计算的固定资产折旧费、无形资产和递延资产的摊销费，准予扣除。企业转让各类固定资产发生的费用，准予扣除。企业当期发生的固定资产、流动资产盘亏、毁损的净损失，向主管税务机关提供清查盘存资料审核后，准予扣除。

14. 总机构分摊的费用

非居民企业在中国境内设立的机构、场所，根据其中国境外总机构发生的与该机构、场所生产经营有关的费用，能够提供总机构出具的费用汇集范围、定额、分配依据和方法等证明文件，并可以合理分摊的，准予扣除。

四、不得扣除的项目

企业在计算应纳税所得额时，下列支出不得扣除：

（1）向投资者支付的股息、红利等权益性投资收益款项。

（2）税收滞纳金，指纳税人违反税收法规、被税务机关处以的滞纳金。

（3）罚金、罚款和被没收财物的损失，指纳税人违反法律、法规规定，被有关部门处以的罚款及被司法机关处以的罚金和被没收的财物。

（4）企业之间支付的管理费、企业内营业机构之间支付的租金和特许权使用费以及非银行企业内营业机构之间支付的利息。

（5）赞助支出，指企业发生的与生产经营活动无关的各种非广告性质支出。

（6）未经核定的准备金支出，指不符合国务院财政、税务主管部门规定的各项资产减值准备、风险准备等准备金支出。

目前，在企业所得税前可以提取准备金的企业包括政策性银行、商业银行、保险公司、财务公司、城乡信用社等金融企业和符合条件的中小企业信用担保机构。

（7）超过规定标准的捐赠支出、业务招待费支出、广告费和业务宣传费支出及其他支出等。

（8）企业所得税税款。

（9）与取得收入无关的其他支出。

五、亏损弥补

税法规定，企业某一纳税年度发生的亏损可以用下一年度的所得弥补，下一年度的所得不足以弥补的，可以逐年延续弥补，但最长不得超过5年。需要注意的是：①亏损不是企业财务报表上的亏损额，而是税法调整后的金额；②连续5年内不论是盈利或亏损，都要从亏损年度后第一年度连续算起；③先亏先补，后亏后补；④企业在汇总计算缴纳企业所得税时，其境外营业机构亏损不得抵减境内营业机构的盈利。这里所说的亏损，是指企业依照《企业所得税法》及《中华人民共和国企业所得税法实施条例》规定，将每一纳税年度的收入总额减除不征税收入、免税收入和各项扣除后小于零的数额，即应纳税所得额小于零。

企业筹办期间不计算为亏损年度，企业自开始生产经营的年度才可以作为计算企业损益的年度。企业从事生产经营之前，进行筹办活动期间发生筹办费用的支出，不得计算为当期的亏损。企业的筹办费用可以在开始经营之日的当年一次性扣除，也可按“长期待摊费用”处理的规定处理，一经选定，不得随意改变。

按照税法规定，以前年度实际发生的应在企业所得税前扣除而未扣除或者少扣除的支出，在企业做出专项申报及说明后，准予追补至该项目发生年度计算扣除，但追补确认期限不得超过5年。企业多缴的企业所得税税款，可以在追补确认年度的企业所得税应纳税款中抵扣，不足抵扣的，可以向以后年度递延抵扣或申请退税。

【例4-10】（计算题）某企业2017年至2023年应纳税所得额见表4-4。

【要求】计算该企业各纳税年度亏损弥补后的应纳税所得额。

表4-4 **某企业2017年至2023年应纳税所得额情况表** 单位：万元

年度	2017	2018	2020	2021	2022	2023	2024
应纳税所得额	−140	−15	20	35	45	10	6

【答案】该企业各纳税年度亏损弥补后的应纳税所得额如图4-1所示。

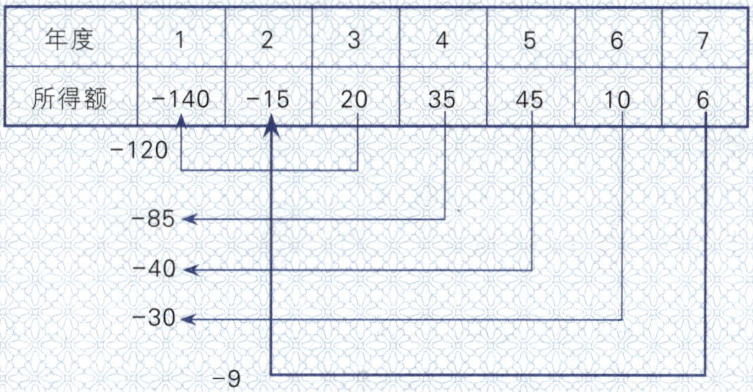

图4-1 应纳税所得额弥补图

提示

应纳税所得额是税收概念，是指企业在一定时期内的应税所得，是企业所得税的计税依据。

会计利润是会计核算概念，反映企业在一定时期内生产经营的财务成果。它是确定应纳税所得额的基础，根据税法规定对会计利润进行调整后，才能作为应纳税所得额。

六、应纳税所得额计算实例

（一）居民企业应纳税所得额的计算

居民企业应缴纳所得税额等于应纳税所得额乘以适用税率，基本计算公式为：

应纳税额=应纳税所得额×适用税率−减免税额−抵免税额

应纳税所得额的计算一般有两种方法。

1. 直接法

应纳税所得额=收入总额−不征税收入−免税收入−各项扣除项目−允许弥补的以前年度亏损

【例4-11】（计算题）某企业为居民企业，2024年发生经营业务如下：

（1）取得产品销售收入4 000万元。

（2）发生产品销售成本2 600万元。

（3）发生销售费用770万元（其中广告费650万元）；管理费用480万元（其中业务招待费25万元）；财务费用60万元。

（4）销售税金160万元（含增值税120万元）。

（5）营业外收入80万元，营业外支出50万元（含通过公益性社会团体向贫困山区捐款30万元，支付税收滞纳金6万元）。

（6）计入成本、费用中的实发工资总额200万元，拨缴职工工会经费5万元，发生职工福利费31万元，发生职工教育经费17万元。

【要求】根据上述资料，计算下列项目金额：

（1）会计利润总额。

（2）广告费和业务宣传费调增所得额。

（3）业务招待费调增所得额。

（4）捐赠支出应调增所得额。

（5）工会经费应调增所得额。

（6）职工福利费应调增所得额。

（7）职工教育经费应调增所得额。

（8）该企业2024年度应纳税所得额。

（9）该企业2024年度实际应缴纳的企业所得税。

【答案】

（1）会计利润总额=4 000+80−2 600−770−480−60−40−50=80（万元）

（2）广告费和业务宣传费调增所得额=650−4 000×15%=650−600=50（万元）

（3）业务招待费调增所得额=25−25×60%=25−15=10（万元）

4 000×5‰=20（万元）>25×60%=15（万元）

（4）捐赠支出应调增所得额=30−80×12%=20.4（万元）

（5）工会经费应调增所得额=5−200×2%=1（万元）

（6）职工福利费应调增所得额=31−200×14%=3（万元）

（7）职工教育经费应调增所得额=17−200×8%=1（万元）

（8）2024年应纳税所得额=80+50+10+20.4+6+1+3+1=171.4（万元）

（9）2024年应缴企业所得税=171.4×25%=42.85（万元）

2. 间接法

应纳税所得额=利润总额±纳税调整项目

纳税调整项目包括：①税收规定范围与会计规定不一致的应予以调整的金额；②税法规定扣除标准与会计规定不一致的应予以调整的金额。

【例4−12】（计算题）某科技有限公司2024年利润总额为450万元，主营业务收入为320万元，其他业务收入为20万元。纳税调整项目如下：

（1）营业外支出78万元，其中，支付税收滞纳金12万元，直接捐赠给贫困山区10万元。

（2）投资收益54万元，其中，国债利息收入为26万元。

（3）计入成本、费用中的实发工资总额为300万元，计提三项经费分别为：职工工会经费6万元、职工福利费48万元、职工教育经费28万元。

（4）管理费用60万元，其中，业务招待费5万元。

（5）广告费和业务宣传费40万元。

（6）新技术开发费70万元。

（7）支付残疾人员工资85万元。

【要求】根据上述资料，计算该企业2024年应纳企业所得税额。

【答案】

（1）调增应税所得额=12+10=22（万元）

（2）调减应税所得额26万元

（3）职工工会经费：300×2%=6（万元）

职工福利费：300×14%=42（万元）　48−42=6（万元）

职工教育经费：300×8%=24（万元）　28−24=4（万元）

调增应税所得额=6+4=10（万元）

（4）业务招待费发生额的60%：5×60%=3（万元）

业务招待费限额=（320+20）×5‰=1.7（万元）

调增应税所得额=5−1.7=3.3（万元）

（5）广告费和业务宣传费：（320+20）×15%=51（万元）

因为40万元<51万元，未超出限额不需调整。

（6）新技术开发费加计扣除75%：70×75%=52.5（万元）

调减应税所得额52.5万元。

（7）支付残疾人工资加计扣除100%：85×100%=85（万元）

调减应税所得额85万元。

（8）应纳税所得额=450+22−26+10+3.3−52.5−85=321.8（万元）

（二）境外所得抵扣税额的计算

为缓解国家间对所得来源地判定标准重叠而产生的重复征税，我国对非居民企业在中国境内分支机构取得的发生于境外所得所缴纳的境外税额，给予与居民企业类似的税额抵免待遇。即居民企业、非居民企业在中国境内设立的机构、场所，取得下列所得已在境外缴纳企业所得税税额，可以从其当期应纳税额中抵免，抵免限额为该项所得依照《企业所得税法》规定计算的应纳税额；超过抵免限额的部分，可以在以后5个年度内，用每年度抵免限额抵免当年应抵税额后的余额进行抵补。

（1）居民企业来源于中国境内的应税所得。

（2）非居民企业在中国境内设立机构、场所，取得发生在中国境外，但与该机构、场所有实际联系的应税所得。

抵免限额应当分国（地区）不分项计算，计算公式为：

抵免限额＝中国境内、境外所得依照企业所得税法和条例规定计算的应纳税总额×来源于某国（地区）的应纳税所得额÷中国境内、境外应纳税所得总额

【例4-13】（计算题）某工业企业2024年度境内应纳税所得额为400万元，该企业分别在甲、乙两国设有分支机构（我国与甲、乙两国已经签署避免双重征税协定）。在甲国分支机构的应纳税所得额为150万元，甲国税率是20%；在乙国分支机构的应纳税所得额为130万元，乙国税率为30%。假设该企业在甲、乙两国所得按我国税法计算的应纳税所得额和按甲、乙两国税法计算的应纳税所得额一致，两个分支机构在甲、乙两国分别缴纳30万元和39万元的企业所得税。

【要求】计算该企业汇总时在我国应缴纳的企业所得税额。

【答案】

（1）核算按我国税法计算的境内、境外所得的应纳税额：

应纳税额=（400+150+130）×25%=170（万元）

(2) 计算甲、乙两国的扣除限额:

甲国扣除限额=170×［150÷（400+150+130）］=37.5（万元）

乙国扣除限额=170×［130÷（400+150+130）］=32.5（万元）

在甲国缴纳所得税为30万元，低于扣除限额37.5万元，可全额扣除。

在乙国缴纳所得税为39万元，高于扣除限额32.5万元，其超过限额的6.5万元当年不能扣除。

(3) 该企业汇总时在我国应缴纳的所得税=170−30−32.5=107.5（万元）

（三）居民企业核定征收应纳税额的计算

企业所得税的主要征收方式是查账征收和核定征收两种方式。对账簿健全、核算准确的企业，一般采用查账征收方式；对其他企业可以采用核定征收的方法。对居民企业纳税人采取核定征收的范围包括：依法律、行政法规规定可以不设置账簿的；依法律、行政法规的规定应当设置但未设置账簿的；擅自销毁账簿或拒不提供纳税资料的；虽设置账簿，但账目混乱或者成本资料、收入凭证、费用凭证残缺不全，难以查账的；发生纳税义务，未按规定期限办理纳税申报，经税务机关责令限期申报，逾期仍不申报的；申报的计税依据明显偏低，又无正当理由的。

税务机关应当根据企业的具体情况，对核定征收企业所得税的纳税人，核定其应纳所得税税率或核定应纳所得税税额。

（四）非居民企业应纳税额的计算

对于在中国境内未设立机构、场所的，或虽设立机构、场所但所得与其所设机构、场所没有实际联系的非居民企业，按下列方法计算其应纳税所得额：

（1）股息、红利等权益性投资收益和利息、租金、特许权使用费所得，以收入全额为应纳税所得额。

（2）转让财产所得，以收入全额减除财产净值后的余额为应纳税所得额。

（3）其他所得，参照前两项规定的方法计算应纳税所得额。

【例4-14】（计算题）某公司依照美国法律在美国注册一家企业，在中国境内未设立机构、场所。2024年度，该公司将其专利权授权中国境内的甲公司使用，甲公司支付专利权使用费800万元，相关的图纸资料费和技术服务费200万元，人员培训费160万元。

【要求】计算该公司转让该项专利权应当向中国缴纳多少企业所得税，甲公司实际应当向该公司支付的货币金额是多少?

【答案】该公司转让专利权应纳税额=（800+200+160）×10%=116（万元）

甲公司应当向该公司支付的货币金额=800+200+160−116=1 044（万元）

【解析】由于该公司是非居民企业，但该项所得属于特许权使用费收入，取得来源于中国境内的所得，依税法规定应按收入全额纳税，由支付人作为扣缴义务人，在支付时代扣代缴。

第四节　资产的税务处理

为了正确核算企业资产的成本与支出，有必要按税法要求，对企业资产进行税务处理。企业资产的税务处理，直接会影响扣除项目金额的多少，确定准予扣除项目与不得扣除项目，正确计算企业的应纳税所得额。

企业税务处理范围的资产包括固定资产、生物资产、无形资产、长期待摊费用、投资资产、存货等，均以历史成本为计税基础。历史成本指企业取得该项资产时实际发生的支出。税法规定，对于资产不允许作为成本、费用从企业的收入总额中做一次性扣除，只能采取分次计提折旧或分次摊销的方式予以扣除。另外，企业持有各项资产期间资产增值或减值，除国务院财政、税务主管部门规定可以确认损益外，不得调整该资产的计税基础。

一、固定资产的税务处理

固定资产是指企业为生产产品、提供劳务、出租或者经营管理而持有的，使用时间超过一个纳税年度的非货币性资产，包括房屋、建筑物、机器、机械、运输工具及其他与生产经营活动有关的设备、器具和工具等。

（一）固定资产计税基础

（1）外购固定资产，以购买价款和支付的相关税费以及直接归属于使该资产达到预定用途发生的其他支出作为计税基础。

（2）自行建造固定资产，以竣工结算前发生的全部支出作为计税基础。

（3）融资租入固定资产，以租赁合同约定的付款总额和承租人在签订租赁合同过程中发生的相关费用为计税基础。租赁合同未约定付款总额的，以该固定资产的公允价值和承租人在签订租赁合同过程中发生的相关费用为计税基础。

（4）盘盈固定资产，以同类固定资产的重置完全价值作为计税基础。

（5）改建固定资产，除已足额提取折旧的固定资产、租入的固定资产以外的其他固定资产，以改建过程中发生的改建支出增加计税基础。

（6）通过捐赠、投资、非货币性资产交换、债务重组等方式取得的固定资产，以该资产的公允价值和支付的相关税费作为计税基础。

（二）固定资产折旧范围

在计算应纳税所得额时，企业按规定计算的固定资产折旧，准予扣除。下列固定资产不得计算折旧扣除：

（1）房屋、建筑物之外未投入使用的固定资产。

（2）以经营租赁方式租入的固定资产。

（3）以融资租赁方式租出的固定资产。

（4）已足额提取折旧仍继续使用的固定资产。

（5）与经营活动无关的固定资产。

（6）单独估价作为固定资产账的土地。

（7）其他不得计算折旧扣除的固定资产。

（三）固定资产折旧计提年限

除国务院财政、税务主管部门另有规定外，固定资产计算折旧的最低年限为：

（1）房屋、建筑物，20年。

（2）飞机、火车、轮船、机器、机械和其他生产设备，10年。

（3）与生产经营活动有关的器具、工具、家具等，5年。

（4）飞机、火车、轮船以外的运输工具，4年。

（5）电子设备，3年。

从事开采石油、天然气等矿产资源的企业，在开始商业性生产前发生的费用和有关固定资产的折耗、折旧方法，由国务院财政、税务主管部门另行规定。

（四）固定资产折旧的计提方法

（1）企业应当自固定资产投入使用月份的次月起计算折旧；停止使用的固定资产，应当自停止使用月份的次月起停止计算折旧。

（2）企业应当按固定资产的性质和使用情况，合理确定固定资产的预计净残值。

（3）固定资产按直线法计提折旧的，准予扣除。

固定资产计提折旧的方法、预计净残值和年限等，一经确定，不得变更。

（五）固定资产折旧的会计与税法的处理

（1）企业固定资产会计折旧年限如果短于税法规定的最低折旧年限，其按会计折旧年限计提的折旧高于按税法规定的最低折旧年限计提的折旧部分，应调增当期应纳税所得额。企业固定资产会计折旧年限已期满，且会计折旧已提足，但税法规定的最低折旧年限尚未到期，且税收折旧尚未足额扣除，其未足额扣除的部分准予在剩余的税收折旧年限继续按规定扣除。

（2）企业固定资产会计折旧年限如果长于税法规定的最低折旧年限，其折旧应按会计折旧年限计算扣除，税法另有规定除外。

（3）企业按会计规定提取的固定资产减值准备不得税前扣除，其折旧仍按税法确定的固定资产计税基础计算扣除。

（4）企业按税法规定实行加速折旧的，其按加速折旧办法计算的折旧额可以全额在税前扣除。

（5）石油天然气开采企业在计提油气资产折旧时，由于会计与税法规定的计算方法不同导致的折旧差异，应按税法规定进行纳税调整。

二、无形资产的税务处理

无形资产是指企业长期使用，但是没有实物形态的资产，包括专利权、商标权、著作权、土地使用权、非专利技术等。

（一）无形资产计税基础

（1）外购无形资产，以购买价款和支付的相关税费以及直接归属于使该资产达到预定用途发生的其他支出作为计税基础。

（2）自行开发无形资产，以开发过程中该资产符合资本化条件后至达到预定用途前发生的支出作为计税基础。

（3）通过捐赠、投资、非货币性资产交换和债务重组等方式取得的无形资产，以该资产的公允价值和支付的相关税费作为计税基础。

（二）无形资产摊销范围

计算应纳税所得额时，企业按照规定计算的无形资产摊销费用，准予扣除。下列无形资产不得计算摊销费用扣除：

（1）自行开发的支出已在计算应纳税所得额时扣除的无形资产。

（2）自创商誉。

（3）与经营活动无关的无形资产。

（4）其他不得计算摊销费用扣除的无形资产。

（三）无形资产摊销方法及年限

无形资产摊销，采取直线法计算。无形资产的摊销年限不得短于10年。作为投资或受让的无形资产，有关法律规定或合同约定使用年限的，可以按照规定或约定使用年限分期摊销。对于外购商誉的支出，可以在企业整体转让或清算时，准予扣除。

三、长期待摊费用的税务处理

长期待摊费用是指企业发生的应在1个年度以上或几个年度进行摊销的费用。在计算应纳税所得额时，企业发生的下列支出作为长期待摊费用，按照规定摊销的，准予扣除：已足额提取折旧的固定资产的改建支出；租入固定资产的改建支出；固定资产的大修理支出；其他应当作为长期待摊费用的支出。

企业的固定资产修理支出可以在发生当期直接扣除。企业的固定资产改良支出，如果固定资产尚未提足折旧，可以增加固定资产价值；如果固定资产已提足折旧，可以作为长期待摊费用，在规定的期间内进行平均摊销。

企业的大修理支出是指修理支出达到取得固定资产时的计税基础50%以上，修理后固定资产使用年限延长2年以上。大修理支出按照固定资产尚可使用年限，自支出发生月份的次月起，分期摊销，摊销年限不得低于3年。

四、存货的税务处理

存货是指企业持有以备出售的产品或商品、处在生产过程中的在产品、在生产或提供劳务过程中耗用的材料和物料等。

（一）存货的计税基础

（1）以支付现金方式取得的存货，以购买价款和支付的相关税费作为成本。

（2）以支付现金以外的方式取得的存货，以该存货的公允价值和支付的相关税费作为成本。

（3）生产性生物资产收获的农产品，以产出或采收过程中发生的材料费、人工费和分摊的间接费用等必要支出作为成本。

（二）存货的成本计算方法

企业使用或销售存货的成本计算方法，包括先进先出法、加权平均法、移动加权平均法和个别计价法。计价方法一经选用，不得随意变更。

在计算企业应纳税所得额时，企业转让存货资产的净值允许扣除。其中，资产净值是指资产的计税基础减除已经按规定计提的折旧、摊销和准备金等后的余额。

五、投资资产的税务处理

投资资产是指企业对外进行权益性投资和债权性投资而形成的资产。

（一）投资资产的成本

（1）以支付现金方式取得的投资资产，以购买价款作为成本。

（2）以其他方式取得的投资资产，以资产的公允价值和相关税费作为成本。

（二）投资资产成本的扣除方法

在计算企业应纳税所得额时，企业对外投资期间，投资资产的成本不得扣除，企业在转让或处置投资资产时，投资资产的成本准予扣除。

第五节 税收优惠

税收优惠是指国家对某一部分特定企业和课税对象给予减轻或免除税收负担的一种措施，包括免税、减税、加计扣除、加速折旧、减计收入和税额抵免等。如果企业从事国家限制和禁止发展的项目，不得享受企业所得税优惠。

一、免征与减征优惠

（一）从事农、林、牧、渔业项目的所得——免征和减征

1. 企业从事下列项目的所得——免征

（1）蔬菜、谷物、薯类、油料、豆类、棉花、麻类、糖料、水果、坚果的种植。

（2）农作物新品种的选育。

（3）林产品的采集、林木的培育和种植。

（4）中药材的种植。

（5）牲畜和家禽的饲养。

（6）灌溉、农产品初加工、兽医、农技推广、农机作业和维修等农、林、牧、渔服务业项目。

（7）远洋捕捞。

2. 企业从事下列项目的所得——减半征收

（1）花卉、茶及其他饮料作物和香料作物的种植。

（2）海水养殖、内陆养殖。

（二）从事国家重点扶持的公共基础设施项目投资经营的所得——三免三减半

国家重点扶持的公共基础设施项目是指港口码头、机场、铁路、公路、电力、水利等项目。企业从事国家重点扶持的公共基础设施项目投资经营的所得，自项目取得第一笔生产经营收入所属纳税年度起，第1年至第3年免征企业所得税，第4年至第6年减半征收企业所得税，即“三免三减半”优惠。企业承包经营、承包建设和内部自建自用上述项目的除外。

（三）从事符合条件的环境保护、节能节水项目的所得——三免三减半

符合条件的环境保护、节能节水项目包括公共污水处理、公共垃圾处理、沼气综合开发利用、节能减排技术改造、海水淡化等。环境保护、节能节水项目的所得，自项目取得第一笔生产经营收入所属纳税年度起，第1年至第3年免征企业所得税，第4年至第6年减半征收企业所得税，即“三免三减半”优惠。

（四）符合条件的技术转让所得

技术转让的范围包括居民企业转让专利技术、计算机软件著作权、集成电路布图设计权、植物新品种、生物医药新品种、5年（含）以上非独占许可使用权及财政部和国家税务总局确定的其他技术。符合条件的技术转让所得免征、减征企业所得税是指在一个纳税年度内，居民企业转让技术所有权所得不超过500万元的部分，免征企业所得税；超过

500万元的部分，减半征收企业所得税。

享受优惠的技术转让主体是《企业所得税法》规定的居民企业。符合条件的技术转让所得计算公式为：

技术转让所得=技术转让收入-技术转让成本-相关税费

【例4-15】（计算题）某制药企业2024年取得应纳税所得额2 500万元，其中，技术转让所得700万元，符合技术转让优惠条件，企业所得税税率为15%。

【要求】计算该企业当年应缴纳的企业所得税额。

【答案】企业应纳税额=（2 500-700）×15%＋（700-500）×12.5%=295（万元）

提示

假设居民企业被认定为高新技术企业，同时企业发生可以享受优惠的技术转让所得，那么该部分转让所得超过500万元部分应按25%的税率减半征收，而不能按15%的优惠税率减半征收。

二、高新技术企业优惠

国家需要重点扶持的高新技术企业减按15%的税率征收企业所得税。国家需要重点扶持的高新技术企业是指拥有核心自主知识产权，并同时符合下列条件的企业：

① 企业申请认定时必须注册成立一年以上。

② 企业通过自主研发、受让、受赠、并购等方式，获得对其主要产品（服务）在技术上发挥核心作用的知识产权的所有权。

③ 对企业主要产品（服务）发挥核心支持作用的技术属于《国家重点支持的高新技术领域》规定的范围。

④ 企业从事研发和相关技术创新活动的科技人员占企业当年职工总数的比例不低于10%。

⑤ 近一年高新技术产品（服务）收入占企业同期总收入的比例不低于60%。

⑥ 企业创新能力评价应达到相应要求。

⑦ 企业申请认定前一年内未发生重大安全、重大质量事故或严重环境违法行为。

⑧ 企业近三个会计年度的研究开发费用总额占同期销售收入总额的比例符合规定。

三、小型微利企业优惠

小型微利企业是指从事国家非限制和禁止行为，并要同时满足年度应纳税所得额不超过300万元、从业人数不超过300人、资产总额不超过5 000万元三个条件的企业。非居民企业不适用上述规定。

《关于进一步实施小微企业所得税优惠政策的公告》（财政部 税务总局公告2023年第12号）规定：对小型微利企业减按25%计算应纳税所得额，按20%的税率缴纳企业所得税政策，延续执行至2027年12月31日。

小型微利企业实行按季度预缴企业所得税。在预缴和年度汇算清缴企业所得税时，通过填写纳税申报表的相关内容，即可享受减半征税政策。如果企业本年度第一季度预缴企业所得税时，没有完成上一纳税年度汇算清缴，无法判断上一纳税年度是否符合小型微利企业条件的，可暂按企业上一个纳税年度第四季度的预缴申报情况判别。企业预缴时享受税收优惠政策，但是年度汇算清缴时不符合小型微利企业条件的，应当按照规定补缴税款。

【例4-16】（计算题）某食品加工企业实施查账征收的方式，年均从业人数120人，年均资产总额1 500万元，2024年应纳税所得额为26万元。

【要求】计算该企业2024年应缴纳的企业所得税额。

【答案】应纳税额=260 000×25%×20%=13 000（元）

【例4-17】（单项选择题）甲公司2024年度为符合条件的小型微利企业，当年企业所得税应纳税所得额为160万元。已知：小型微利企业减按20%的税率征收企业所得税。计算甲公司2022年度应缴纳的企业所得税税额，正确金额是（　　）。

A.160×20%=32（万元）

B.160×25%=40（万元）

C.100×25%×20%+（160-100）×50%×20%=11（万元）

D.160X25%X20%=8（万元）

【答案】D。

四、加计扣除优惠

加计扣除是指对企业支出项目按规定的比例给予税前扣除的基础上再给予追加扣除。加计扣除的费用包括企业人员人工费用，研发活动中直接投入费用，研发活动的仪器、设备的折旧费，无形资产摊销费用，新产品设计费，新工艺规程制定费等。

研究开发费是指企业在开展研发活动中实际发生的研究与开发费用。企业未形成无形资产计入当期损益的，在按照规定据实扣除的基础上，再按照研究开发费用的75%加计扣除；形成无形资产的按照无形资产成本的175%摊销。制造业企业开展研发活动中实际发生的研发费用，未形成无形资产计入当期损益的，在按规定据实扣除的基础上，再按照实际发生额的100%在税前加计扣除；形成无形资产的，按照无形资产成本的200%在税前摊销。科技型中小企业开展研究活动中实际发生的研发费用也同样享受该加计扣除优惠。

企业安置残疾人员的，在按照支付给残疾职工工资据实扣除的基础上，按照支付给残疾职工工资的100%加计扣除。

【例4-18】（计算题）某企业的研究与开发费用4 000元，其中未形成无形资产的支出1 000万元，形成无形资产的支出3 000万元。

【要求】该企业计算企业所得税时，其无形资产支出可以税前扣除的金额是多少?

【答案】未形成无形资产的支出可以税前扣除：1 000+1 000×75%=1 750（万元）

形成无形资产的支出可分10年销：3 000×175%÷10=525（万元）

【例4-19】（计算题）某企业安置残疾员工，工资总额共20万元，2024年会计利润2 000万元，适用的企业所得税税率为25%。

【要求】计算该企业2024年应缴纳的企业所得税税额，并编制会计分录。

【答案】应纳税所得额=2 000-20=1 980（万元）

应纳税额=1 980×25%=495（万元）

①计提企业所得税时：

借：所得税费用　　495 000

　贷：应交税费——应交企业所得税　　495 000

②上缴企业所得税时：

借：应交税费——应交企业所得税　　495 000

　贷：银行存款　　495 000

五、创业投资企业优惠

创业投资企业从事国家需要重点扶持和鼓励的创业投资，可以按投资额的一定比例抵扣应纳税所得额。创业投资企业采取股权投资方式投资于未上市的中小高新技企业2年以上的，按照其投资额的70%在股权持有满2年的当年抵扣该创业投资企业的应纳税所得额；当年不足抵扣的，可以在以后纳税年度结转抵扣。

六、减计收入优惠

企业综合利用资源，生产符合国家产业政策规定的产品所取得的收入，可以在计算应纳税所得额时减按90%计入收入总额。其中，利用资源应是《资源综合利用企业所得税优惠目录》规定的资源作为主要原材料，原材料占生产产品材料的比例不得低于规定标准。

七、非居民企业所得的优惠

非居民企业减按10%的税率征收企业所得税。非居民企业是指在我国境内未设立机构、场所的，或虽设立机构、场所但取得的所得与其所设机构、场所没有实际联系的企业。下列所得免征企业所得税：

（1）外国政府向中国政府提供贷款取得的利息所得。

（2）国际金融组织向中国政府和居民企业提供优惠贷款取得的利息所得。

（3）经国务院批准的其他所得。

【例4-20】（多项选择题）下列非居民企业取得的利息所得中，免征企业所得税的有（　　）。（2014年注册会计师考试试题）

A. 外国政府向中国政府提供贷款取得的利息所得

B. 国际金融组织向中国政府提供优惠贷款取得的利息所得

C. 国际金融组织向中国居民企业提供优惠贷款取得的利息所得

D. 外国银行的中国分行向中国居民企业提供贷款取得的利息所得

【答案】ABC。

第六节　征收管理

一、纳税地点

（1）除税收法律、行政法规另有规定外，居民企业以企业登记注册地为纳税地点。但登记注册地在境外的，以实际管理机构所在地为纳税地点。

企业注册登记地是指企业依照国家有关规定登记注册的住所地。

（2）居民企业在中国境内设立不具有法人资格的营业机构的，应当汇总计算并缴纳企业所得税。

（3）非居民企业在中国境内设立机构、场所的，应当就其所设机构、场所取得的来源于中国境内的所得，以及发生在中国境外但与其所设机构、场所有实际联系的所得，以机构、场所所在地为纳税地点。

（4）非居民企业在中国境内未设立机构、场所的，或虽设立机构、场所但取得与其所设机构、场所没有实际联系的所得，以扣缴义务人所在地为纳税地点。

二、纳税期限

按年计征，分月或分季预缴，年终汇算清缴，多退少补。企业所得税纳税年度从1月1日起至12月31日止，企业自年度终了之日起至次年5月31日前，向税务机关报送年度企业所得税纳税申报表，并汇算清缴，结清应缴应退税款。

企业在一个纳税年度的中间开业，或由于合并、分立等原因终止经营活动，使该纳税年度的实际经营期不足12个月的，应以其实际经营期为纳税年度。企业在年度中间终止经营活动的，应当自实际经营终止之日起60日内，向税务机关办理当期企业所得税汇算清缴。企业清算时，应当以清算期间作为1个纳税年度。

三、纳税申报

按月或按季预缴的，应当自月份或季度终了之日起15日内，向税务机关报送预缴企业所得税纳税申报表，预缴税款。企业应当在办理注销登记前，就其清算所得向税务机关申报并依法缴纳企业所得税。

操作演示 4-1

企业所得税应纳税额计算（汇算清缴）

企业在纳税年度内无论盈利或亏损，都应按规定的期限，向税务机关报送预缴企业所得税纳税申报表、年度企业所得税纳税申报表、财务会计报告和税务机关规定应当报送的其他有关资料。

四、源泉扣缴

源泉扣缴是指以所得支付者为扣缴义务人，在每次向纳税人支付有关所得款项时，代为扣缴税款的做法。税法规定对非居民企业取得来源于中国境内所得，其应纳的所得税实行源泉扣缴，以支付人为扣缴义务人。

（1）对非居民企业在中国境内未设立机构、场所的或者虽设立机构、场所但取得与其所设机构、场所没有实际联系的所得应缴纳的企业所得税，实行源泉扣缴，以支付人为扣缴义务人。税款由扣缴义务人在每次支付或者到期应支付时，从支付或到期应支付的款项中扣缴。

（2）对非居民企业在中国境内取得工程作业和劳务所得应缴纳的所得税，税务机关可指定工程价款或者劳务费的支付人为扣缴义务人。

（3）扣缴义务人未依法扣缴或无法履行扣缴义务的，由企业在所得发生地缴纳。企业未依法缴纳的，税务机关可以从该企业在中国境内其他收入项目支付人应付的款项中，追缴该企业的应纳税款。中国境内存在多处所得发生地的，由企业选择其中之一申报缴纳企业所得税。

（4）扣缴义务人每次代扣的税款，应当自代扣之日起7日内缴入国库，并向所在地税务机关报送扣缴企业所得税报告表。

五、纳税申报表填写方法

操作演示 4-2

企业所得税年度汇算清缴纳税申报

操作演示 4-3

企业所得税月季度纳税申报

中华人民共和国企业所得税月（季）度预缴纳税申报表（A类）的格式与内容见表4-5，中华人民共和国企业所得税年度纳税申报表（A类）的格式与内容见表4-6。

表4-5　A200000　中华人民共和国企业所得税月（季）度预缴纳税申报表（A类）

税款所属期间：　　年　　月　　日至　　年　　月　　日

纳税人识别号（统一社会信用代码）：□□□□□□□□□□□□□□□□□□□□

纳税人名称：　　　　　　　　　　　　　　　　　　　　金额单位：人民币元（列至角分）

优惠及附报事项有关信息									
项　目	一季度		二季度		三季度		四季度		季度平均值
	季初	季末	季初	季末	季初	季末	季初	季末	
从业人数									
资产总额（万元）									
国家限制或禁止行业	□是 □否				小型微利企业				□是 □否
	附报事项名称								金额或选项
事项 1	（填写特定事项名称）								
事项 2	（填写特定事项名称）								
预缴税款计算									本年累计
1	营业收入								
2	营业成本								
3	利润总额								
4	加：特定业务计算的应纳税所得额								
5	减：不征税收入								
6	减：资产加速折旧、摊销（扣除）调减额（填写A201020）								
7	减：免税收入、减计收入、加计扣除（7.1+7.2+…）								
7.1	（填写优惠事项名称）								
7.2	（填写优惠事项名称）								
8	减：所得减免（8.1+8.2+…）								

续表

8.1	（填写优惠事项名称）		
8.2	（填写优惠事项名称）		
9	减：弥补以前年度亏损		
10	实际利润额（3+4-5-6-7-8-9）\按照上一纳税年度应纳税所得额平均额确定的应纳税所得额		
11	税率（25%）		
12	应纳所得税额（10×11）		
13	减：减免所得税额（13.1+13.2+…）		
13.1	（填写优惠事项名称）		
13.2	（填写优惠事项名称）		
14	减：本年实际已缴纳所得税额		
15	减：特定业务预缴（征）所得税额		
16	本期应补（退）所得税额（12-13-14-15）\税务机关确定的本期应纳所得税额		
汇总纳税企业总分机构税款计算			
17	总机构	总机构本期分摊应补（退）所得税额（18+19+20）	
18		其中：总机构分摊应补（退）所得税额（16×总机构分摊比例____%）	
19		财政集中分配应补（退）所得税额（16×财政集中分配比例____%）	
20		总机构具有主体生产经营职能的部门分摊所得税额（16×全部分支机构分摊比例____%×总机构具有主体生产经营职能部门分摊比例____%）	
21	分支机构	分支机构本期分摊比例	
22		分支机构本期分摊应补（退）所得税额	
实际缴纳企业所得税计算			
23	减：民族自治地区企业所得税地方分享部分：☐ 免征 ☐ 减征：减征幅度____%	本年累计应减免金额［（12-13-15）×40%×减征幅度］	
24	实际应补（退）所得税额		

谨声明：本纳税申报表是根据国家税收法律法规及相关规定填报的，是真实的、可靠的、完整的。
纳税人（签章）：

年 月 日

经办人： 经办人身份证号： 代理机构签章： 代理机构统一社会信用代码：	受理人： 受理税务机关（章）： 受理日期： 年 月 日

表4-6　　A100000　中华人民共和国企业所得税年度纳税申报表（A类）

税款所属期间：　　年　　月　　日至　　年　　月　　日

纳税人识别号（统一社会信用代码）：□□□□□□□□□□□□□□□□□□

纳税人名称：　　　　　　　　　　　　　　　　　　　金额单位：人民币元（列至角分）

行次	类别	项　　目	金额
1	利润总额计算	一、营业收入（填写A101010\101020\103000）	
2		减：营业成本（填写A102010\102020\103000）	
3		减：税金及附加	
4		减：销售费用（填写A104000）	
5		减：管理费用（填写A104000）	
6		减：财务费用（填写A104000）	
7		减：资产减值损失	
8		加：公允价值变动收益	
9		加：投资收益	
10		二、营业利润（1-2-3-4-5-6-7+8+9）	
11		加：营业外收入（填写A101010\101020\103000）	
12		减：营业外支出（填写A102010\102020\103000）	
13		三、利润总额（10+11-12）	
14	应纳税所得额计算	减：境外所得（填写A108010）	
15		加：纳税调整增加额（填写A105000）	
16		减：纳税调整减少额（填写A105000）	
17		减：免税、减计收入及加计扣除（填写A107010）	
18		加：境外应税所得抵减境内亏损（填写A108000）	
19		四、纳税调整后所得（13-14+15-16-17+18）	
20		减：所得减免（填写A107020）	
21		减：弥补以前年度亏损（填写A106000）	
22		减：抵扣应纳税所得额（填写A107030）	

续表

行次	类别	项　　目	金 额
23		五、应纳税所得额（19-20-21-22）	
24	应纳税额计算	税率（25%）	
25		六、应纳所得税额（23×24）	
26		减：减免所得税额（填写A107040）	
27		减：抵免所得税额（填写A107050）	
28		七、应纳税额（25-26-27）	
29		加：境外所得应纳所得税额（填写A108000）	
30		减：境外所得抵免所得税额（填写A108000）	
31		八、实际应纳所得税额（28+29-30）	
32		减：本年累计实际已缴纳的所得税额	
33		九、本年应补（退）所得税额（31-32）	
34		其中：总机构分摊本年应补（退）所得税额（填写A109000）	
35		财政集中分配本年应补（退）所得税额（填写A109000）	
36		总机构主体生产经营部门分摊本年应补（退）所得税额（填写A109000）	
37	实际应纳税额计算	减：民族自治地区企业所得税地方分享部分：（□免征 □减征：减征幅度 %）	
38		十、本年实际应补（退）所得税额（33-37）	

谨声明：本纳税申报表是根据国家税收法律法规及相关规定填报的，是真实的、可靠的、完整的。
纳税人（签章）：　　　　年　　月　　日

经办人： 经办人身份证号： 代理机构签章： 代理机构统一社会信用代码：	受理人： 受理税务机关（章）： 受理日期：　年　　月　　日

本章小结

知识点1　企业所得税是对我国境内的企业和其他取得收入的组织的生产经营所得和其他所得征收的一种税。

知识点❷ 企业所得税的纳税义务人是指在中华人民共和国境内的企业和其他取得收入的组织。按“注册登记地标准”和“实际管理机构所在地标准”结合，将企业所得税的纳税人分为居民企业和非居民企业。

知识点❸ 企业所得税税率实行比例税率，基本税率为25%。居民企业中符合条件的小型微利企业减按20%税率征税；国家重点扶持的高新技术企业和经认定的技术先进型服务企业减按15%税率征税。

知识点❹ 应纳税所得额是企业所得税的计税依据，即企业每一个纳税年度的收入总额，减除不征税收入、免税收入、各项扣除和允许弥补的以前年度亏损后的余额。

知识点❺ 纳税调整项目即会计和税法在计算口径和确认时间方面存在一定的差异。纳税调整项目中，增加项目是指纳税人会计处理与税收规定不一致时，需要进行纳税调整增加的项目。

知识点❻ 企业某一纳税年度发生的亏损可以用下一年度的所得弥补，下一年度的所得不足以弥补的，可以逐年延续弥补，但最长不得超过5年。

知识点❼ 企业资产的税务处理，直接会影响扣除项目金额的多少，包括固定资产、生物资产、无形资产、长期待摊费用、投资资产、存货等税务处理。

知识点❽ 税收优惠是指国家对某一部分特定企业和课税对象给予减轻或免除税收负担的一种措施，包括免税、减税、加计扣除、加速折旧、减计收入和税额抵免等。

思考题

1. 简述企业所得税纳税人和征税对象。
2. 简述企业所得税收入总额的确定。
3. 简述企业所得税一般收入包括的内容。
4. 简述企业所得税计算时扣除项目的范围。
5. 简述应纳税所得额的计算方法。
6. 简述企业所得税优惠政策。

练习题

1. 康健达工业企业2024年度生产经营情况如下：

（1）取得不含税销售收入4 500万元，与收入配比的销售成本1 900万元；实际缴纳的增值税700万元；税金及附加80万元。

（2）其他业务收入300万元，与其相应的其他业务成本100万元。

（3）销售费用1 500万元，其中广告费800万元、业务宣传费20万元。

（4）管理费用500万元，其中业务招待费50万元、研究开发新产品费用40万元。

（5）财务费用80万元，其中含向非金融企业（非关联方）借款1年的利息支出50万元，借款年利率10%（当年金融企业贷款的年利率为6%）。

（6）营业外支出30万元，其中包括向供货商支付违约金5万元，接受市场监督管理局罚款1万元，通过公益性社会团体向贫困山区捐款20万元。

（7）投资收益18万元，其中从直接投资外地非上市的居民企业而分回税后利润17万元（该居民企业适用企业所得税税率15%）、国债利息收入1万元。

（8）该企业账面会计利润628万元，已预缴企业所得税157万元。

【要求】根据上述资料，计算下列问题：

（1）企业2024年应缴纳企业所得税的收入总额。

（2）企业2024年企业所得税前可扣除的成本、费用、税金、营业外支出（考虑优惠因素）。

（3）企业2024年的应纳税所得额。

（4）企业2024年的应纳企业所得税额。

（5）企业2024年应退（补）的企业所得税额。

2.某工业企业为居民企业，2024年发生经营业务如下：

全年取得产品销售收入7 000万元，发生产品销售成本4 000万元；其他业务收入800万元，其他业务成本694万元；取得购买国债的利息收入40万元；缴纳非增值税销售税金及附加300万元；发生的管理费用760万元，其中新技术的研究开发费用60万元、业务招待费用70万元；发生财务费用200万元；取得直接投资其他居民企业的权益性收益34万元（已在投资方所在地按15%的税率缴纳了所得税）；取得营业外收入100万元，发生营业外支出250万元（其中含公益性捐赠38万元）。

【要求】计算该企业2024年应缴纳的企业所得税。

3.某企业为居民企业，企业所得税税率是25%，2024年发生经营业务如下：

（1）取得产品销售收入4 000万元。

（2）发生产品销售成本2 600万元。

（3）发生销售费用770万元（其中广告费650万元）；管理费用480万元（其中业务招待费25万元）；财务费用60万元。

（4）销售税金160万元（含增值税120万元）。

（5）营业外收入80万元，营业外支出50万元（含通过公益性社会团体向贫困山区捐款30万元，支付税收滞纳金6万元）。

（6）计入成本、费用中的实发工资总额200万元，拨缴职工工会经费5万元，发生职工福利费31万元，发生职工教育经费7万元。

【要求】根据上述资料，计算下列问题：

（1）计算会计利润总额。

（2）计算广告费和业务宣传费调增应纳税所得额。

（3）计算业务招待费调增应纳税所得额。

（4）计算捐赠支出应调增应纳税所得额。

（5）计算工会经费应调增应纳税所得额。

（6）计算职工福利费应调增应纳税所得额。

（7）计算职工教育经费应调增应纳税所得额。

（8）计算该企业2024年度应纳税所得额。

（9）计算该企业2024年度实际应缴纳的企业所得税。

第五章

个人所得税

【学习目标】

1. 掌握个人所得税的概念、特点和征税范围。
2. 掌握个人所得税的纳税人和税率。
3. 了解个人所得税的税收优惠。
4. 掌握综合所得的个人所得税业务处理。
5. 熟悉其他收入的个人所得税业务处理。
6. 了解个人所得税的征收管理。

案例导入

张明是中国居民，在上海某公司入职，2024年取得全年工资收入86 000元，取得翻译外文资料收入12 000元、出版图书收入5 600元、参加商场抽奖活动获得3 000元，年底一次性奖金30 000元。张明全年应缴纳个人所得税是多少？

第一节　个人所得税概述

一、个人所得税的概念

个人所得税是以个人（自然人）取得的各类应税所得为征税对象而征收的一种所得税，是政府利用税收对个人收入进行调节的一种方式。个人所得税法是指国家制定的用以调整个人所得税征收与缴纳之间权利与义务关系的法律规范。

国内外个人所得税的税制模式有三种方式：分类征收制、综合征收制与混合征收制。三种征收模式各有其优缺点。我国2019年之前的个人所得税的征收采用分类征收制模式。2019年，我国个人所得税建立分类与综合相结合的征收模式，采取混合征收制。对纳税人不同来源、不同性质的所得先分别按照不同税率征税，再将全年各项所得进行汇总征税，“查遗补漏，汇总收支，按年算账，清缴税款，多退少补”。

二、个人所得税的特点

（一）实行混合征收

我国个人所得税采取混合征收制，将个人取得的所得划分为11类，分别适用于不同的费用减除规定、不同的税率和不同的计税方法。将个人所得中的工资、薪金所得，劳务报酬所得，稿酬所得和特许权使用费所得采取综合计算方法，在平时由扣缴义务人预扣预缴个人所得税，年终再由纳税人进行汇算清缴。

（二）累进税率与比例税率并用

通常情况下，分类所得税制采用比例税率，综合所得税制采用累进税率。我国现行个人所得税根据个人所得的不同性质和特点，将两种形式的税率综合运用于个人所得税制。其中，对工资、薪金所得，劳务报酬所得，稿酬所得和特许权使用费所得采用超额累进税率；对利息、股息、红利所得，财产租赁所得，财产转让所得和偶然所得等采用比例税率。比例税率计算简便，采取累进税率可以合理调节收入分配，便于实行源泉扣缴。

（三）费用扣除额范围广

各国对个人所得税扣除方法和扣除额度都不相同。我国个人所得税扣除范围较广，采用费用定额扣除和定率扣除两种方法。例如，对于财产租赁所得，在每次收入不超过4 000元时，费用扣除标准为800元；每次收入在4 000元以上时，费用扣除标准为20%。工资、薪金所得实行按月预扣的方法，每月减除费用5 000元后，还可以扣除居民个人的子女教育、继续教育、住房贷款利息、住房租金及赡养老人等六项专项附加。费用扣除范围和方法易于掌握，计算较简单。

（四）源泉扣缴和自行申报并行

个人所得税法对纳税人的应纳税额采取由支付单位源泉扣缴和纳税人自行申报两种方法。例如，工资、薪金所得收入可以由纳税人单位作为扣缴义务人行使代扣代缴义务。对个人在两处以上取得工资、薪金所得及其他不便于扣缴的税款，年终纳税人可自行综合申报纳税。

第二节　纳税义务人与征税范围

一、纳税义务人

个人所得税的纳税人包括个人和具有自然人性质的企业。个人所得税纳税义务人，包括中国公民、个体工商户、个人独资企业、合伙企业投资者、在中国有所得的外籍人员和港澳台同胞等。根据住所和居住时间两个标准，区分为居民个人和非居民个人，分别承担不同的纳税义务。

（一）居民个人

居民个人负有无限纳税义务。其取得的无论是来源于中国境内，还是中国境外的应纳税所得，都应在中国缴纳个人所得税。居民个人是指在中国境内有住所，或无住所而一个纳税年度在中国境内居住累计满183天的个人。

1. 在中国境内有住所的个人

在中国境内有住所的个人是指因户籍、家庭、经济利益关系，而在中国境内习惯性居住的个人。“中国境内”是指中国大陆地区，目前还不包括中国港澳台地区。

2. 习惯性居住

习惯性居住是判定纳税义务人属于居民个人还是非居民个人的重要依据。它是指个人因学习、工作、探亲等原因消除之后，没有理由在其他地方继续居留时，所要回到的地方，而不是指实际居住或在某一个特定时期内的居住地。例如，某纳税人因学习原因在日本居住，但是学业完成后，如果必须回到中国境内居住，则中国是该人的习惯性居住地，该纳税人是居民个人，应对来自全球的应纳税所得，向中国缴纳个人所得税。

3. 一个纳税年度在境内居住累计满183天

一个纳税年度，即公历1月1日起至12月31日止。在计算居住天数时，按一个纳税年度内在境内的实际居住时间确定，即境内无住所的某人在一个纳税年度内不管出境次数，只要在我国境内累计住满183天，就可判定为我国的居民个人。例如，某外籍人从2024年2月起到中国境内某公司任职，在2024年的纳税年度内，虽然曾多次离境回国，但由于该外籍人员在我国境内居住停留时间累计达245天，超过了一个纳税年度内在境内累计居住满183天的标准，因此，该外籍人员是居民个人。

（二）非居民个人

非居民个人负有限纳税义务，仅就其来源于中国境内的所得，向中国缴纳个人所得税。非居民个人是“在中国境内无住所又不居住，或无住所而一个纳税年度内在境内居住累计不满183天的个人”。非居民个人是在一个纳税年度内，没有在中国境内居住，或者在中国境内居住天数累计不满183天的外籍人员、华侨或港澳台同胞。居民纳税人和非居民纳税人的判定标准见表5-1。

表5-1 居民纳税人和非居民纳税人的判定标准

纳税人类别	承担的纳税义务	判定标准
居民个人	负有无限纳税义务，其所取得的应纳税所得，无论是来源于中国境内还是中国境外任何地方，都要在中国缴纳个人所得税	住所标准和居住时间标准只要具备一个就成为居民个人：①住所标准：“在中国境内有住所”是指因户籍、家庭、经济利益关系而在中国境内习惯性居住；②居住时间标准：“无住所而一个纳税年度内在中国境内居住累计满183天”是指在一个纳税年度内，在中国境内居住累计满183天
非居民个人	承担有限纳税义务、只就其来源于中国境内的所得，向中国缴纳个人所得税	在中国境内无住所又不居住或者无住所而一个纳税年度内在境内居住累计不满183天的个人。所以，非居民个人的判定标准是以下两条必须同时具备：①在中国境内无住所；②在中国境内不居住或在一个纳税年度内在境内居住累计不满183天

提示

无住所个人一个纳税年度内在中国境内累计居住天数，按照个人在中国境内累计停留的天数计算。在中国境内停留的当天满24小时的，计入中国境内居住天数，在中国境内停留的当天不足24小时的，不计入中国境内居住天数（财税〔2019〕34号）。

二、征税范围

动漫微课 5-1

解除劳动关系一次性补偿收入的个人所得税的计算

下列（一）至（四）项所得中，如果是居民个人按纳税年度综合计算个人所得税，如果是非居民个人按月或按次分项计算个人所得税。下列（五）至（九）项所得，分别计算个人所得税。

（一）工资、薪金所得

工资、薪金所得是指个人因任职或受雇而取得的工资、薪金、奖金、年终加薪、劳动分红、津贴、补贴以及与任职或者受雇有关的其他所得，即在机关、团体、学校、部队、企业、事业单位及其他组织中任职、受雇而得到的报酬。

工资、薪金所得属于非独立个人劳动所得。除工资、薪金外，奖金、年终加薪、劳动分红、津贴、补贴也属于工资、薪金的范畴。

不计入工资、薪金所得的项目包括：

（1）政府特殊津贴。

（2）独生子女补贴、托儿补助费。

（3）执行公务员工资制度，未纳入基本工资总额的补贴、津贴差额和家属成员的副食品补贴。

（4）差旅费津贴、误餐补助。其中，误餐补助是指按照财政部规定，个人因公在城区、郊区工作，不能在工作单位或返回就餐的，根据实际误餐顿数，按规定的标准领取的误餐费。注意：单位以误餐补助名义发给职工的补助、津贴不能包括在内。

（5）外国来华留学生领取的生活津贴费、奖学金，不属于工资、薪金范畴，不征个人所得税。

（二）劳务报酬所得

动漫微课 5-2

劳务报酬所得的个税计算

劳务报酬所得是指个人独立从事各种非雇佣的劳务而取得的所得。其包括：设计、装潢、安装、制图、化验、测试、医疗、法律、会计、咨询、讲学、翻译、审稿、书画、雕刻、影视、录音、讲学、演出、录像、演出、表演、广告、展览、技术服务、介绍服务、经纪服务、代办服务和其他劳务等。

个人担任非任职单位董事取得的收入，但仅适用于个人担任公司董事、监事，且不在公司任职、受雇的情形，属于劳务报酬所得。个人在公司（包括关联公司）任职、受雇，同时兼任董事、监事的，应将董事费、监事费与个人工资收入合并，统一按工资、薪金所得项目缴纳个人所得税。

提示

劳务报酬（独立、非雇佣）与工资、薪金（非独立、雇佣）的差别：

➢工资、薪金是从任职受雇单位取得的所得（独生子女补贴、托儿补助费等特殊补助除外）。

➢劳务报酬是个人独立从事非雇佣劳务活动取得的所得。个人兼职取得的收入，按照劳务报酬所得缴纳个人所得税。

（三）稿酬所得

稿酬所得是指个人因其作品以图书、报刊形式出版、发表而取得的所得。对不以图书、报刊形式出版、发表的翻译、审稿、书画所得归为劳务报酬所得。例如，因工作原因在本单位刊物出版发表作品取得的所得是工资、薪金所得；在外单位刊物出版发表作品取得的所得是稿酬所得。出版、发表作品的活动是具有一定高智力创作的精神产品，反映社会的精神文明建设风貌，报酬相对较低，因此，将其作为稿酬给予适当优惠照顾。

（四）特许权使用费所得

特许权使用费所得是指个人提供专利权、商标权、著作权、非专利技术及其他特许权的使用权取得的所得。提供著作权的使用权取得的所得，不包括稿酬所得。将自己的文字作品手稿原件或复印件公开拍卖取得的所得，应按“特许权使用费所得”项目征收个人所得税。个人取得特许权的经济赔偿收入，应按“特许权使用费所得”项目缴纳个人所得税，税款由支付赔款的单位或个人代扣代缴。

（五）利息、股息、红利所得

利息、股息、红利所得是指个人拥有债权、股权而取得的利息、股息、红利所得。利息是指个人拥有债权而取得的利息，包括存款、贷款和债券的利息。股息是指个人因拥有股权而取得的企业按一定的比率分派的每股息金。对于个人取得的利息所得，除国债和国家发行的金融债券利息外，应依法缴纳个人所得税。红利是指个人拥有股权而取得公司按股派发的超过股息部分的利润。

除个人独资企业、合伙企业以外的其他企业的个人投资者，以企业资金为本人、家庭成员及其相关人员支付与企业生产经营无关的消费性支出及购买汽车、住房等财产性支出，需要视为企业对个人投资者的红利分配，依照“利息、股息、红利所得”项目计征个人所得税，并且企业的上述支出不允许在所得税前扣除。

个人投资者在纳税年度内从其投资企业借款，个人独资企业、合伙企业除外，在该纳税年度终了后，不归还该款项也未用于企业生产经营的，其未归还的借款，可作为企业对个人投资者的红利分配，计征个人所得税。

（六）财产租赁所得

财产租赁所得是指个人出租建筑物等不动产、机器设备、车船及其他财产取得的所得。个人取得的财产转租收入，由财产转租人缴纳个人所得税。在确认纳税义务人时，应以产权凭证为依据来确认纳税人；无产权凭证的，可以由主管税务机关根据实际情况确定。

（七）财产转让所得

财产转让所得是指个人转让有价证券、股权、建筑物、土地使用权、机器设备、车船和其他财产的所有权而取得的收入。对个人取得的各项财产转让所得，除股票转让所得外，都要征收个人所得税。财产转让行为实际上是一种买卖行为，当事人双方通过签订合同，形成财产转让的法律关系而完成转让行为。

（八）经营所得

（1）个人独资企业、合伙企业（自然人）不缴纳企业所得税，其投资者应按“经营所得”计征个人所得税。

（2）个人独资企业、合伙企业的个人投资者以企业资金为本人、家庭成员及其相关人员支付与企业生产经营无关的消费性支出及购买汽车、住房等财产性支出，视为企业对个人投资者的利润分配，并入投资者个人的生产经营所得计征个人所得税。

（3）个体工商户从事生产、经营活动取得的所得，以业主为个人所得税纳税义务人。自2023年1月1日至2027年12月31日，对个体工商户年应纳税所得额不超过200万元的部分，减半征收个人所得税。个体工商户在享受现行其他个人所得税优惠政策的基础上，可叠加享受此项优惠政策。

（4）个人依法从事办学、医疗、咨询以及其他有偿服务活动取得的所得。

（5）个人对企业、事业单位承包经营、承租经营以及转包、转租取得的所得。

（6）个人从事其他生产、经营活动取得的所得。例如，个人因从事彩票代销业务而取得的所得，或者从事个体出租车运营的出租车驾驶员取得的收入，都应按照“经营所得”项目计征个人所得税。

（九）偶然所得

偶然所得是指个人得奖、中奖、中彩及其他偶然性质的所得。偶然所得应缴纳的个人所得税税款由发奖单位或发奖机构代扣代缴。对个人购买社会福利奖券的中奖所得每次在1万元以下的，暂免征收个人所得税；超过1万元的，全额征收个人所得税。个人因参加有奖销售活动而取得的实物赠品所得；个人为单位或他人提供担保获得收入；房屋产权所有人将房屋产权无偿赠与他人的，受赠人因无偿受赠房屋取得的受赠收入，均按照“偶然所得”项目计算缴纳个人所得税。

企业在业务宣传、广告等活动中随机向本单位以外的个人赠送礼品（包括网络红包），以及企业在年会、座谈会、庆典和其他活动中向本单位以外的个人赠送礼品，个人取得的礼品收入，也按照“偶然所得”项目计算缴纳个人所得税，但企业赠送的具有价格折扣或折让性质的消费券、代金券、抵用券、优惠券等礼品除外。

提示

个人取得的收入通常是货币形式，除了现金，纳税人所得为实物的，应以凭证、票面价格和参照市场价格核定应纳税所得额。

第三节　税率和税收优惠

一、税率

（一）居民个人综合所得适用税率

税法规定，年度终了后，居民个人（以下称纳税人）需要汇总该年度1月1日至12月31日取得的综合所得收入额，减除费用6万元以及专项扣除、专项附加扣除和依法确定的其他扣除及符合条件的公益慈善事业捐赠后，适用综合所得个人所得税税率并减去速算扣除数，计算本年度最终应纳税额，再减去该年度已预缴税额，得出本年度应退或者应补税额，向税务机关申报并办理退税或补税。无论申请退税还是补税，纳税人需向税务机关办理年度纳税申报，并随申报一并结清应退或者应补税款，这个过程就是汇算清缴。

居民个人每一纳税年度内取得综合所得包括：工资、薪金所得，劳务报酬所得，稿酬所得和特许权使用费所得。综合所得适用七级超额累进税率，税率为3%~45%，见表5-2。在表5-2中，全年应纳税所得额是指居民个人取得综合所得以每一纳税年度收入额减除费用6万元及专项扣除、专项附加扣除和依法确定的其他扣除后的金额。

表5-2　综合所得个人所得税税率表（含速算扣除数）

级 数	全年应纳税所得额	预扣税率（%）	速算扣除数（元）
1	不超过36 000元的	3	0
2	超过36 000元至144 000元的部分	10	2 520
3	超过144 000元至300 000元的部分	20	16 920
4	超过300 000元至420 000元的部分	25	31 920
5	超过420 000元至660 000元的部分	30	52 920
6	超过660 000元至960 000元的部分	35	85 920
7	超过960 000元的部分	45	181 920

（二）居民个人工资、薪金所得预扣预缴适用税率，见表5-3

表5-3　居民个人工资、薪金所得预扣预缴个人所得税预扣率

级 数	累计预扣预缴应纳税所得额	预扣率（%）	速算扣除数（元）
1	不超过36 000元的部分	3	0
2	超过36 000元至144 000元的部分	10	2 520
3	超过144 000元至300 000元的部分	20	16 920
4	超过300 000元至420 000元的部分	25	31 920
5	超过420 000元至660 000元的部分	30	52 920
6	超过660 000元至960 000元的部分	35	85 920
7	超过960 000元的部分	45	181 920

（三）居民个人劳务报酬所得适用税率

居民个人劳务报酬所得适用三级超额累进税率，税率为20%~40%，见表5-4。

表5-4　居民个人劳务报酬所得税率表

级数	全年应纳税所得额	税率（%）	速算扣除数（元）
1	不超过20 000元的	20	0
2	超过20 000元至50 000元的部分	30	2 000
3	超过50 000元的部分	40	7 000

（四）居民个人稿酬、特许权使用费所得适用税率

居民个人稿酬、特许权使用费所得适用税率是20%。

（五）非居民个人取得工资、薪金所得，劳务报酬所得，稿酬所得和特许权使用费所得适用税率

非居民个人取得工资、薪金所得，劳务报酬所得，稿酬所得和特许权使用费所得，依照表5-5按月换算后计算应纳税额。

表5-5　非居民个人工资、薪金所得，劳务报酬所得，稿酬所得和特许权使用费所得适用税率表

级 数	应纳税所得额	税率（%）	速算扣除数（元）
1	不超过3 000元的	3	0
2	超过3 000元至12 000元的部分	10	210
3	超过12 000元至25 000元的部分	20	1 410
4	超过25 000元至35 000元的部分	25	2 660
5	超过35 000元至55 000元的部分	30	4 410
6	超过55 000元至80 000元的部分	35	7 160
7	超过80 000元的部分	45	15 160

（六）经营所得适用税率

经营所得适用五级超额累进税率，税率为5%~35%，见表5-6。承包、承租人按照承包、承租经营合同规定取得的所得适用不同的税率。

表5-6　经营所得个人所得税税率表

级 数	全年应纳税所得额	税率（%）	速算扣除数（元）
1	不超过30 000元的	5	0
2	超过30 000元至90 000元的部分	10	1 500
3	超过90 000元至300 000元的部分	20	10 500
4	超过300 000元至500 000元的部分	30	40 500
5	超过500 000元的部分	35	65 500

（1）承包、承租人对企业经营成果不拥有所有权，仅按合同规定取得一定所得，其所得按“工资、薪金”所得项目征税，税率见表5-3。

（2）承包、承租人按合同规定只向发包出租方缴纳一定费用后，企业经营成果归其所有，承包、承租人取得的所得按“对企事业单位的承包经营、承租经营”所得项目征税，税率见表5-6。

（七）其他所得适用税率

利息、股息、红利所得，财产租赁所得，财产转让所得和偶然所得，适用的比例税率

是20%。

二、税收优惠

（一）免征个人所得税

（1）省级人民政府、国务院部委和中国人民解放军军以上单位，以及外国组织颁发的科学、教育、技术、文化、卫生、体育、环境保护等方面的奖金。

（2）国债和国家发行的金融债券利息；地方政府债券利息。

（3）按国家统一规定发的补贴、津贴。例如，政府特殊津贴、院士津贴，以及国务院规定免予缴纳个人所得税的其他补贴、津贴。

（4）福利费、抚恤金、救济金。福利费是根据国家有关规定，从企业、事业单位、国家机关、社会团体提留的福利费或工会经费中支付给个人的生活补助费。救济金是指各级人民政府民政部门支付给个人的生活困难补助费。

（5）保险赔款。

（6）军人的转业费、复员费。

（7）按照国家统一规定发给干部、职工的安家费、退职费、基本养老金或者退休费、离休费、离休生活补助费。

（8）依照我国有关法律规定应予免税的各国驻华使馆、领事馆的外交代表、领事官员和其他人员的所得。

（9）中国政府参加的国际公约及签订的协议中规定免税的所得。

（10）对乡、镇（含乡、镇）以上人民政府或经县（含县）以上人民政府主管部门批准成立的有机构、有章程的见义勇为基金或者类似性质组织，奖励见义勇为者的奖金或奖品，经主管税务机关核准，免征个人所得税。

（11）个人按照省级以上人民政府规定的比例缴付的住房公积金、医疗保险金、基本养老保险金、失业保险金，允许在个人应纳税所得额中扣除，免予征收个人所得税。超过规定比例缴付的部分并入个人当期的工资、薪金收入，计征个人所得税。

（12）个人举报、协查各种违法、犯罪行为而获得的奖金。

（13）个人办理代扣代缴税款手续，按规定取得的扣缴手续费。

（14）个人转让自用达5年以上并且是唯一的家庭生活用房取得的所得。

（15）对被拆迁人按照国家有关城镇房屋拆迁管理办法规定的标准取得的拆迁补偿款（含因棚户区改造而取得的拆迁补偿款），免征个人所得税。

（16）对个人投资者从投保基金公司取得的行政和解金，暂免征收个人所得税。

（17）对个人转让上市公司股票取得的所得暂免征收个人所得税。

（18）个人取得的下列中奖所得，暂免征收个人所得税：

单张有奖发票奖金所得不超过800元（含800元）的，暂免征收个人所得税；个人取得单张有奖发票奖金所得超过800元的，全额按“偶然所得”税目征收个人所得税。

购买社会福利有奖募捐奖券、体育彩票一次中奖收入不超过10 000元的暂免征收个人所得税；对一次中奖收入超过10 000元的，应按税法规定全额征税。

（二）减征个人所得税

减征幅度和期限，由省、自治区、直辖市人民政府规定，并报同级人民代表大会常务委员会备案。

（1）残疾、孤老人员和烈属的所得。

（2）因严重自然灾害造成重大损失的。

（3）国务院可以规定其他减税情形，报全国人民代表大会常务委员会备案。

提示

自2008年10月9日起，暂免征收储蓄存款利息个人所得税。自2008年3月1日起，对个人出租住房的收入所得减按10%税率征收个人所得税。

第四节　综合所得的个人所得税业务处理

一、居民个人综合所得应纳税额的计算

操作演示5-1

居民个人综合所得（按月或按次预缴）应纳税额的计算

新《个人所得税法》实施后，我国工资、薪金，劳务报酬，稿酬和特许权使用费等四项所得的征管模式发生重大变化，由原来的扣缴义务人按月（次）代扣代缴并汇算清缴的分类模式，改为由扣缴义务人按月（次）预扣预缴，纳税人按年自行申报并汇算清缴的综合与分类相结合的征管模式。需要办理汇算清缴的，应在取得所得的次年3月1日至6月30日内办理汇算清缴。

（一）需要办理年度汇算的纳税人

税法规定，符合下列情形之一的，纳税人需要办理汇算清缴：

1. 一个纳税年度（1月1日至12月31日）已预缴税额大于年度应纳税额且申请退税

（1）该纳税年度综合所得收入额不足60 000元，但已预缴个人所得税。

（2）年度中获取的劳务报酬所得、稿酬所得、特许权使用费所得适用的预扣预缴率高于综合所得年适用税率。

（3）预缴税款时，未扣除或未足额扣除减除费用、专项扣除、专项附加扣除、依法确定的其他扣除，以及未享受或未足额享受综合所得税收优惠等情形。

2. 一个纳税年度综合所得收入超过120 000元，且需要补税金额在400元以上

取得两处及以上综合所得，合并后适用税率提高，从而导致已预缴税款小于年度应纳税额等情形。例如，在两个以上单位任职受雇并领取工资、薪金，预缴税款时重复扣除了基本减除费用（5 000元/月）。

（二）无须办理年度汇算的纳税人

（1）一个纳税年度内居民个人取得的综合所得，收入不超过120 000元的纳税人。

（2）年度汇算清缴补税金额不超过400元的，居民个人可免于办理综合所得汇算清缴。

（3）纳税人已缴税额与年度应纳税额一致或不申请年度汇算退税的。

上述情况中，居民个人取得综合所得时，存在扣缴义务人未依法预扣预缴税款的情形除外。

（三）居民个人综合所得的计税依据

居民个人综合所得以每月收入额减除费用5 000元/月（60 000元/年）及专项扣除、专

项附加扣除、依法确定的其他扣除及捐赠后的余额，为应纳税所得额。

1. 收入额

工资、薪金收入按100%计入收入额。劳务报酬所得、稿酬所得、特许权使用费所得以收入减除20%的费用后的余额为收入额，其中，稿酬所得的收入减按70%计算。

2. 专项扣除

专项扣除包括居民个人按国家规定的范围和标准缴纳的基本养老保险、基本医疗保险、失业保险等社会保险费和住房公积金等支出。实际工作中，单位为个人代扣代缴“三险一金”，从应纳税所得额中扣除。

3. 专项附加扣除

专项附加扣除包括3岁以下婴幼儿照护、子女教育、继续教育、大病医疗、住房贷款利息或住房租金和赡养老人等支出。

4. 其他扣除

其他扣除包括个人缴纳的商业健康险、企业年金、职业年金，税收递延型商业养老保险及国务院规定可以扣除的其他项目。

5. 公益慈善事业捐赠

（1）个人发生的公益捐赠支出金额，按照以下规定确定：捐赠货币性资产的，按实际捐赠金额确定；捐赠股权、房产的，按个人持有股权房产的财产原值确定；捐赠除股权、房产以外的其他非货币性资产的，按非货币性资产的市场价格确定。

【例5-1】（计算题）我国居民于某2024年向符合全额扣除规定的某项目捐赠了现金100 000元、市场价为2 500 000元的一套房产（该房产原值为2 000 000元）和一台市场价120 000元的旧汽车（汽车原值为150 000元）。

【要求】在2024年汇算清缴时，计算于某2024年的公益捐赠支出金额。

【答案】2024年公益捐赠支出金额=100 000+2 000 000+120 000

=2 220 000（万元）

【解析】于某捐赠的房产按原值确定公益捐赠支出金额为2 000 000元，捐赠的旧汽车属于股权、房产以外的非货币性资产，按市场价格确定捐赠支出金额为120 000元。

（2）居民个人选择预扣预缴时扣除的捐赠规定

居民个人取得工资、薪金所得的，可以选择在预扣预缴时扣除，也可选择在年度汇算清缴时扣除。若居民个人选择在预扣预缴时扣除的，应按照累计预扣法计算扣除限额，其捐赠当月的扣除限额为截至当月累计应纳税所得额的30%。

【例5-2】（计算题）我国居民王某，仅有源于我国境内某单位的工资、薪金所得，截至2024年11月累计应纳税所得额220 000元，截至2024年12月累计应纳税所得额240 000万元。12月王某向符合限额扣除规定的某公益性项目捐款80 000元，选择在预缴税款时扣除公益捐赠支出。

【要求】在2024年汇算清缴时，计算王某2024年可以退个人所得税的金额。

【答案】公益捐赠扣除限额为72 000元（240 000×30%），小于实际捐赠额80 000元。

2024年1—12月累计应纳税额=（240 000−72 000）×20%−16 920=16 680（元）

2024年1—11月已累计缴纳个人所得税=220 000×20%−16 920=27 080（元）

12月份王某无须再缴纳个人所得税，在2024年度汇算时还可以办理退税。

退个人所得税金额=27 080−16 680=10 400（元）

（四）居民个人综合所得应纳税额的计算

综合所得包括工资、薪金所得，劳务报酬所得，稿酬所得，特许权使用费所得。综合所得应纳税额的计算公式为：

应纳税额=应纳税所得额×适用税率−速算扣除数

=（每年收入−60 000元−专项扣除−专项附加扣除−其他扣除−捐赠）×适用税率−速算扣除数

通常情况下，专项扣除指三险一金，专项附加扣除是指7项扣除，其他扣除是指单位给员工缴纳的职业年金等。其中，收入中的劳务报酬、特许权使用费都按20%扣除费用，即按80%计入收入；稿酬是先扣除20%费用，再按70%计算，即按56%计入收入。可以这样理解：

（1）劳务报酬、稿酬和特许权使用费这三项所得在确认收入时按80%确认；从费用角度就是三项收入所得的20%的费用可以扣除，确认收入的金额为：（劳务报酬收入+稿酬+特许权收入）×80%。

（2）稿酬所得免税部分，确认收入的金额为：稿酬×（1−20%）×70%。站在费用角度就是先扣除20%的费用，再按30%计算，确认费用的金额为：稿酬×（1−20%）×30%。举例见【例5−5】。

居民个人综合所得的计税依据见表5−7。

表5−7　居民个人综合所得的计税依据

综合所得包含项目	应纳税所得额		计税公式
	计入综合所得的收入额	扣除项目	
工资、薪金所得	全额计入收入额	（1）基本减除费用60 000元； （2）专项扣除； （3）专项附加扣除； （4）依法确定的其他扣除	全年应纳税额=∑(每一级数的全年应纳税所得额×对应级数的适用税率） =（全年收入额−60 000元−专项扣除−享受的专项附加扣除−享受的其他扣除）×适用税率−速算扣除数
劳务报酬所得	实际取得劳务报酬、特许权使用费收入的80%		
特许权使用费所得			
稿酬所得	实际取得稿酬收入的56%（80%×70%）		

（五）专项附加扣除标准的具体规定

专项附加扣除包括3岁以下婴幼儿照护、子女教育、继续教育、大病医疗、住房贷款利息、住房租金、赡养老人等7项支出，居民个人可以在年度综合所得和经营所得应纳税所得额中扣除，扣除有剩余的不得结转以后年度扣除。

1.3岁以下婴幼儿照护

纳税人照护3岁以下婴幼儿子女的相关支出，按照每个婴幼儿每月2 000元（每年24 000元）的标准定额扣除。

父母可以选择由其中一方按扣除标准的100%扣除，也可以选择由双方分别按扣除标准的50%扣除，具体扣除方式在一个纳税年度内不能变更。

2. 子女教育

纳税人年满3岁的子女接受学前教育和学历教育的相关支出，按每个子女每月2 000元（每年24 000元）的标准定额扣除。

学前教育包括年满3岁至小学入学前教育；学历教育包括义务教育（小学、初中教育）、高中阶段教育（普通高中、中等职业、技工教育）、高等教育（大学专科、大学本科、硕士研究生、博士研究生教育）。纳税人子女在中国境外接受教育的，纳税人应当留存境外学校录取通知书、留学签证等教育证明资料备查。

父母可以选择由其中一方按扣除标准的100%扣除，也可以选择由双方分别按扣除标准的50%扣除，具体扣除方式在一个纳税年度内不能变更。

提示

子女处于满3周岁至小学入学前的学前教育阶段，但确实未接受幼儿园教育的，仍可享受子女教育扣除。

对于离异家庭的孩子，由其父母协商后，一个孩子的扣除总额不能超过1 000元/月，且扣除人数不能超过2人。

3. 继续教育

纳税人在中国境内接受学历（学位）继续教育的支出，在学习期间按照每月400元（每年4 800元）定额扣除。同一学历（学位）继续教育的扣除期限不能超过48个月（4年）。纳税人接受技能人员职业资格继续教育、专业技术人员职业资格继续教育支出，在取得相关证书的当年，按照3 600元定额扣除。

个人接受本科及以下学历（学位）继续教育，符合扣除条件的，可以选择由其父母扣除，也可以选择由本人扣除。同时接受多个学历（学位）继续教育或取得多个专业技术人员职业资格证书的，多个学历（学位）继续教育、多个职业资格继续教育都不能同时享受，但学历（学位）继续教育与职业资格继续教育可同时享受。

学历（学位）教育凭学籍信息扣除。纳税人接受技能人员职业资格继续教育、专业技术人员职业资格继续教育的，应当留存相关证书等资料备查。

4. 大病医疗

在一个纳税年度内，纳税人发生的与基本医保相关的医药费用支出，扣除医保报销后个人负担（指医保目录范围内的自付部分）累计超过15 000元的部分，由纳税人在办理年度汇算清缴时，在80 000元限额内据实扣除。

纳税人发生的医药费用支出可以选择由本人或其配偶扣除；未成年子女发生的医药费用支出可以选择由其父母一方扣除。

纳税人要留存医药服务收费及医保报销相关票据原件或复印件等资料备查。医疗保障部门应配合患者提供年度医药费用信息查询服务。

5. 住房贷款利息

纳税人本人或配偶，单独或共同使用商业贷款或住房公积金个人住房贷款，为本人或其配偶购买的中国境内的首套住房贷款利息支出，从实际发生贷款利息年度起，按每月 1 000元（每年12 000元）的标准定额扣除，扣除期限最长不超过240个月（20年）。纳税人只享受一套首套住房贷款利息扣除。纳税人可以选择由夫妻双方其中一方扣除。扣除方式确定后，一个纳税年度内不得变更。

夫妻双方婚前分别购买住房发生的首套住房贷款利息支出，婚后可以选择其中一套购买的住房，由购买方按扣除标准的100%扣除，也可以由夫妻双方对各自购买的住房分别按扣除标准的50%扣除。扣除方式确定后，一个纳税年度内不得变更。纳税人要留存住房贷款合同、贷款还款支出凭证备查。

6. 住房租金

纳税人在主要工作城市没有自有住房而发生的住房租金支出，可按扣除标准进行扣除，见表5-8。主要工作城市是指纳税人任职受雇的直辖市、计划单列市、副省级城市、地级市（地区、州、盟）全部行政区域范围；纳税人无任职受雇单位的，为受理其综合所得汇算清缴的税务机关所在城市。

表5-8 住房租金的扣除标准明细表

<table>
<tr><th>扣除项目</th><th>扣除标准</th><th>扣除方特别规定</th><th>资料留存</th></tr>
<tr><td rowspan="3">住房租金</td><td>（1）直辖市、省会（首府）城市、计划单列市及国务院确定的其他城市，扣除标准为每月1 500元（每年18 000元）</td><td rowspan="3">夫妻双方主要工作城市相同的，只能由一方扣除住房租金支出。
纳税人及其配偶在一个纳税年度内不得同时分别享受住房贷款利息专项附加扣除和住房租金专项附加扣除。
住房租金支出由签订租赁住房合同的承租人扣除</td><td rowspan="3">留存住房租赁合同、协议等有关资料备查</td></tr>
<tr><td>（2）除（1）所列城市外，市辖区户籍人口超过100万的城市，扣除标准为每月1 100元（每年13 200元）</td></tr>
<tr><td>（3）市辖区户籍人口不超过100万的城市，扣除标准为每月800元（每年9 600元）</td></tr>
</table>

7. 赡养老人

纳税人赡养一位及以上被赡养人的赡养支出统一按以下标准定额扣除：

（1）纳税人是独生子女的，按照每月3 000元（每年36 000元）的标准定额扣除。

（2）纳税人是非独生子女的，由其与兄弟姐妹分摊每月3 000元（每年36 000元）的扣除额度，每人分摊的额度最高不得超过每月1 500元（每年18 000元）。可以由赡养人均摊或者约定分摊，也可以由被赡养人指定分摊。约定或指定分摊的须签订书面分摊协议，指定分摊优于约定分摊。具体分摊方式和额度在一个纳税年度内不得变更。

所称被赡养人是指年满60岁的父母，以及子女均已去世的年满60岁的祖父母、外祖父母。

【例5-3】（计算题）某居民个人2024年扣除“三险一金”后共取得含税工资收入13万元，除住房贷款专项附加扣除外，该居民不享受其余专项附加扣除和税法规定的其他扣除。

【要求】计算该居民2024年应纳个人所得税税额。

【答案】

（1）全年应纳税所得额=130 000−60 000−12 000=58 000（元）

（2）应纳个人所得税税额=58 000×10%−2 520=3 280（元）

【例5-4】（计算题）某居民个人为独生子女，2024年缴完社保和住房公积金后共取得税前工资收入250 000元、劳务报酬20 000元、稿酬10 000元。该居民有一个小孩且由其扣除子女教育专项附加扣除，其父母健在且均已年满60岁。

【要求】计算其当年应纳个人所得税税额。

【答案】

（1）全年应纳税所得额=250 000+20 000×（1−20%）+10 000×70%×（1−20%）−60 000−24 000−36 000
=151 600（元）

（2）全年应纳个人所得税税额=151 600×20%−16 920=13 400（元）

提示

平时发生的捐赠业务，不能在预扣预缴环节进行扣除，只能在年度汇缴时进行扣除。

个人将其所得通过中国境内的社会团体、国家机关向教育和其他社会公益事业及遭受严重自然灾害地区、贫困地区的捐赠，扣除以不超过纳税人申报应纳税所得额的30%为限。

【例5-5】（计算题）某居民个人2024年综合所得年度汇算清缴时，全年工资、薪金所得117 650元，劳务报酬所得15 596元，稿酬所得2 645.72元，年底一次性奖金48 947.63元，全年单位代缴的“三险一金”为20 003.46元，职业年金全年1 108.96元，租房费用每月1 500元。年底一次性奖金采用单独计算纳税（见表5-10），平时的工资、薪金所得，劳务报酬所得和稿酬所得已缴个人所得税2 897.91元。

【要求】计算2024年年底综合汇算清缴应纳个人所得税税额，并说明是否存在退补税情况。

【答案】

（1）一次性奖金应缴个人所得税=48 947.63×10%−210=4 684.76（元）

（2）收入总额=117 650+15 596+2 645.72=135 891.72（元）

费用免税收入和税前扣除总额=5 000×12+1 500×12+20 003.46 +1 108.96 +（15 596+2 645.72）×20%+2 645.72×（1−20%）×30%
=103 395.73（元）

综合汇算清缴应纳税额=（135 891.72−103 395.73）×3%=974.88（元）

全年应纳个人所得税税额=974.88+4 684.76=5 659.64（元）

（3）应退税额=已缴税额−（应纳税额−减免税额）=2 897.91−（974.88−0）
=1 923.03（元）

【解析】奖金采用单独计算纳税，所以不与其他三项所得收入合并，应缴纳个人所得税额4 684.76元。

其他三项所得收入应纳税额共计974.88元，其中，费用免税收入和税前扣除总额除了每月5 000元、租房费用每月1 500元、三险一金和职业年金以外，还包括：

费用=（劳务报酬收入+稿酬+特许权收入）×20%
=（15 596+2 645.72）×20%=3 648.34（元）

稿酬所得免税部分=稿酬×（1−20%）×30%

=2 645.72×（1−20%）×30%

=634.97（元）

（六）居民个人综合所得预扣预缴的核算

操作演示 5-2

个人所得税预扣预缴申报表的填写与申报缴款

居民个人取得的工资、薪金，劳务报酬，稿酬，特许权使用费等四项所得的收入额，在平时获取收入时由扣缴义务人先预扣预缴个人所得税，年度终了后，再由纳税人对其上述四项综合所得进行汇算清缴，累计收入超过6万元的当月及年内后续月份，再预扣预缴个人所得税。纳税人在累计收入达到60 000元之前的月份，暂不预扣预缴个人所得税。个人所得税以向个人支付所得的单位或个人为扣缴义务人，由扣缴义务人按月或按次预扣预缴税款。

1. 工资、薪金所得预扣预缴税款计算方法

扣缴义务人向居民个人支付工资、薪金所得时，按照“累计预扣法”计算预扣预缴税款。注意：按月预扣；基本减除费用的标准是5 000/月；如果在计算本期预扣预缴税款时出现负值，暂不退税，留至汇算清缴时办理；如果员工在年中换工作，新雇主对老雇主的预扣情况无须计算在内。

（1）计算累计预扣预缴应纳税所得额。对居民个人当年截止到当前月份在本单位的累计工资、薪金所得收入和累计扣除项目计算累计应纳税额。

具体公式为：

$$\text{累计预扣预缴应纳税所得额}=\text{累计收入}-\text{累计免税收入}-\text{累计减除费用}-\text{累计专项扣除}-\text{累计专项附加扣除}-\text{累计依法确定的其他扣除}$$

其中，本期可扣除的专项附加扣除金额，是该纳税人在扣缴义务单位截至预扣预缴当月符合政策条件的扣除金额。

（2）计算本期应预扣预缴税额。根据累计预扣预缴应纳税所得额，对照表5-3，查找适用预扣率和速算扣除数，据此计算累计应预扣预缴税额，再减除累计减免税额和累计已预扣预缴税额。

如果本月应预扣预缴税额为负值时，暂不退税。纳税年度终了后余额仍为负值时，由纳税人通过办理综合所得年度汇算清缴，税款多退少补。

具体公式：

$$\text{本期应预扣预缴税额}=\left(\text{累计预扣预缴应纳税所得额}\times\text{预扣率}-\text{速算扣除数}\right)-\text{累计减免税额}-\text{累计已预扣预缴税额}$$

【例5-6】（计算题）张华每月工资30 000元，每月三险一金5 500元，每月专项附加扣除6 000元。其中，一个孩子的子女教育2 000元，赡养老人3 000元，住房贷款利息1 000元。

【要求】计算张华1、2、3月份的预扣预缴应纳税所得额。

【答案】

1月：

预扣预缴应纳税所得额=30 000−5 000−5 500−6 000=13 500（元）

预扣预缴税款=13 500×3%=405（元）

2月：

预扣预缴应纳税所得额=30 000×2−5 000×2−5 500×2−6 000×2
=27 000（元）

累计应预扣预缴税款=27 000×3%=810（元）

已预扣预缴税款=405（元）

本期应预扣预缴税款=810−405=405（元）

3月：

预扣预缴应纳税所得额=30 000×3−5 000×3−5 500×3−6 000×3
=40 500（元）

累计应预扣预缴税款=40 500×10%−2 520=1 530（元）

已预扣预缴税款=405+405=810（元）

本期应预扣预缴税款=1 530−810=720（元）

2. 劳务报酬所得、稿酬所得、特许权使用费所得税款的计算方法

扣缴义务人向居民个人支付劳务报酬所得、稿酬所得、特许权使用费所得时，按月或按次预扣预缴个人所得税。

（1）计算预扣预缴应纳税额

每次收入不超过4 000元的，减除费用按800元计算；当每次收入在4 000元以上的，减除费用按20%计算。每次收入减除费用后的余额为收入额，其中稿酬所得的收入额减按70%计算。具体公式为：

①劳务报酬所得应纳税额的计算：

每次收入不超过4 000元：

应纳税所得额=每次收入额−800

每次收入在4 000元以上：

应纳税所得额=每次收入额×（1−20%）

应预扣预缴应纳税额=预扣预缴应纳税所得额×预扣率−速算扣除数

②稿酬所得应纳税额的计算：

每次收入不超过4 000元：

应纳税额=（每次收入额−800）×20%×（1−30%）

每次收入在4 000元以上：

应预扣预缴应纳税额=每次收入额×（1−20%）×20%×（1−30%）

③特许权使用费所得应纳税额的计算：

每次收入不超过4 000元：

应纳税所得额=每次收入额−800

每次收入在4 000元以上：

应纳税所得额=每次收入额×（1−20%）

应预扣预缴应纳税额=预扣预缴应纳税所得额×20%

总之，劳务报酬所得、稿酬所得、特许权使用费所得这三个税目的预扣预缴阶段，除了费用外，不能扣除其他的任何扣除。三个税目的预扣预缴税务处理见表5-9。

表5-9　　三个税目的预扣预缴税务处理

所得项目	预扣预缴税务处理
劳务报酬所得	（1）每次收入不超过4 000元的，预扣预缴税额=（收入-800）×预扣率 （2）每次收入4 000元以上的，预扣预缴税额=收入×（1-20%）×预扣率-速算扣除数
稿酬所得	（1）每次收入不超过4 000元的，预扣预缴税额=（收入-800）×70%×20% （2）每次收入4 000元以上的，预扣预缴税额=收入×（1-20%）×70%×20%
特许权使用费所得	（1）每次收入不超过4 000元的，预扣预缴税额=（收入-800）×20% （2）每次收入4 000元以上的，预扣预缴税额=收入×（1-20%）×20%

（2）“按次”的具体规定

劳务报酬所得、稿酬所得、特许权使用费所得三项综合所得，属于一次性收入的，以取得该项收入为一次；属于同一项目连续性收入的，以一个月内取得的收入为一次。

稿酬所得，以每次出版、发表取得的收入为一次：①个人以图书、报刊方式出版、发表同一作品，不论出版单位是预付还是分笔支付稿酬，或加印该作品后再付稿酬，均应合并其稿酬所得按一次计征个人所得税；②在两处或两处以上出版、发表或再版同一作品而取得稿酬所得，则分别计算各处取得的所得，或再版所得按分次所得计算缴纳个人所得税；③个人的同一作品在报刊上连载，以连载完成后取得的所有收入合并为一次，计算缴纳个人所得税；④连载之后又出书取得稿酬所得，或先出书后又连载取得稿酬所得，应视同再版稿酬分次计算缴纳个人所得税。

劳务报酬所得，属于只有一次性收入，以每次提供劳务取得的收入为一次；如果一次性劳务报酬收入以分月支付取得的，适用同一事项连续取得收入，以一个月内取得的收入为一次的规定。个人兼有不同的劳务报酬所得，应当分别减除费用，计算缴纳个人所得税。

提示

劳务报酬所得、稿酬所得、特许权使用费所得预扣预缴与年度综合计算方法不同。

费用扣除的算法不同：预缴环节有“每次收入4 000元以下，费用按800元扣除；每次收入4 000元以上的，费用按20%计算”的规定；在汇缴的环节，劳务报酬所得、稿酬所得、特许权使用费所得的费用扣除固定比例都是20%，并不区分是否低于4 000元。

可扣除的项目不同：年度汇算清缴时，以四项所得的合计收入额减除费用60 000元及专项扣除、专项附加扣除和依法确定的其他扣除后的余额，为应纳税所得额。而这四项所得日常预扣预缴税款时暂不减除专项附加扣除。

适用的税率/预扣率不同：预扣预缴时，劳务报酬所得适用税率见表5-4，稿酬所得、特许权使用费所得适用20%的比例预扣率。年度汇算清缴时，各项所得合并适用3%～45%的超额累进税率。

二、非居民个人代扣代缴业务的计算

（一）工资、薪金所得

工资、薪金所得应纳税额的计算公式为：

应纳税额=应纳税所得额×适用税率-速算扣除数

=（每月收入-5 000元）×适用税率-速算扣除数

（二）劳务报酬所得，特许权使用费所得

劳务报酬所得，特许权使用费所得以每次收入额的80%作为应纳税所得额，计算公式为：

应纳税额=应纳税所得额×适用税率-速算扣除数

=每次收入×80%×适用税率-速算扣除数

（三）稿酬所得

稿酬所得以每次收入额的80%作为应税所得额减按70%计算，计算公式为：

应纳税额=应纳税所得额×适用税率-速算扣除数

=每次收入×80%×70%×适用税率-速算扣除数

三、全年一次性奖金

全年一次性奖金是指扣缴义务人根据其全年经济效益和对雇员全年工作业绩的综合考核情况，向雇员发放的一次性奖金，包括年终加薪、实行年薪制和绩效工资办法的单位根据考核情况兑现的年薪和绩效工资。

全年一次性奖金的计税方法有两种选择：一是并入当年综合所得合并纳税，即与工资、薪金，劳务报酬，稿酬，特许权使用费一并计入当年综合所得。二是单独计算纳税，可以不并入当年综合所得，以全年一次性奖金收入除以12个月得到的数额，按照按月换算后的综合所得税率表，确定适用税率和速算扣除数，单独计算纳税。但是，在一个纳税年度内，对每一个纳税人，该计税办法只允许采用一次。单独计算纳税的公式为：

应纳税额=全年一次性奖金收入×适用税率-速算扣除数

单独计算需要注意以下几点：

（1）单独计算时不再减除5 000元、专项扣除、专项附加扣除和依法确定的其他扣除。

（2）在发放一次性奖金的当月，不考虑当月工资不满5 000元的因素，不再减除工资、薪金所得低于税法规定的费用扣除5 000元的差额。

（3）纳税人实际工作没有满12个月的，也需要除以12。

（4）除以12后，按综合所得月度税率表的税率及速算扣除数所对应的数值，再按照一次性奖金的总额计算应纳税款（见表5-10）。

表5-10　按月换算后的综合所得税率表

级数	全月应纳税所得额	税率（%）	速算扣除数（元）
1	不超过3 000元的部分	3	0
2	超过3 000元至12 000元的部分	10	210
3	超过12 000元至25 000元的部分	20	1 410
4	超过25 000元至35 000元的部分	25	2 660
5	超过35 000元至55 000元的部分	30	4 410
6	超过55 000元至80 000元的部分	35	7 160
7	超过80 000元的部分	40	15 160

【例5-7】（计算题）张某2024年1月份取得工资、薪金收入4 000元，取得全年一次性奖金30 000元。

【要求】单独计算全年一次性奖金的应纳税额。

【答案】应纳税额=30 000×3%=900（元）

【解析】30 000元除以12，在月度税率表中，找到对应的适用税率为3%，速算扣除数为0，不再考虑当月工资与5 000元费用扣除标准的差额。

【例5-8】（计算题）陈鹏2024年平均每月取得工资、薪金收入6 000元，允许扣除的社保等专项扣除800元，每月专项附加扣除2 000元。2024年1月份取得2023年度全年一次性奖金30 000元；没有其他综合所得收入。

【要求】按合并和单独两种计算方式分别计算个人所得税。

【答案】

（1）选择将全年一次性奖金并入当年综合所得计算缴纳个人所得税：

（6 000×12+30 000）-5 000×12-800×12-2 000×12=8 400（元）

综合所得应缴纳个人所得税=8 400×3%=252（元）

（2）选择将全年一次性奖金不并入当年综合所得，单独计算缴纳个人所得税：

6 000×12-5 000×12-800×12-2 000×12=-21 600（元）

因为-21 600 < 0，所以综合所得不纳税。

全年一次性奖金应缴纳个人所得税，确定适用税率：30 000÷12=2 500（元），对应的全年一次性奖金个人所得税税率为3%，则：

应缴纳个人所得税=30 000×3%=900（元）

【例5-9】（计算题）肖某2024年每月取得工资、薪金收入30 000元，允许扣除的专项扣除费用1 500元，每月专项附加扣除3 000元。2024年1月取得2023年全年一次性奖金360 000元。没有其他综合所得收入。

【要求】按合并和单独两种计算方式分别计算个人所得税。

【答案】

（1）选择将全年一次性奖金并入当年综合所得计算缴纳个人所得税：

应纳税所得额=30 000×12+360 000-5 000×12-1 500×12-3 000×12

=606 000（元）

应纳税额=606 000×30%-52 920=128 880（元）

（2）选择将全年一次性奖金不并入当年综合所得，单独计算缴纳个人所得税：

30 000×12-5 000×12-1 500×12-3 000×12=246 000（元）

综合所得应纳税额=246 000×20%-16 920=32 280（元）

全年一次性奖金应缴纳个人所得税，确定适用税率：360 000÷12=30 000（元），对应的全年一次性奖金个人所得税税率为25%。

应纳税额=360 000×25%-2 660=87 340（元）

总共缴纳个人所得税=32 280+87 340=119 620（元）

提示

不并入综合所得的项目：解除劳动合同、提前退休、内部退养等一次性补偿收入。

第五节　其他收入的个人所得税业务处理

一、利息、股息、红利所得应纳税额的计算

（一）计税依据的确定

利息、股息、红利所得，以每次收入额为应纳税所得额。

（二）应纳税额计算

利息、股息、红利所得应纳税额的计算公式为：

应纳税额=应纳税所得额×适用税率=每次收入额×20%

二、财产租赁所得应纳税额的计算

（一）计税依据的确定

财产租赁所得以1个月内取得的收入为一次。个人出租财产取得的财产租赁收入，在计算缴纳个人所得税时，依次扣除以下费用：

（1）租赁过程中缴纳的税费。在确定应纳税所得额时，纳税人在出租财产过程中缴纳的税金及教育费附加，可以凭缴纳税款凭证，从其财产租赁收入中扣除。房产租赁涉及的税费包括增值税、城市维护建设税、教育费附加、房产税和印花税。

（2）由纳税人负担的该出租财产实际开支的修缮费用。纳税人能够提供有效凭证，证明由其负担的该出租财产实际开支的修缮费用，可以从其财产租赁收入中扣除。允许扣除的修缮费用，以每次800元为限，一次扣除不完的，准予在下一次继续扣除，直到扣完为止。

（3）费用扣除标准。每次收入不超过4 000元的，定额减除费用800元；每次收入在4 000元以上的，定率减除20%的费用。

（二）应纳税额的计算

（1）每次（月）收入不超过4 000元的：

应纳税所得额=每次（月）收入-准予扣除项目-修缮费用（800元为限）-800

应纳税额=应纳税所得额×适用税率

（2）每次（月）收入超过4 000元的：

应纳税所得额=［每次（月）收入-准予扣除项目-修缮费用（800元为限）］×（1-20%）

应纳税额=应纳税所得额×适用税率

【例5-10】（计算题）刘成自2024年1月1日起将其位于市区的一套住宅按市场价格出租，每月收取租金4 200元。1月因下水管漏水发生修缮费用1 200元，已取得合法的支出凭证。不考虑其他税费，个人出租房屋适用税率10%。

【要求】计算刘成2024年前两个月出租住宅应缴纳的个人所得税税额。

【答案】应纳税额=（4 200-800-800）×10%+（4 200-400-800）×10%

　　　　　　　=560（元）

三、财产转让所得应纳税额的计算

1. 计税依据的确定

财产转让所得，以转让财产的收入额减去财产原值和合理费用为应纳税所得额。

（1）有价证券，以买入价及买入时按照规定缴纳的有关费用确定财产原值。

（2）建筑物，以建造费或者购进价格及其他有关费用确定财产原值。

（3）土地使用权，以取得土地使用权所支付的金额、开发土地费用及其他有关费用确定财产原值。

（4）机器设备、车船，以购进价格、运输费、安装费及其他有关费用确定财产原值。

（5）其他财产原值，参照以上四种办法确定财产原值。

上述财产原值的确定，个人必须提供相关合法凭证；对未能提供完整的财产原值凭证而不能正确计算财产原值的，税务部门核定其财产原值或实行核定征收。例如，房产转让，如果纳税人不能提供房产原值和有关税费凭证，无法确定房产原值时，税务机关可以根据坐落地、建造时间、当地房价等因素综合考虑，按房产转让收入额的一定比例征收个人所得税。

合理费用是指个人在卖出财产时按有关规定所支付的费用，例如，中介服务费、资产评估费等。

2. 应纳税额的计算

财产转让所得应纳税额的计算公式为：

应纳税所得额=每次转让财产收入额-财产原值-合理费用

应纳税额=应纳税所得额×20%

【例5-11】（计算题）张平建房一幢，造价47 000元，支付费用2 000元。张某要以售价70 000元转让该房屋，在卖房过程中按规定支付交易费等费用2 500元。

【要求】计算张平转让房屋应缴纳的个人所得税税额。

【答案】应纳税所得额=70 000-（47 000+2 000）-2 500=18 500（元）

应纳税额=18 500×20%=3 700（元）

四、偶然所得应纳税额的计算

1. 计税依据的确定

偶然所得，以每次收入额为应纳税所得额，不能扣减任何费用。除特殊规定外，每次收入额为应纳税所得额，以每次取得该收入为一次。

2. 应纳税额的计算

偶然所得应纳税额的计算公式为：

应纳税额=应纳税所得额×适用税率=每次收入额×20%

提示

个人取得单张有奖发票奖金所得不超过800元（含800元），暂免征收个人所得税；个人取得单张有奖发票奖金所得超过800元的，应全额征收个人所得税。

企业对累积消费达到一定额度的顾客，给予额外抽奖机会，个人的获奖所得，按照“偶然所得”项目，全额适用20%的税率缴纳个人所得税。

3. 促销展业赠送礼品有关个人所得税问题的处理

企业在销售商品（产品）和提供服务过程中向个人赠送与企业销售直接挂钩的礼品，属于下列情形之一的，不征收个人所得税：

（1）企业通过销售折扣、折让方式向个人销售商品和提供服务。

（2）企业在向个人销售商品和提供服务的同时给予赠品，例如，电信企业对个人购买手机赠话费、入网费，或者购话费赠手机等活动。

（3）企业对累积消费达到一定额度的个人按消费积分反馈礼品。

【例5-12】（计算题）陈某在参加商场的有奖销售过程中，中奖所得共计价值20 000元。陈某领奖时告知商场，从中奖收入中拿出4 000元通过教育部门向某希望小学捐赠。

【要求】计算商场代扣代缴个人所得税后，陈某实际可得中奖金额。（2014年注册会计师考试试题）

【答案】

（1）捐赠扣除限额=20 000×30%=6 000（元），4 000<6 000，捐赠额可以全部从应纳税所得额中扣除。

（2）应纳税所得额=20 000-4 000=16 000（元）

（3）应纳税额（即商场代扣税款）=16 000×20%=3 200（元）

（4）实际可得中奖金额=20 000-4 000-3 200=12 800（元）

五、境外所得的税额扣除

为了避免国家之间对同一所得双重征税，居民个人从中国境外取得的所得，准予其在应纳税额中抵免已在境外缴纳的个人所得税税额。税法所说的“纳税人境外所得依照我国税法规定计算的应纳税额”，是居民个人抵免已在境外缴纳的综合所得、经营所得及其他所得的所得税税额的限额（以下简称“抵免限额”）。但抵免限额不得超过该纳税人境外所得依照我国税法规定计算的应纳税额。计算境外税款抵免限额采用的是分国分项计算、分国加总的方法，不同于企业所得税的境外税款抵免限额计算。

“已在境外缴纳的个人所得税税额”是指居民个人从中国境外取得的所得，按该所得来源国家或地区的法律应缴纳并且实际已经缴纳的税额。居民个人在中国境外一个国家或地区实际已经缴纳的个人所得税税额低于抵免限额的，应当在中国缴纳差额部分的税款；超过抵免限额的，其超过的部分不得在本纳税年度的应纳税额中抵免，但是可以在以后纳税年度的该国家或地区抵免限额的余额中补扣，补扣期限最长不得超过5年。居民个人申请抵免已在境外缴纳的个人所得税税额，应当提供境外税务机关出具的税款所属年度的有关纳税凭证。抵免计算步骤如下：

（1）单独计算境外收入总额。

（2）计算境外所得应纳税额。按我国税法的规定不同项目分开计算境外所得应纳税额。

（3）计算抵免限额。将同一个国家或地区的应纳税额相加。

（4）将抵免限额与在该国或地区实际纳税额比较。

【例5-13】（单项选择题）2024年中国公民于志在甲国转让股权应纳税所得额为50 000元，按甲国税法规定缴纳了个人所得税7 500元；在甲国还取得偶然所得20 000元，按甲国税法规定缴纳了个人所得税3 500元。回国后，于志应补缴个人所得税（　　）元。

A.5 000　　B.3 000　　C.1 000　　D.1 100

【答案】B。

【解析】境外所得的抵免限额为同一国家内不同应税项目，依照我国税法规定计算的应纳税额之和。

转让股权应纳税额=50 000×20%=10 000（元）

偶然所得按我国税法规定计算的应纳税额=20 000×20%=4 000（元）

于志甲国所得的抵免限额=10 000+4 000=14 000（元）

14 000元>11 000元（7 500+3 500）

于志应在我国补缴个人所得税=14 000−11 000=3 000（元）

第六节　汇算清缴多预缴和少预缴处理

2019年1月1日，新修改的《个人所得税法》全面实施。这次个人所得税改革，除提高起征点和增加六项专项附加扣除外，还在我国历史上首次建立了综合与分类相结合的个人所得税制。综合税制，就是“合并全年收入，按年计算税款”，这与我国原先一直实行的分类税制相比，个人所得税的计算方法发生了改变。即将纳税人取得的工资、薪金，劳务报酬，稿酬，特许权使用费收入合并为“综合所得”，四项所得需要由扣缴义务人按月（次）预扣预缴，再由纳税人以“年”为一个周期进行汇算清缴，计算应缴纳的个人所得税。

一、年度汇算清缴的目的

年度汇算可以更准确地落实各项税前扣除和税收优惠政策，更好地保障纳税人的权益。例如，有的纳税人由于工作繁忙，可享受的税前扣除项目在平时没来得及享受；有的纳税人发生的大病医疗支出等扣除，只有年度结束才知道确切金额等。年度汇算能准确计算纳税人综合所得全年实际缴纳的个人所得税，如果多预缴了税款，就要退还给纳税人。实际工作中，难以让所有人已预缴税额与年度应纳税额完全一致。例如，年度中间，纳税人取得综合所得的收入波动过大或时断时续，在收入较高或有收入的月份按规定预缴了税款，但全年综合所得的收入总计还未到6万元，减去基本减除费用6万元后，按年计算则无须缴纳个人所得税。综合所得个人所得税汇算清缴示意图如图5-1所示。

查遗补漏、汇总收支、按年算账、多退少补

（1）“汇”收支	居民个人自行汇总一个纳税年度内取得的综合所得、支出等情况
（2）“算”总账	依法计算本年度应纳税额，减除已预缴税额，确定该纳税年度应补税额或者应退税额
（3）“清”税款	自行办理纳税申报，结清税款
（4）缴退税	多退少补

图5-1　综合所得个人所得税汇算清缴示意图

提示

年度汇算称为“年度”，即仅限于计算并结清本年度的应退或应补税款，不涉及以前或以后年度的汇算。例如，2024年度汇算，汇算的是2024年1月1日至12月31日期间实际取得的所得。

二、具体业务实例

下列以2024年度为例，说明多预缴和少预缴个人所得税的情况。

（一）多预缴个人所得税需要申请退税

【情况1】2024年度综合所得年收入额不足60 000元，但是平时预缴过个人所得税的。

某纳税人1月领取工资10 000元，个人缴付“三险一金”2 000元，假设没有专项附加扣除，预缴个人所得税90元；其他月份每月工资4 000元，无须预缴个人所得税。因为纳税人2024年的年收入额不足60 000元，无须缴税。因此，预缴的90元税款可以申请退还。

【情况2】2024年度有符合享受条件的专项附加扣除，但是预缴税款时没有扣除的。

某纳税人每月工资10 000元，个人每月缴付“三险一金”2 000元，有一个上小学的孩子，按规定可以每月享受2 000元（全年24 000元）的子女教育专项附加扣除。但是，因为其在预缴环节未填报，使得计算个人所得税时未减除子女教育附加扣除，全年预缴个人所得税1 080元。年度汇算时填报了相关信息后可以补充扣除24 000元，扣除后全年应纳个人所得税360元，按规定其可以申请退税720元。

（10 000×12−2 000×12−60 000−24 000）×3%−1 080=−720（元）

【情况3】因年中就业、退职或者部分月份没有收入等原因，减除费用60 000元、“三险一金”等专项扣除、专项附加扣除、企业（职业）年金及商业健康保险、税收递延型养老保险等扣除不充分的。

某纳税人于2024年8月底退休，退休前每月工资10 000元、个人缴付“三险一金”2 000元，退休后领取基本养老金。假设没有专项附加扣除，1—8月预缴个人所得税720元；后4个月基本养老金按规定免征个人所得税。该纳税人全年仅扣除了40 000元减除费用（8×5 000元/月），未充分扣除60 000元减除费用。年度汇算足额扣除后，该纳税人可申请退税600元。

【情况4】没有任职受雇单位，仅取得劳务报酬、稿酬、特许权使用费所得，需要通过年度汇算办理各种税前扣除的。

【情况5】纳税人取得劳务报酬、稿酬、特许权使用费所得，年度中间适用的预扣预缴率高于全年综合所得年适用税率。适用综合所得应纳税额计算公式：

$$\text{应纳税额}=\left(\text{每年收入}-60\,000\text{元}-\text{专项扣除}-\text{专项附加扣除}-\text{其他扣除}-\text{捐赠}\right)\times\text{适用税率}-\text{速算扣除数}$$

【例5-14】（案例分析题）某纳税人从每月固定一处取得劳务报酬10 000元，适用20%预扣率后预缴个人所得税1 600元，全年已预缴个人所得税19 200元；全年算账，全年劳务报酬120 000元，减除60 000元费用（不考虑其他扣除）后，适用10%的综合所得税率，速算扣除数2 520元，全年应纳税款3 480元。因此，可申请15 720元退税。

【情况6】预缴税款时，未享受或者未足额享受综合所得税收优惠的，如残疾人减征个人所得税优惠等。

【情况7】有符合条件的公益慈善捐赠支出，但预缴税款时未办理扣除的等。

假设某纳税人2024年只有工资收入，减除60 000元费用、“三险一金”、专项附加扣除等各项扣除后的应纳税所得额为100 000元。全年预缴个人所得税7 480元。2024年度向某公益慈善基金会捐款40 000元，但预缴时未办理扣除。其可通过年度汇算时办理捐赠扣除，以综合所得应纳税所得额的30%计算，可再扣除30 000元捐赠支出，则全年应纳个人所得税4 480元。因此，该纳税人可申请退税3 000元。

（二）少预缴了个人所得税需要补税

【情况1】在两个以上单位任职受雇并领取工资、薪金，预缴税款时重复扣除了基本减除费用（5 000元/月）。

【情况2】除工资、薪金外，纳税人还有劳务报酬、稿酬、特许权使用费所得，各项综合所得的收入加总后，导致适用综合所得年税率高于预扣预缴率。

【情况3】实际收入高于预扣预缴申报收入。

【情况4】预扣预缴时多扣除了不该扣除的项目或金额，年度合并计税时因调减扣除导致应纳税所得额增加等。

第七节　征收管理

一、源泉扣缴

个人所得税以取得应税所得的个人为纳税人，以支付所得的单位或个人为扣缴义务人。扣缴义务人向个人支付应税款项时，应当依《个人所得税法》规定预扣或代扣税款，按时缴库，并专项记载备查。目前，我国扣缴义务人应依法履行个人所得税全员全额扣缴申报义务。全员全额扣缴申报，是指扣缴义务人应在代扣税款次月15日内，向主管税务机关报送其支付所得的所有个人的相关信息、支付所得数额、扣除事项和数额、扣缴税款的具体数额和总额等资料。

实行个人所得税全员全额扣缴申报的应税所得包括：（1）工资、薪金所得；（2）劳务报酬所得；（3）稿酬所得；（4）特许权使用费所得；（5）利息、股息、红利所得；（6）财产租赁所得；（7）财产转让所得；（8）偶然所得。

居民个人取得综合所得，按年计算个人所得税，即（1）至（4）项目。对于综合所得的汇算清缴工作，纳税人需要自次年的3月1日至6月30日办理。

有扣缴义务人的，由扣缴义务人按月或按次预扣预缴税款。其中，扣缴义务人向居民个人支付工资、薪金所得时，应按累计预扣法计算预扣税款，并按月办理扣缴申报。

非居民个人取得工资、薪金所得，劳务报酬所得，稿酬所得和特许权使用费所得，有扣缴义务人的，由扣缴义务人按月或按次代扣代缴税款，不办理汇算清缴。

二、自行申报纳税

自行申报纳税，是由纳税人自行在税法规定的纳税期限内，向税务机关申报取得的应税所得项目和数额，据实填写个人所得税纳税申报表，并按规定计算缴纳个人所得税。有下列情形之一的，纳税人应当依法办理纳税申报：

（1）取得综合所得需要办理汇算清缴。

（2）取得应税所得没有扣缴义务人。

（3）取得应税所得，扣缴义务人未扣缴税款。

（4）取得境外所得。

（5）因移居境外注销中国户籍。

（6）非居民个人在中国境内从两处以上取得工资、薪金所得。

（7）国务院规定的其他情形。

三、办理年度汇算清缴的时间

通常情况下，需要办理汇算清缴的纳税人，应于取得所得的次年3月1日至6月30日内办理汇算清缴。汇算清缴期限的特殊规定：

（1）简易申报：居民个人一个纳税年度内取得的综合所得收入额不超过60 000元，需要于次年3月1日至5月31日申请退税。

（2）无住所居民个人在汇算清缴期限前离境的，可以在离境前办理汇算清缴。

（3）因移居境外注销中国户籍的居民个人应当在注销户籍前办理汇算清缴。

四、办理年度汇算清缴的渠道、方式和地点

（一）汇算清缴的办理渠道

税务机关为纳税人提供高效、快捷的网络办税渠道，同时将按一定规则给纳税人提供申报表预填服务。

（二）汇算清缴的方式

无论个人所得税是扣缴义务人代扣代缴，还是自行申报，对其综合所得都要进行汇算清缴。汇算清缴的三种方式可简述为：自己办、单位办、请人办。

1. 纳税人自行办理

通常情况下，纳税人可以先通过网上税务局（包括个人所得税手机App）办理年度汇算，税务机关将按规定为纳税人提供申报表预填服务；不方便通过上述方式办理的，也可以通过邮寄方式或到办税服务厅办理。

2. 任职者受雇单位办理

考虑到有些纳税人主要从一个单位领取工资、薪金，单位对纳税人的涉税信息掌握得比较全面、准确，因此，纳税人可以通过取得工资、薪金或连续性取得劳务报酬所得的扣缴义务人代为办理。需要注意，纳税人通过扣缴义务人办理年度汇算的，应在次年的4月30日前与扣缴义务人进行书面确认，补充提供其该年度除本单位以外取得的综合所得收入、扣除项目、享受税收优惠等信息资料，并对其真实性、准确性、完整性负责。

3. 委托涉税专业服务机构或其他单位及个人代办

纳税人可以根据自己的情况和条件，自主委托涉税专业服务机构或其他单位、个人（以下称受托人）代为办理年度汇算。

（三）汇算清缴的地点

按照方便就近原则，纳税人自行办理或受托人为纳税人代为办理年度汇算清缴的，向纳税人任职受雇单位所在地的主管税务机关申报。有两处及以上任职受雇单位的，可以自主选择向其中一处单位所在地的主管税务机关申报。

纳税人没有任职受雇单位的，向其户籍所在地或者经常居住地的主管税务机关申报。扣缴义务人在年度汇算期内为纳税人办理年度汇算的，向扣缴义务人的主管税务机关申报。

提示

个人股权转让所得缴纳个人所得税以被投资企业所在地税务机关为主管税务机关。纳税人要求变更申报纳税地点的，必须经原主管税务机关批准。

【例5-15】（案例分析题）刘广平的居住地是广州市，2023年其对福州市的一家制造企业投资1 000万元，由于发展的需要，2024年刘广平将该投资以1 400万元的价格转让给李宇，由于刘广平与居住地税务部门较为熟悉，便在居住地广州申报缴纳了股权转让的个人所得税。

【要求】分析刘广平的做法是否正确。

【解析】错误。正确纳税地点应为被投资企业所在地，而不是在居住地纳税，因此应向福州市税务机关缴纳个人所得税。

本章小结

知识点❶ 根据住所和居住时间两个标准，区分为居民个人和非居民个人，分别承担不同的纳税义务。

知识点❷ 个人所得税的征税范围包括工资、薪金所得，劳务报酬所得，稿酬所得，特许权使用费所得，利息、股息、红利所得，财产租赁所得，财产转让所得，经营所得，偶然所得。

知识点❸ 居民个人取得的工资、薪金，劳务报酬，稿酬，特许权使用费等四项所得的收入额，在平时获取收入时由扣缴义务人先预扣预缴个人所得税，年度终了后，再由纳税人对其上述四项综合所得进行汇算清缴。

知识点❹ 税法规定，年度终了后，居民个人需要汇总该年度1月1日至12月31日取得的工资、薪金，劳务报酬，稿酬，特许权使用费等四项所得的收入额，减除费用60 000元、专项扣除、专项附加扣除和依法确定的其他扣除及符合条件的公益慈善事业捐赠后，适用综合所得个人所得税税率并减去速算扣除数，计算本年度最终应纳税额，再减去该年度已预缴税额，得出本年度应退或者应补税额，向税务机关申报并办理退税或补税。

知识点❺ 居民个人取得全年一次性奖金，有两种选择：①不并入当年综合所得，以全年一次性奖金收入除以12个月得到的数额，按照月度税率表，确定适用税率和速算扣除数，单独计算纳税；②并入当年综合所得计算纳税。

知识点❻ 个人所得税的征收方式有源泉扣缴和自行申报方式。源泉扣缴方式下，个人所得税以取得应税所得的个人为纳税人，以支付所得的单位或个人为扣缴义务人。

思考题

1. 简述个人所得税的特点及作用。
2. 简述个人所得税的居民个人和非居民个人的划分标准。
3. 简述个人所得税的征税范围。
4. 如何计算居民个人综合所得应纳税额。
5. 如何计算居民个人综合所得预扣预缴税额。
6. 简述全年一次性奖金的计算方法。
7. 如何计算其他收入的个人所得税应纳税额。
8. 简述个人所得税综合所得汇算清缴多预缴和少预缴的处理。
9. 简述个人所得税征收管理相关规定。
10. 简述个人所得税的税收优惠相关规定。

练习题

1.2024年4月，成志媒体影视集团公司发生了下列三笔支出：

（1）邀请著名歌星张欢演唱歌曲，支付劳务报酬费30 000元，该歌星当场拿出1 000元通过国家机关捐赠给受到台风影响的受灾区。

（2）支付成志媒体影视集团logo原型的所有者张友的形象设计使用费3 500元，张友同意拿出500元通过国家机关捐赠给受灾区。

（3）在公开发行的日报上发表了肖勇的一篇自传体小说，支付肖勇稿酬3 000元，肖勇当月未进行捐款。

【要求】计算成志媒体影视集团公司为三人预扣预缴的个人所得税税额。

2.（1）2024年1月15日，远达有限公司向宋超支付工资13 500元。宋超在该月除由任职单位扣缴“三险一金”共计2 560元外，任职单位扣缴企业年金540元，并自行支付商业健康保险费200元。

（2）2024年2月15日，该公司应支付宋超工资13 500元，发放过节福利费4 500元，合计18 000元。此外，宋超任职单位扣缴的“三险一金”、宋超缴付的职业年金及支付的商业健康保险费等金额均与1月份相同。

（3）宋超于2023年9月支付了女儿（4岁）2023年下学期（2023年9月至2024年1月）的学前教育学费7 000元。她与丈夫约定，由宋超按子女教育专项附加扣除标准的100%扣除。

（4）宋超本人是在职博士研究生在读。

（5）2023年宋超用商业银行个人住房贷款购买了首套住房，处于偿还贷款期间，每月需要支付贷款利息1 300元，由宋超进行住房贷款利息专项附加扣除。

（6）宋超以每月租金1 200元在孩子学校附近租一套房屋。

（7）宋超的父母均已满60岁（每月均领取养老保险金），宋超与姐弟签订书面分摊协议，约定由宋超分摊赡养老人专项附加扣除800元。

【要求】计算宋超1月和2月预扣预缴的个人所得税情况。

3. 2024年纳税人贺勇每个月取得工资10 000元，“五险一金”每月扣除800元，专项附加扣除每月2 000元，其他扣除每月200元，单位全年已预扣预缴税款720元。贺勇还在乙单位担任兼职教师，每月取得劳务报酬3 000元，单位已预扣预缴税款5 280元。5月份，贺勇取得一笔稿酬5 000元，已预缴税款560元；10月份取得一笔特许权使用费15 000元，已预缴税款2 400元。贺勇2024年合计已预缴税额8 960元。

【要求】计算贺勇2024年度汇算应补或应退税额是多少？

4.居民个人田磊是独生子，父母均年满60周岁，有一个上小学的女儿。2024年全年田磊取得扣除社会保险和住房公积金后的工资20万元、一次性稿酬收入5万元、一次性兼职收入2万元。田磊夫妇选择由田磊进行子女教育专项附加扣除，无其他专项附加扣除项目。

【要求】根据上述资料，计算下列问题：

（1）计算田磊取得稿酬收入预扣预缴的个人所得税。

（2）计算田磊取得兼职收入预扣预缴的个人所得税。

（3）计算田磊全年应缴纳的个人所得税。

5.中国公民张先生是某民营非上市公司的个人大股东，同时也是一位作家。2024年5月取得的部分实物或现金收入如下：

（1）公司为其购买了一辆轿车并将车辆所有权办到其名下，该车购买价为35万元。经当地主管税务机关核定，公司在代扣个人所得税税款时允许税前减除的数额为7万元。

（2）将本人一部长篇小说手稿的著作权拍卖取得收入5万元，同时拍卖一幅名人书法作品取得收入35万元。经税务机关确认，所拍卖的书法作品原值及相关费用为20万元。

（3）出版书稿一部，取得稿酬费3万元。

（4）当月转让上月购入的境内某上市公司股票，扣除印花税和交易手续费等，净盈利5 320.56元。同时因持有该上市公司的股票取得分配的2023年度红利2 000元。

（5）因有一张购物发票中奖获得1 000元奖金。

【要求】根据上述资料，计算下列问题：

（1）计算公司为张先生购买轿车应代扣代缴的个人所得税。

（2）计算长篇小说手稿著作权拍卖收入应缴纳的个人所得税。

（3）计算书法作品拍卖所得应缴纳的个人所得税。

（4）计算稿酬费收入应缴纳的个人所得税。

（5）计算销售股票净盈利和取得的股票红利共应缴纳的个人所得税。

（6）计算发票中奖收入应缴纳的个人所得税。

第六章 城市维护建设税和烟叶税

【学习目标】

1. 掌握城市维护建设税、教育费附加的纳税义务人和税率。
2. 掌握城市维护建设税、教育费附加的应纳税额的计算。
3. 了解城市维护建设税、教育费附加的税收优惠。
4. 了解烟叶税的征税范围。
5. 掌握烟叶税应纳税额的计算。

案例导入

某市区一卷烟厂委托某县城一卷烟厂加工一批雪茄烟，双方均为增值税一般纳税人。委托方提供不含税原材料60 000元，支付加工费8 000元（不含增值税），雪茄烟的消费税税率为36%，该批雪茄烟无同类产品市场价格。受托方代扣代缴消费税时，应同时代收代缴多少城市维护建设税？

第一节　城市维护建设税

一、城市维护建设税概述

动漫微课 6-1

附加税家族的故事

城市维护建设税（以下简称城建税）是对从事工商经营，缴纳增值税、消费税的单位和个人征收的一种附加税。城市维护建设税法，是指国家制定的用以调整城市维护建设税征收与缴纳权利及义务关系的法律规范。

城市维护建设税的特点：（1）属于一种附加税，城市维护建设税是以纳税人实际缴纳的增值税、消费税税额为计税依据，随增值税、消费税同时征收，其本身没有特定的课税对象；（2）采用比例税率，根据城镇规模及其维护建设资金需要，设计不同的比例税率。

城市维护建设税的作用：弥补了城市维护建设资金的不足，调动了地方政府进行城市维护和建设的积极性，专项保证用于城市公用事业和公共设施的维护建设。

二、纳税义务人与税率

1. 纳税义务人

除进口环节外，只要缴纳增值税和消费税中任何一种税，都会涉及城建税。城市维护建设税纳税义务人是指负有缴纳增值税、消费税义务的单位和个人，包括国有企业、集体企业、私营企业、股份制企业、其他企业和行政单位、事业单位、军事单位、社会团体、其他单位，以及个体工商户及其他个人。自2010年12月1日起，对外商投资企业、外国企业及外籍个人征收城建税。

2. 税率

城建税的税率，是指纳税人应缴纳的城建税税额与纳税人实际缴纳的增值税、消费税税额之间的比率。城建税按纳税人所在地不同，设置三档地区差别比例税率：

（1）纳税人所在地为市区的，税率为7%。

（2）纳税人所在地为县城、镇的，税率为5%。

（3）纳税人所在地不在市区、县城或镇的，税率为1%；开采海洋石油资源的中外合作油（气）田所在地在海上的，适用1%的税率。

城建税适用税率，应当按纳税人所在地的规定税率执行。但是，对下列两种情况，可以按缴纳增值税、消费税所在地的规定税率就地缴纳城建税。

（1）由受托方代扣代缴、代收代缴增值税、消费税的单位和个人，其代扣代缴、代收代缴的城建税按受托方所在地适用税率执行。

（2）流动经营等无固定纳税地点的单位和个人，在经营地缴纳增值税、消费税的，其城建税的缴纳按经营地适用税率执行。

提示

根据《国家税务总局关于撤县建市城市维护建设税适用税率问题的批复》的规定，撤县建市后，城市维护建设税适用税率为7%。

三、计税依据和应纳税额的计算

1. 计税依据

城建税计税依据，是指纳税人实际缴纳的增值税、消费税税额。城市维护建设税的计税依据应当按照规定扣除期末留抵退税退还的增值税税额。

纳税人违反增值税、消费税有关税法而加收的滞纳金和罚款，不作为城建税的计税依据；但纳税人在被查补增值税、消费税和被处以罚款时，应同时对其偷漏的城建税进行补税，并征收滞纳金、处以罚款。

免征或减征增值税、消费税的，同时免征或减征城建税；但对出口产品退还增值税、消费税的，不退还已缴纳的城建税。

2. 应纳税额的计算

城市维护建设税纳税人的应纳税额大小是由纳税人实际缴纳的增值税、消费税税额决定的，其计算公式为：

应纳税额=（实际缴纳的增值税+实际缴纳的消费税）×适用税率

【例6-1】（计算题）某企业位于市区，2024年4月实际缴纳增值税800 000元，缴纳消费税500 000元。

【要求】计算该企业4月应缴纳的城建税税额，并编写会计分录。

【答案】应纳税额=（实际缴纳的增值税+实际缴纳的消费税）×适用税率

=（500 000+400 000）×7%=63 000（元）

（1）计算应缴纳的城建税时：

借：税金及附加　63 000

　贷：应交税费——应交城建税　63 000

（2）实际缴纳税款时：

借：应交税费——应交城建税　63 000

　贷：银行存款　63 000

四、税收优惠

城建税不单独减免，但当主税发生减免时，城建税相应也要发生税收减免。减免情况包括：

（1）城建税按减免后实际缴纳的增值税、消费税税额计征，即随增值税、消费税的减免而减免。

（2）对于因减免税而需进行增值税、消费税退库的，城建税也可以同时退库。

（3）海关对进口产品代征的增值税、消费税，不征收城建税。

（4）为支持国家重大水利工程建设，对国家重大水利工程建设基金免征城建税。

（5）对增值税、消费税实行先征后返、先征后退、即征即退办法的，除另有规定外，对随增值税、消费税附征的城建税和教育费附加，一律不退（返）还。

（6）对实行增值税期末留抵退税的纳税人，允许其从城建税、教育费附加和地方教育附加的计税依据中扣除退还的增值税税额。

五、征收管理

1. 纳税环节

城建税的纳税环节，实际就是纳税人缴纳增值税、消费税的环节。纳税人只要发生增值税、消费税的纳税义务，就要在同样环节，分别计算缴纳城建税。

2. 纳税地点

城建税以纳税人实际缴纳的增值税、消费税税额为计税依据，分别与增值税、消费税同时缴纳。所以，纳税人缴纳增值税、消费税的地点，就是该纳税人缴纳城建税的地点。纳税地点还包括：

（1）代扣代缴、代收代缴增值税、消费税的单位及个人，同时也是城建税的代扣代缴、代收代缴义务人，纳税地点在代扣代收地。

（2）跨省开采的油田，下属生产单位与核算单位不在一个省内的，其生产的原油，在油井所在地缴纳增值税，其应纳税款由核算单位按照各油井的产量和规定税率，计算汇拨各油井缴纳。各油井应纳的城建税，应由核算单位计算，随同增值税一并汇拨油井所在地，由油井在缴纳增值税时，一并缴纳城建税。

（3）纳税人跨地区提供建筑服务、销售和出租不动产的，应在建筑服务发生地、不动产所在地缴纳城建税。

【例6-2】（多项选择题）下列各项中，应计入城市维护建设税计税依据的有（　　）。

A.偷逃增值税而被查补的税款

B.偷逃消费税而被加收的滞纳金

C.出口货物免抵的增值税税额

D.出口产品征收的消费税税额

【解析】城建税的计税依据是纳税人实际缴纳的增值税、消费税税额和已批准免抵的增值税税额，不包括非税款项。

【答案】ACD。

第二节　教育费附加和地方教育附加

教育费附加和地方教育附加是对缴纳增值税、消费税的单位和个人，就实际缴纳的税额为计算依据征收的一种附加费。教育费附加是为加速地方教育事业，扩大地方教育经费的资金而征收的一项专用基金。

一、征收范围及计征依据

教育费附加和地方教育附加对缴纳增值税、消费税的单位和个人征收，以其实际缴纳的增值税、消费税税款为计征依据，与增值税、消费税同时缴纳。

二、计征比率

教育费附加征收比率为3%，地方教育附加征收比率为2%。

三、教育费附加和地方教育附加的计算

教育费附加和地方教育附加的计算公式为：

应纳教育费附加或地方教育附加=（实际缴纳的增值税+消费税）×征收比率（3%或2%）

【例6-3】（计算题）某企业2024年4月实际缴纳增值税300 000元，缴纳消费税500 000元。

【要求】计算该企业4月应缴纳的教育费附加和地方教育附加。

【答案】

应纳教育费附加=（实际缴纳的增值税+实际缴纳的消费税）×征收比率

=（300 000+500 000）×3%=24 000（元）

应纳地方教育附加=（实际缴纳的增值税+实际缴纳的消费税）×征收比率

=（300 000+500 000）×2%=16 000（元）

四、教育费附加和地方教育附加的减免规定

（1）对海关进口的产品征收的增值税、消费税，不征收教育费附加。

（2）对由于减免增值税、消费税而发生退税的，可以同时退还已征收的教育费附加。但对出口产品退还增值税、消费税的，不退还已征的教育费附加。

（3）对国家重大水利工程建设基金免征教育费附加。

（4）自2016年2月1日起，按月纳税的月销售额或营业额不超过10万元（按季度纳税的季度销售额或营业额不超过30万元）的缴纳义务人，免征教育费附加、地方教育附加。

提示

各省级政府对增值税小规模纳税人在50%幅度内减征城市维护建设税、教育费附加和地方教育附加。

自2021年8月1日起，在全国推行增值税、消费税及附加税费申报表整合。增值税及附加税费申报表附列资料（五）见第二章表2-12。

第三节　烟叶税

征收烟叶税的作用：烟叶税收入在当地财政收入中占有较大比重，在一定程度上会缓解地方财政困难；有利于烟叶产区县乡经济的发展，烟叶产区多数集中在西部和边远地区，烟叶税的征收利于推动各项事业的发展，有利于卷烟工业的持续稳定发展。烟叶是卷烟生产的主要原料，征收烟叶税会提高地方政府发展烟叶种植的积极性。

一、纳税义务人和征税范围

（一）纳税义务人

烟叶税是以纳税义务人收购烟叶的收购金额为计税依据而征收的一种税。

在中华人民共和国境内依照《中华人民共和国烟叶税暂行条例》的规定收购烟叶的单位为烟叶税的纳税义务人。

（二）征税范围

烟叶税的征税范围包括晾晒烟叶、烤烟叶。

二、税率和应纳税额计算

（一）税率

烟叶税实行全国统一的比例税率，税率为20%。

（二）应纳税额的计算

烟叶税的应纳税额按照纳税人收购烟叶实际支付的价款总额乘以税率计算，计算公式为：

烟叶收购金额=实际支付价款×（1+10%）

烟叶应纳税额=烟叶收购金额×税率（20%）

纳税人收购烟叶实际支付的价款总额，包括纳税人支付给烟叶生产销售单位和个人的烟叶收购价款和价外补贴。其中，价外补贴统一按烟叶收购价款的10%计算。烟叶收购单位应将价外补贴与烟叶收购价格在同一张农产品收购发票或销售发票上分别注明，否则，价外补贴不得计算增值税进项税额时进行抵扣。

【例6-4】（计算题）云达烟草公司是增值税一般纳税人。2024年8月收购烟叶100 000千克，烟叶收购价格20元/千克，总计2 000 000元，货款已全部支付。

【要求】计算该烟草公司8月收购烟叶应缴纳的烟叶税。

【答案】应缴纳烟叶税=2 000 000×（1+10%）×20%=440 000（元）

提示

第二章增值税介绍了购进烟叶的进项税额计算公式为：

收购烟叶实际支付的价款总额=烟叶收购价款×（1+10%）

烟叶税应纳税额=收购烟叶实际支付的价款总额×税率（20%）

准予抵扣的进项税额=（收购烟叶实际支付的价款总额+烟叶税应纳税额）×扣除率

公式可简化为：准予抵扣的进项税额=收购烟叶实际支付的价款总额×1.1%×1.2%×扣除率

三、征收管理

（一）纳税义务发生时间

烟叶税纳税义务发生时间为纳税人收购烟叶的当日。收购烟叶的当日是指纳税人向烟叶销售者付讫收购烟叶款项或开具收购烟叶凭据的当日。

（二）纳税地点

纳税人收购烟叶，应当向烟叶收购地的主管税务机关申报缴纳烟叶税。

（三）纳税期限

烟叶税按月计征，纳税人应当于纳税义务发生月终了之日起15日内申报并缴纳税款。

本章小结

知识点❶ 城建税是对从事工商经营，缴纳增值税、消费税的单位和个人征收的一种附加税。

知识点❷ 城建税的税率是指纳税人应缴纳的城建税税额与纳税人实际缴纳的增值税、消费税税额之间的比率。城建税按纳税人所在地不同，设置三档地区差别比例税率：7%、5%、1%。

知识点❸ 教育费附加和地方教育附加是对缴纳增值税、消费税的单位和个人，就实际缴纳的税额为计税依据征收的一种附加费。

知识点❹ 烟叶税是以纳税人收购烟叶的收购金额为计税依据而征收的一种税。

思考题

1. 简述城市维护建设税的纳税人和应纳税额的计算。

2. 简述教育费附加的纳税人和应纳税额的计算。

3. 简述城市维护建设税和教育费附加的税收优惠。

4. 简述烟叶税的纳税义务人和征税范围。

5. 简述烟叶税应纳税额的计算。

练习题

1. 利民有限公司是增值税一般纳税人，2024年5月进口一批香精，支付货款1 150 000元，运抵我国境内输入地点起卸前的运费及保险费共计50 000元，该公司缴纳进口环节税金后海关放行并开具了海关进口增值税专用缴款书。该公司当月领用进口香精的80%用于生产高档化妆品。本月从国内购进材料取得增值税专用发票，注明价款1 200 000万元、增值税230 000万元，销售高档化妆品取得不含税销售额5 000 000万元。该公司本月应向税务机关缴纳的增值税、消费税、城建税、教育费附加和地方教育附加合计为多少？(关税税率为50%，消费税税率为15%，城建税税率为7%)。

2. 某城镇的甲卷烟厂是增值税一般纳税人。2024年6月发生主要经营业务如下：

(1) 进口一批烟丝被海关征收关税60 000元、增值税80 000元、消费税100 000元。

(2) 乙卷烟厂是增值税一般纳税人，位于市区。乙卷烟厂委托甲卷烟厂加工一批烟丝，乙卷烟厂提供烟叶的成本为80 000元，甲卷烟厂向乙卷烟厂收取代垫辅料费7 000元(不含增值税)和加工费5 000元(含增值税)，甲卷烟厂无同类烟丝的市场价格。

(3) 因生产经营活动向税务机关正常缴纳消费税70 000元、增值税30 000元。

(4) 因税务检查被查补缴出厂环节的消费税10 000元、增值税5 000元，被处以罚款8 000元，加收滞纳金600元。烟丝消费税税率为30%。

【要求】

(1) 计算甲卷烟厂应代收代缴乙卷烟厂的城建税、教育费附加和地方教育附加的合计金额。

(2) 计算甲卷烟厂自身业务应缴纳的城建税、教育费附加和地方教育附加的合计金额。

3. 甲企业为位于市区的增值税一般纳税人，2024年的税务情况如下：

(1) 9月申报缴纳增值税560万元。当月已核准增值税免抵税额80万元(其中涉及出口货物60万元，涉及增值税零税率应税服务20万元)，收到增值税留抵退税款270万元。

(2) 10月申报缴纳增值税250万元(其中按照一般计税方法计算的税额180万元，简易计税方法计算的税额70万元)。

(3) 11月申报缴纳的增值税230万元(均为按照一般计税方法计算的税额)。

(4) 12月申报期申请退还了多缴的增值税100万元、消费税30万元。同时当月享受增值税即征即退税款60万元。

【要求】根据上述资料，计算下列问题：

(1) 计算甲企业9月份应缴纳的城市维护建设税。

(2) 计算甲企业10月份应缴纳的城市维护建设税。

(3) 计算甲企业11月份应缴纳的城市维护建设税。

(4) 计算甲企业12月份应退的城市维护建设税

第七章

房产税、契税和土地增值税

【学习目标】

1. 掌握房产税的纳税义务人与征税范围。
2. 掌握房产税从价计征和从租计征的计算。
3. 掌握契税的纳税义务人和征税范围。
4. 了解契税的税收优惠政策。
5. 掌握土地增值税的应纳税额的计算。
6. 熟悉土地增值税的税收优惠政策。

案例导入

李华购买一套天月湾住宅价值520万元。交首付款时，开发商让她把契税、印花税、买卖手续费、房屋登记费等一并缴清，并把这些钱与首付款一并开在同一收据里。

后来李华听说契税并非在购房时就必须缴纳，于是要求开发商退还其预付的契税。开发商则认为，这实际上是为客户着想，契税预先收齐，办理房产证时方便。请问李华购房的契税应该何时缴纳，契税金额由什么决定？

第一节　房产税

动漫微课 7-1

除了房东的心情，房租还跟啥有关

房产税是指国家制定的调整房产税征收与缴纳之间权利及义务关系的法律规范。房产税的征收有利于地方政府筹集财政收入，便于加强房产管理。

一、纳税义务人与征税范围

（一）纳税义务人

房产税是以房屋为征税对象，按房屋的计税余值或房屋的租金收入，向产权所有人征收的一种财产税。房产税以在征税范围内的房屋产权所有人为纳税人。其中：

（1）产权属国家所有的，由经营管理单位纳税。

（2）产权属集体和个人所有的，由集体单位和个人纳税。

（3）产权出典的，由承典人纳税。所谓产权出典，是指产权所有人将房屋、生产资料等的产权，在一定期限内典当给他人使用，取得资金的一种融资业务。承典人向出典人交付一定的典价之后，在质典期内即获抵押物品的支配权并可转典。产权的典价一般要低于卖价。

出典人在规定期间内须归还典价的本金和利息，方可赎回出典房屋等的产权。由于在房屋出典期间，产权所有人已无权支配房屋，因此，税法规定由对房屋具有支配权的承典人为纳税人。

（4）产权所有人、承典人不在房屋所在地的，或产权未确定及租典纠纷未解决的，由房产代管人或者使用人纳税。

（5）无租使用其他房产的问题。纳税单位和个人无租使用房产管理部门、免税单位及纳税单位的房产，应由使用人代为缴纳房产税。

（6）居民住宅区内业主共有的经营性房产缴纳房产税。

另外，自2019年1月1日起，外商投资企业、外国企业和组织及外籍个人，依《中华人民共和国房产税暂行条例》（以下简称《房产税暂行条例》）缴纳房产税。

【例7-1】（单项选择题）下列房屋及建筑物中，属于房产税征税范围的是（ ）。（2014年注册会计师考试试题）

A.房地产开发企业尚未使用或出租而待售的商品房

B.建在室外的露天游泳池

C.个人拥有的市区经营性用房

D.农村的居住用房

【答案】C。

（二）征税范围

房产税以房产为征税对象。房产税的征税范围为城市、县城、建制镇和工矿区。工矿区是指工商业比较发达、人口比较集中、符合国务院规定的建制镇标准但尚未设立建制镇的大中型工矿企业所在地。工矿区须经省、自治区、直辖市人民政府批准确定。

征税范围内的房产原值包括与房屋不可分割的各种附属设备或一般不单独计算价值的配套设施，例如，属于房屋附属设备的水管、下水道、暖气管、煤气管等。独立于房屋之外的建筑物不属于房产，例如，围墙、烟囱、水塔、变电塔、油池、油柜、菜窖、酒精池、室外游泳池、玻璃暖房、砖瓦石灰窑和各种油气罐等。

房产税的征税范围不包括农村。房地产开发企业建造的商品房，在出售前，不征收房产税，但对出售前房地产开发企业已使用或出租、出借的商品房应征收房产税。

【例7-2】（案例分析题）乐亭工业企业在A地修建一栋办公楼，由B公司总承包，工程总造价1 500万元，其中包含围墙、绿化、变压器等附属设施，财务人员在缴纳房产税时以1 500万元减除一定的比例后，按1.2%计算缴纳房产税。

【要求】财务人员的做法是否正确。

【解析】错误。房产原值不包含围墙、绿化、变压器等附属设施，这些设施属于独立于房屋之外的建筑物。

二、税率、计税依据

（一）税率

房产税采用比例税率。税率有两种：

（1）从价计征：税率是1.2%。

（2）从租计征：税率为12%。

自2008年3月1日起，对个人出租住房，不区分用途，按4%的税率征收房产税。

（二）计税依据

房产税的计税依据是房产的计税价值或房产的租金收入，即分为从价计征和从租计征两种形式。

1. 从价计征

按照房产计税价值征税的，称为从价计征。房产税依照房产原值一次减除10%~30%后的余值计算缴纳。各地扣除比例由当地省、自治区、直辖市人民政府确定。

2. 从租计征

按照房产租金收入计征的，称为从租计征。房产出租的以房产租金收入为房产税的计税依据，包括货币收入和实物收入。个人出租住房应缴纳的税种及税率见表7-1（暂不考虑其他税种）。

表7-1　个人出租住房应缴纳的税种及税率

序号	税种	税率（征收率）
1	增值税	减按1.5%
2	房产税	4%
3	个人所得税	10%

提示

融资租赁的房产，由承租人自融资租赁合同约定开始日的次月起按房产余值缴纳房产税。

三、应纳税额的计算

1. 从价计征的计算

从价计征是按房产的原值减除一定比例后的余值计征，其计算公式为：

应纳税额=应税房产原值×（1-扣除比例）×1.2%

房产原值是“固定资产”科目中记载的房屋原价；减除一定比例是省、自治区、直辖市人民政府规定的10%~30%的减除比例；计征的适用税率为1.2%。

【例7-3】（计算题）某企业的经营用房原值为1 200万元，按照当地规定允许减除30%后按余值计税，适用税率为1.2%。

【要求】计算该企业应缴纳房产税税额。

【答案】应纳税额=1 200×（1−30%）×1.2%=10.08（万元）

2. 从租计征的计算

从租计征是按房产的租金收入计征，其计算公式为：

应纳税额=租金收入×12%（或4%）

【例7-4】（计算题）某公司出租房屋10间，年租金收入是100 000元，适用税率为12%。

【要求】计算该公司应缴纳房产税税额。

【答案】应纳税额=100 000×12%=12 000（元）

【例7-5】（单项选择题）某公司2023年购置办公大楼，原值30 000万元，2024年2月将其中部分闲置房间出租，租期2年。出租部分房产原值为5 000万元，租金每年1 000万元（不含增值税）。当地规定房产原值减除比例为20%，2024年该公司应缴纳房产税（　　）万元。

A. 288　　B. 340　　C. 348　　D. 360

【答案】C。

【解析】经营自用的房产从价计征房产税，出租的房产从租计征房产税。

应纳房产税=（30 000−5 000）×（1−20%）×1.2%+5 000×（1−20%）×1.2%×2/12+1 000×10/12×12%=348（万元）

提示

自2009年1月1日起，对按房产原值计税的房产，无论其是否记载在会计账簿“固定资产”科目中，均应按房屋原价计算缴纳房产税。对未按国家会计制度规定核算的房产，应按规定予以调整或重新评估。

四、税收优惠

房产税属于地方税，因此，给予地方一定的减免权限，有利于地方因地制宜地处理问题。免征房产税项目包括：

（1）国家机关、人民团体、军队自用的房产免征房产税。但免税单位的出租房产及非自身业务使用的生产、营业用房，不属于免税范围。“自用的房产”是指上述单位本身的办公用房和公务用房。

（2）由国家财政部门拨付事业经费的单位，例如，学校、医疗卫生单位、托儿所、幼儿园、文化、体育、艺术等实行全额或差额预算管理的事业单位所拥有的、本身业务范围内使用的房产。

（3）宗教寺庙、公园、名胜古迹自用的房产。

（4）个人所有非营业用的房产免征房产税。对个人拥有的营业用房或出租的房产，不属于免税房产，应照章纳税。

（5）纳税人因房屋大修而连续停用半年以上的，在房屋大修期间免征房产税，免征税额由纳税人在申报缴纳房产税时自行计算扣除，并在申报表附注中做出说明。

（6）老年服务机构自用的房产暂免征收房产税。

（7）经财政部批准免税的其他房产。

【例7-6】（案例分析题）A公司将自有的一栋大楼用于经营酒店，由于酒店经营的时间较长，近期正在翻新装修，预计停用时间为7个月，大修期间，财务人员仍然对该栋大楼申报缴纳了房产税。

【要求】分析财务人员这种纳税方式是否正确?

【答案】不正确。房屋大修导致连续停用半年以上的，在房屋大修期间免征房产税。

五、征收管理

（一）纳税义务发生时间

纳税人发生下列活动时，缴纳房产税的时间如下：

（1）将原有房产用于生产经营，从生产经营之月起。

（2）自行新建房屋用于生产经营，从建成之次月起。

（3）委托施工企业建设的房屋，从办理验收手续之次月起。

（4）购置新建商品房，自房屋交付使用之次月起。

（5）购置存量房，自办理房屋权属转移、变更登记手续，房地产权属登记机关签发房屋权属证书之次月起。

（6）出租、出借房产，自交付出租、出借房产之次月起。

（7）房地产开发企业自用、出租、出借本企业建造的商品房，自房屋使用或交付之次月起。

（8）因房产的实物或权利状态发生变化而依法终止房产税纳税义务的，其应纳税款的计算应截止到房产的实物或权利状态发生变化的当月末。

（二）纳税期限

房产税实行按年计算、分期缴纳的征收方法，具体纳税期限由省、自治区、直辖市人民政府确定。

（三）纳税地点

房产税在房产所在地缴纳。房产不在同一地方的纳税人，应按房产坐落地点分别向房产所在地的税务机关纳税。

（四）纳税申报

纳税人应按《房产税暂行条例》的有关规定，及时办理纳税申报，并如实填写“财产和行为税纳税申报表”（见表7-2）和“城镇土地使用税、房产税税源明细表”（见表7-3，首次申报或税源信息发生变化时）。

表7-2 财产和行为税纳税申报表

纳税人识别号（统一社会信用代码）：□□□□□□□□□□□□□□□□□□□□□□□□□

纳税人名称： 金额单位：人民币元（列至角分）

序号	税种	税目	税款所属期起	税款所属期止	计税依据	税率	应纳税额	减免税额	已缴税额	应补（退）税额
1										
2										
3										
4										
5										
6										
7										
8										
9										
10										
11	合计	—	—	—	—	—				

声明：此表是根据国家税收法律法规及相关规定填写的，本人（单位）对填报内容（及附带资料）的真实性、可靠性、完整性负责。

纳税人（签章）： 年 月 日

经办人： 经办人身份证号： 代理机构签章： 代理机构统一社会信用代码：	受理人： 受理税务机关（章）： 受理日期： 年 月 日

表7-3　　城镇土地使用税、房产税税源明细表

纳税人识别号（统一社会信用代码）：□□□□□□□□□□□□□□□□□□□□

纳税人名称：　　　　金额单位：人民币元（列至角分）；面积单位：平方米

一、城镇土地使用税税源明细

*纳税人类型	土地使用权人□ 集体土地使用人□ 无偿使用人□ 代管人□ 实际使用人□ （必选）	土地使用权人纳税人识别号（统一社会信用代码）		土地使用权人名称	
*土地编号		土地名称		不动产权证号	
不动产单元号		宗地号		*土地性质	国有□ 集体□ （必选）
*土地取得方式	划拨□ 出让□ 转让□ 租赁□ 其他□ （必选）	*土地用途	工业□ 商业□ 居住□ 综合□ 房地产开发企业的开发用地□ 其他□ （必选）		
*土地坐落地址（详细地址）	省（自治区、直辖市）　市（区）　县（区）　乡镇（街道）　（必填）				
*土地所属主管税务所（科、分局）					

*土地取得时间	年　月	变更类型	纳税义务终止（权属转移□ 其他□） 信息项变更（土地面积变更□ 土地等级变更□ 减免税变更□ 其他□）	变更时间	年　月

*占用土地面积		地价		*土地等级		*税额标准	

减免税部分	序号	减免性质代码和项目名称	减免起止时间		减免税土地面积	月减免税金额
			减免起始月份	减免终止月份		
	1		年　月	年　月		
	2					
	3					

二、房产税税源明细

（一）从价计征房产税明细

*纳税人类型	产权所有人□ 经营管理人□ 承典人□ 房屋代管人□ 房屋使用人□ 融资租赁承租人□ （必选）	所有权人纳税人识别号（统一社会信用代码）		所有权人名称	
*房产编号		房产名称			
不动产权证号		不动产单元号			

续表

<table>
<tr><td colspan="2">*房屋坐落地址
（详细地址）</td><td colspan="7">省（自治区、直辖市） 市（区） 县（区） 乡镇（街道） （必填）</td></tr>
<tr><td colspan="2">*房产所属主管税务所（科、分局）</td><td colspan="7"></td></tr>
<tr><td colspan="2">房屋所在土地编号</td><td colspan="2"></td><td>*房产用途</td><td colspan="4">工业□ 商业及办公□ 住房□ 其他□ （必选）</td></tr>
<tr><td colspan="2">*房产取得时间</td><td>年 月</td><td>变更类型</td><td colspan="3">纳税义务终止（权属转移□ 其他□）
信息项变更（房产原值变更□ 出租房产原值变更□ 减免税变更□
申报租金收入变更□ 其他□）</td><td>变更时间</td><td>年 月</td></tr>
<tr><td colspan="2">*建筑面积</td><td colspan="2"></td><td>其中：出租房产面积</td><td colspan="4"></td></tr>
<tr><td colspan="2">*房产原值</td><td colspan="2"></td><td>其中：出租房产原值</td><td colspan="2"></td><td>计税比例</td><td></td></tr>
<tr><td rowspan="5">减免税部分</td><td rowspan="2">序号</td><td colspan="3" rowspan="2">减免性质代码和项目名称</td><td colspan="2">减免起止时间</td><td rowspan="2">减免税房产原值</td><td rowspan="2">月减免税金额</td></tr>
<tr><td>减免起始月份</td><td>减免终止月份</td></tr>
<tr><td>1</td><td colspan="3"></td><td>年 月</td><td>年 月</td><td></td><td></td></tr>
<tr><td>2</td><td colspan="3"></td><td></td><td></td><td></td><td></td></tr>
<tr><td>3</td><td colspan="3"></td><td></td><td></td><td></td><td></td></tr>
</table>

（二）从租计征房产税明细

<table>
<tr><td>*房产编号</td><td></td><td>房产名称</td><td></td></tr>
<tr><td>*房产所属主管税务所（科、分局）</td><td colspan="3"></td></tr>
<tr><td>承租方纳税人识别号
（统一社会信用代码）</td><td></td><td>承租方名称</td><td></td></tr>
<tr><td>*出租面积</td><td></td><td>*申报租金收入</td><td></td></tr>
<tr><td>*申报租金所属租赁期起</td><td></td><td>*申报租金所属租赁期止</td><td></td></tr>
</table>

<table>
<tr><td rowspan="5">减免税部分</td><td rowspan="2">序号</td><td rowspan="2">减免性质代码和项目名称</td><td colspan="2">减免起止时间</td><td rowspan="2">减免税租金收入</td><td rowspan="2">月减免税金额</td></tr>
<tr><td>减免起始月份</td><td>减免终止月份</td></tr>
<tr><td>1</td><td></td><td>年 月</td><td>年 月</td><td></td><td></td></tr>
<tr><td>2</td><td></td><td></td><td></td><td></td><td></td></tr>
<tr><td>3</td><td></td><td></td><td></td><td></td><td></td></tr>
</table>

第二节 契税

契税法是指国家制定的用以调整契税征收与缴纳权利及义务关系的法律规范。契税的征收增加地方财政收入，有利于保护产权的合法，避免出现不必要的产权纠纷。

一、纳税义务人和征税范围

（一）纳税义务人

契税的纳税义务人是中华人民共和国境内转移土地、房屋权属，承受的单位和个人。土地、房屋权属是指土地使用权和房屋所有权。

单位是指企业单位、事业单位、国家机关、军事单位和社会团体以及其他组织。个人是指个体经营者及其他个人，包括中国公民和外籍人员。

（二）征税范围

契税是以在中华人民共和国境内转移土地、房屋权属为征税对象，向产权承受人征收的一种财产税。通常契税是先计税后征收。具体征税范围包括以下内容：

1. 国有土地使用权出让

国有土地使用权出让是指土地使用者向国家交付土地使用权出让费用，国家将国有土地使用权在一定年限内让与土地使用者的行为。该行为受让者应向国家缴纳出让金，以出让金为依据计算缴纳契税。纳税人不得因减免土地出让金而减免契税。

2. 土地使用权的转让

土地使用权的转让是指土地使用者以出售、赠与、交换或其他方式将土地使用权转移给其他单位和个人的行为。土地使用权的转让不包括土地承包经营权和土地经营权的转移。

3. 房屋买卖

房屋买卖即以货币为媒介，出卖者向购买者过渡房产所有权的交易行为。以下特殊情况视同买卖房屋：

（1）以房产抵债或实物交换房屋，应由产权承受人，按房屋现值缴纳契税。

（2）以房产作价投资、入股。该交易业务属房屋产权转移，由产权承受方按契税税率计算缴纳契税，并根据国家房地产管理的有关规定，办理房屋产权交易变更登记手续。以自有房产作股投入本人独资经营的企业，因未发生权属变化，不需办理房产变更手续，也不需要办理契税手续。

（3）买房拆料或翻建新房，应照章征收契税。不论买房方的购买目的是拆用材料还是购旧房后翻建成新房，都要办理产权转移手续。只要发生房屋权属变化，就要依法缴纳契税。

【例7-7】（案例分析题）甲企业以自有房产投资于乙企业。取得乙企业的股权，房屋产权变为乙企业所有。乙企业在办理产权登记手续后缴纳契税。如果丙企业以股份方式购买乙企业房屋产权，丙企业在办理产权登记后缴纳契税。

【要求】分析缴纳契税的情况是否正确，应如何计算缴纳契税。

【答案】正确。乙企业在办理产权登记手续后，按甲企业入股房产现值缴纳契税。如果丙企业以股份方式购买乙企业房屋产权，丙企业在办理产权登记手续后，按取得房产买价缴纳契税。

【例 7-8】（案例分析题）甲某购买乙某房产，无论是取得该房产的建筑材料还是翻建新房，实际都构成房屋买卖。

【要求】甲某应如何计算缴纳契税？

【答案】甲某应按买价缴纳契税，并办理房屋产权变更手续。

4. 房屋赠与

房屋赠与是指房屋产权所有人将房屋无偿转让给他人所有。房屋赠与时双方分别为赠与人和受赠人。房屋赠与的前提一定是赠与人和受赠人双方自愿前提下，产权无纠纷。房屋的受赠人要按规定缴纳契税。

5. 房屋交换

房屋交换是指房屋所有者之间互相交换房屋的行为。

6. 以获奖方式承受土地房屋权属

7. 以预购方式或预付集资建房款方式承受土地、房屋权属

二、税率和计税依据

（一）税率

契税采用比例税率。考虑到经济发展的不平衡、各地经济差别较大的实际情况，契税实行 3%~5% 的幅度税率。因此，各省、自治区、直辖市人民政府可以在 3%~5% 的幅度税率范围内，按照本地区的实际情况决定。

（二）计税依据

契税的计税依据是不动产的价格。由于土地、房屋权属转移方式不同，定价方法不同，具体计税依据视不同情况而定。

（1）成交价格：国有土地使用权出让、土地使用权出售、房屋买卖，计税依据为成交价格。成交价格是指土地、房屋权属转移合同确定的价格。

（2）市场价格：土地使用权赠与、房屋赠与，由征收机关参照出售土地使用权、房屋买卖的市场价格核定。

（3）交换价格差价：土地使用权交换、房屋交换，为所交换的土地使用权、房屋的价格差额。当交换价格相等时，免征契税。交换价格不相等时，由多交付货币、实物、无形资产或其他经济利益的一方缴纳契税。

（4）土地收益：以划拨方式取得土地使用权，经批准转让房地产时，由房地产转让者补缴契税。计税依据为补缴的土地使用权出让费用或土地收益。

（5）全额征收：除法定继承人以外的个人无偿赠与不动产行为，受赠人应全额缴纳契税。在缴纳契税时，纳税人必须提交经税务机关审核并签字盖章的个人无偿赠与不动产登记表。契税纳税人和计税依据明细表见表 7-4。

三、应纳税额的计算

契税的计税依据确定后，应纳税额的计算公式为：

应纳税额=计税依据×税率

表7-4　契税纳税人和计税依据明细表

征税对象	计税依据	纳税人
国有土地使用权出让	成交价格（不含增值税）	承受人
土地使用权转让		受让人
房屋买卖		买方
房屋交换	等价交换，免征 不等价交换，按交换差额征收	付出差价方
划拨方式取得土地使用权	土地收益	转让者
房屋赠与	征收机关（参照市场价格）	受赠人

【例 7-9】（计算题）居民甲有两套住房，将一套出售给居民乙，成交价格为1 800 000元；将另一套住房与居民丙交换，并支付给丙换房差价款600 000元。

【要求】计算甲、乙、丙相关行为应缴纳的契税（假定税率为4%）。

【答案】

（1）甲应缴纳契税=600 000×4%=24 000（元）

（2）乙应缴纳契税=1 800 000×4%=72 000（元）

（3）丙不缴纳契税。

四、税收优惠

（1）国家机关、事业单位、社会团体、军事单位承受土地、房屋用于办公、教学、医疗、科研和军事设施的，免征契税。

（2）城镇职工按规定第一次购买公有住房，免征契税。

（3）因自然灾害、战争等不能预见等不可抗力致使住房毁损，而重新购买住房的酌情减免。

（4）土地、房屋被县级以上人民政府征用、占用后，重新承受土地、房屋权属的，由省级人民政府确定是否减免。

（5）承受荒山、荒沟、荒丘、荒滩土地使用权并用于农、林、牧、渔业生产的，免征契税。

（6）外交部确认的应给予免税的外国驻华使馆、领事馆、联合国驻华机构及其外交代表、领事官员和其他外交人员承受土地、房屋权属，免征契税。

（7）公租房经营单位购买住房作为公租房的，免征契税。

（8）对个人购买家庭唯一住房（家庭成员范围包括购房人、配偶及未成年子女），面积为90平方米及以下的，减按1%的税率征收契税；面积为90平方米以上的，减按1.5%的税率征收契税。

（9）对个人购买家庭第二套改善性住房，面积为90平方米及以下的，减按1%的税率征收契税；面积为90平方米以上的，减按2%的税率征收契税。个人购买住房契税政策明细表，见表7-5。

表7-5 个人购买住房契税政策明细表

个人购买住房	契税优惠政策
城镇职工按规定第一次购买公有住房（含按政策经批准的集资房、房改房）	免征契税
个人购买家庭唯一住房（家庭成员范围包括购房人、配偶以及未成年子女，下同），面积为90平方米及以下的	减按1%的税率征收契税
个人购买家庭唯一住房，面积为90平方米以上的	减按1.5%的税率征收契税
个人购买家庭第二套改善性住房，面积为90平方米及以下的（不含北京、上海、广州、深圳的住房）	减按1%的税率征收契税
个人购买家庭第二套改善性住房，面积为90平方米以上的（不含北京、上海、广州、深圳的住房）	减按2%的税率征收契税

五、征收管理

（一）纳税义务发生时间

契税的纳税义务发生时间是纳税人签订土地、房屋权属转移合同的当天，或纳税人取得其他具有土地、房屋权属转移合同性质凭证的当天。

（二）纳税期限

纳税人应当自纳税义务发生之日起10日内向土地、房屋所在地的契税征收机关办理纳税申报，并在契税征收机关核定的期限内缴纳。

（三）纳税地点

在土地、房屋所在地的征收机关缴纳契税。

（四）征收管理

纳税人办理纳税事宜后，征收机关应向其开具契税完税凭证。凭契税完税凭证和其他规定的材料，依法向土地管理部门、房产管理部门办理有关土地、房屋的所有权的变更手续。

对已缴纳契税的单位和个人，在未办理房屋权属变更登记前退房的，退还已纳契税；在办理房屋权属变更登记之后退房的，不予退还已纳契税。

【例7-10】（单项选择题）下列行为中，应当缴纳契税的是（　　）。（2018年注册会计师考试试题）

A.个人以自有房产投入本人独资经营的企业

B.公租房经营企业购买住房作为公租房

C.企业将自有房产与另一企业的房产等价交换

D.企业以自有房产投资于另一企业并取得相应的股权

【答案】D。

【解析】选项A：以自有房产作股投入本人独资经营的企业，因未发生权属变化，不需办理房产变更手续，故不缴纳契税。

选项B：公租房经营单位购买住房作为公租房的，免征契税。

选项C：等价交换房屋、土地权属的，免征契税。

选项D：产权承受方应当缴纳契税。

第三节　土地增值税

土地增值税是对有偿转让国有土地使用权及地上建筑物和其他附着物产权，即转让房地产，取得增值收入的单位和个人征收的一种税。土地增值税法是指国家制定的用以调整土地增值税征收与缴纳之间权利及义务关系的法律规范。我国于1994年1月起开征此税。

国家利用征收土地增值税引导房地产经营方向和交易市场的调控，增强政府调控房地产开发市场的力度，利于抑制抬高市场价格的暴利行为。

一、纳税义务人

土地增值税的纳税义务人为转让国有土地使用权、地上的建筑及其附着物，并取得收入的单位和个人。单位包括各类企业、事业单位、国家机关和社会团体及其他组织。个人包括个体经营者。在实际生活中，转让房地产是经常发生的业务。在转让房地产业务过程中会涉及各种税费的缴纳，见表7-6。

表7-6　转让房地产过程中缴纳明细表

增值税、城市维护建设税、教育费附加、印花税、土地增值税、所得税	转让方
契税、印花税	承受方

二、征税范围

土地增值税是对在我国境内转让国有土地使用权、其地上建筑物及其附着物的单位和个人，以其转让房地产所有权取得的增值额为课税对象而征收的一种税。基本征税范围：①转让国有土地使用权。国有土地使用权转让是指土地使用者通过出让等形式取得土地使用权后，将土地使用权再转让的行为，包括出售、交换和赠与；②地上建筑物及其附着物连同国有土地使用权一并转让；③存量房地产买卖。

土地增值税范围具有“国有”“转让”两个关键点。判断计征土地增值税必须同时满足以下三个标准：①转让的土地使用权是国家所有，包括转让国有土地使用权和转让集体所有制土地。②土地使用权、地上建筑物及其附着物要发生产权转让。转让土地使用权征土地增值税，土地使用权出让不征土地增值税。③转让房地产要取得收入。房地产产权虽变更但未取得收入的，不征土地增值税。

征税范围不包括未转让土地使用权、房产产权的行为。凡土地使用权、房产产权未转让的，不征收土地增值税，例如房地产的出租。

提示

国有土地使用权出让，是指国家以土地所有者的身份将土地使用权在一定年限内让与土地使用者，并由土地使用者向国家支付土地使用权出让金的行为。

存量房地产是指已经建成并已投入使用的房地产，其房屋所有人将房屋产权和土地使用权一并转让给其他单位和个人。

1. 房地产的继承

虽然继承行为发生了房地产的权属变更，但作为房产产权、土地使用权的原所有人，即被继承人，并未因为权属变更而取得任何收入。因此，房地产继承免征土地增值税。

2. 房地产的赠与

房地产的赠与是指房产所有人，土地使用权所有人将自己所拥有的房地产无偿地交给其他人的民事法律行为。这包括房产所有人、土地使用权所有人发生的下列两种行为：

（1）将房屋产权、土地使用权赠与直系亲属或承担直接赡养义务人的。

（2）通过中国境内非营利的社会团体、国家机关将房屋产权、土地使用权赠与教育、民政和其他社会福利、公益事业的。

房地产赠与虽发生房地产的权属变更，但房产所有人、土地使用权所有人并未因为权属的转让而取得任何收入。因此，房地产赠与免征土地增值税。

3. 房地产的出租

房地产的出租，出租人虽取得了收入，但未发生房产产权、土地使用权的转让。因此，房地产的出租免征土地增值税。

4. 房地产的抵押

房地产的抵押是指房地产的产权所有人、依法取得土地使用权的土地使用人作为债务人或第三人向债权人提供不动产作为清偿债务的担保的法律行为。对房地产的抵押，在抵押期间不征收土地增值税。待抵押期满后，视该房地产是否转移占有而确定是否征收土地增值税。对于以房地产抵债而发生的房地产权属转让的，应征收土地增值税。

5. 房地产的交换

房地产的交换是指一方以房地产与另一方的房地产进行交换的行为。由于该行为既发生了房产产权、土地使用权的转移，交换双方也取得了实物形态的收入，它属于土地增值税的征税范围。但对个人之间互换自有居住用房地产的，经当地税务机关核实，可以免征土地增值税。

6. 合作建房

合作建房是指双方各出土地和资金，建成后按比例分房自用的，暂免征收土地增值税；建成后转让的，应征收土地增值税。

7. 房地产的代建行为

房地产开发公司代客户进行房地产开发，开发完成后向客户收取代建收入的行为，不属于土地增值税的征税范围。

8. 房地产的重新评估

例如，国有企业在清产核资时对房地产进行重新评估而使其升值的情况。房地产虽有增值，但其未发生房地产权属的转移，房产产权、土地使用权人也未取得收入，不属于土地增值税的征税范围。

有关房地产具体情况的征免规定明细表见表7-7。

表7-7　房地产具体情况的征免规定明细表

应征土地增值税的情况	不征或暂不征收土地增值税的情况	免征或暂免征收土地增值税的情况
（1）转让国有土地使用权； （2）地上建筑物及其附着物连同国有土地使用权一并转让； （3）存量房地产的买卖； （4）抵押期满以房地产抵债（发生权属转让）； （5）单位之间交换房地产（有实物形态收入）； （6）房地产开发企业的房地产投资、公司制改造、合并、分立中的房地产权属变化； （7）合作建房建成后转让的	（1）房地产继承（无收入）； （2）房地产赠与（有范围限制）（无收入）； （3）房地产出租（权属未变）； （4）抵押期内的房地产（权属未变）； （5）房地产的代建行为（权属未变）； （6）房地产评估增值（权属未变）； （7）与房地产开发企业无关的重组投资、公司制改造、合并、分立中的房地产权属变化	（1）个人之间互换自有居住用房地产，经当地税务机关核实； （2）合作建房建成后按比例分房自用； （3）因国家建设需要依法征用、收回的房地产； （4）建造普通标准住宅出售、增值额未超过扣除项目金额20%的； （5）企事业单位、社会团体以及其他组织转让旧房作为公租房房源，且增值额未超过扣除项目金额20%的

三、税率

土地增值税实行四级超率累进税率。土地增值税的四级超率累进税率见表7-8。

表7-8　土地增值税的四级超率累进税率

级数	增值额与扣除项目金额的比率	税率（%）	速算扣除系数（%）
1	不超过50%的部分	30	0
2	超过50%～100%的部分	40	5
3	超过100%～200%的部分	50	15
4	超过200%的部分	60	35

四、应税收入额的确定

纳税人转让房地产取得的应税收入，包括转让房地产的全部价款及有关的经济收益。从收入的形式来看，包括货币收入、实物收入和其他收入。但所指收入是不含增值税收入。非货币收入要折合成货币金额计入收入总额。

房地产开发企业开发新房出售的收入额在“主营业务收入”账户反映，旧房出售取得的收入额在“固定资产清理”账户反映，再转入“资产处置损益”账户。在进行土地增值税清算时，已全额开具商品房销售发票的，按发票所载金额确认收入，未开具发票或开具不全的，按双方交易签订的销售合同所记载的售房金额及其他收益确认收入。

房地产开发企业将房产用于职工福利、奖励、对外投资、分配给股东或投资人、抵偿债务、换取其他单位和个人的非货币性资产等，发生产权转移视同销售房地产行为。

五、扣除项目金额的确定

计算土地增值税的应纳税额，首先要计算增值额，即对收入额减除国家规定的各项扣除项目金额后的余额来计算土地增值税。要计算增值额，必须先确定扣除项目。

开发新房的扣除项目主要包括五个方面：①取得土地使用权所支付的金额；②房地产开发成本；③房地产开发费用；④与转让房地产有关的税金；⑤其他扣除项目。

（一）取得土地使用权所支付的金额

取得土地使用权所支付的金额包括两方面的内容：

（1）取得土地使用权所支付的地价款。不同方式取得土地使用权的，地价款分别为：①以协议、招标、拍卖等出让方式——支付的土地出让金；②以行政划拨方式——按国家有关规定补缴的土地出让金；③以转让方式——向原土地使用权人实际支付的地价款。

（2）取得土地使用权时按国家统一规定缴纳的有关费用。它是指纳税人在取得土地使用权过程中为办理有关手续，按国家统一规定缴纳的有关登记、过户手续费。

（二）房地产开发成本

房地产开发成本是指纳税人在房地产开发项目中实际发生的成本，具体包括：

① 土地征用及拆迁补偿费，包括土地征用费、劳动力安置费及有关地上、地下附着物拆迁补偿的净支出、安置动迁用房支出、耕地占用税等。

② 前期工程费，包括规划、设计、项目可行性研究及“三通一平”等支出。

③ 建筑安装工程费，是指以出包方式支付给承包单位的建筑安装工程费，以自营方式发生的建筑安装工程费。

④ 基础设施费，包括开发小区内道路、供水、供电、供气、排污、通信、照明、环卫、绿化等工程发生的支出。

⑤ 公共配套设施费，包括不能有偿转让的开发小区内公共配套设施发生的支出。

⑥ 开发间接费用，是指直接组织、管理开发项目发生的费用，包括工资、职工福利费、办公费、水电费、折旧费、修理费、劳动保护费和周转房摊销等。

提示

房地产开发企业销售已装修的房屋，其装修费用计入房地产开发成本。这条规定同样适用于非房地产开发企业。

（三）房地产开发费用

房地产开发费用是指与房地产开发项目相关的销售费用、管理费用和财务费用。财务费用中的利息支出可以分为两种不同情形分别计算：

（1）利息支出凡能够按转让房地产项目计算分摊并提供金融机构证明的，允许据实扣除，但最高不能超过按商业银行同类同期贷款利率计算的金额。其他房地产开发费用，在按照“取得土地使用权所支付的金额”与“房地产开发成本”金额之和的5%以内计算扣除。用公式表示为：

开发费用=利息+（取得土地使用权所支付的金额+房地产开发成本）×5%以内

（2）利息支出凡不能按转让房地产项目计算分摊利息支出或不能提供金融机构证明的，房地产开发费用在按“取得土地使用权所支付的金额”与“房地产开发成本”金额之和的10%以内计算扣除。全部使用自有资金，没有利息支出的，也适用此方法计算扣除金额。用公式表示为：

开发费用=（取得土地使用权所支付的金额+房地产开发成本）×10%以内

（四）与转让房地产有关的税金

与转让房地产有关的税金是指在转让房地产时缴纳的城市维护建设税、印花税、教育费附加等。

（五）其他扣除项目

从事房地产开发的纳税人，允许按取得土地使用权时所支付的金额和房地产开发成本之和，加计20%扣除。

提示

对取得土地使用权后未进行开发即转让的，在计算土地增值税时，不得加计扣除。

（六）出售旧房及建筑物的扣除项目金额的确定

纳税人转让旧房及建筑物的，应按房屋及建筑物的评估价格、取得土地使用权所支付的地价款或出让金、缴纳的有关费用和转让环节缴纳的税金等，作为扣除项目金额，计征土地增值税。

（1）纳税人转让旧房的，应按旧房及建筑物的评估价格、取得土地使用权所支付的地价款、缴纳的有关费用及在转让环节缴纳的税金作为扣除项目计征土地增值税。

旧房及建筑物的评估价格是指在转让已使用的房屋及建筑物时，由政府批准设立的房地产评估机构评定的重置成本价乘以成新度折扣率后的价格。重置成本价是指对旧房及建筑物按照转让时的建材价格和人工成本重新计算建造同等规格的房屋所需要花费的成本费用。

（2）纳税人转让旧房不能提供评估价格但能提供购房发票的，可以扣除项目的金额包括：①购房发票所载金额；②加计扣除金额=购房发票所载金额×5%×购买年度起至转让年度止的年数；③与转让房地产有关的税金，包括城市维护建设税、教育费附加、印花税、契税。

（3）转让旧房既没有评估价格又不能提供购房发票的，地方税务机关可以实行核定征收。

六、应纳税额的计算

土地增值税按照纳税人转让房地产所取得的增值额和规定的税率计算征收。土地增值税在计算企业所得税时可以在税前扣除。土地增值税的计算公式为：

应纳税额=∑（每级距的土地增值额×适用税率）

土地增值税可以采用速算扣除法计算，即计算土地增值税税额，可以按增值额乘以适用的税率减去扣除项目金额乘以速算扣除系数的简便方法计算，具体方法如下：

（1）增值额未超过扣除项目金额50%时，计算公式为：

土地增值税税额=增值额×30%

（2）增值额超过扣除项目金额50%，未超过100%时，计算公式为：

土地增值税税额=增值额×40%-扣除项目金额×5%

（3）增值额超过扣除项目金额100%，未超过200%时，计算公式为：

土地增值税税额=增值额×50%-扣除项目金额×15%

（4）增值额超过扣除项目金额200%时，计算公式为：

土地增值税税额=增值额×60%-扣除项目金额×35%

上述公式中的5%、15%、35%分别为2、3、4级的速算扣除系数，见表7-8。

土地增值税应纳税额的计算步骤：

第一步，计算收入总额。

第二步，计算扣除项目金额。

第三步，计算增值额：

土地增值额=转让房地产收入-规定扣除项目金额

第四步，计算增值额与扣除项目之间的比例，以确定使用税率的档次和速算扣除系数。

第五步，计算应纳税额：

应纳税额=增值额×税率-扣除项目金额×速算扣除系数

计算土地增值税应纳税额的具体内容见表7-9。

表7-9 计算土地增值税应纳税额的具体内容

转让项目的性质	扣除项目具体内容	备注
转让土地（卖土地）	（1）取得土地使用权所支付的金额 （2）房地产开发成本	
新建房屋（卖新房）	（1）取得土地使用权所支付的金额 （2）房地产开发成本 （3）房地产开发费用 （4）与转让房地产有关的税金 （5）其他扣除项目	房地产企业（1）~（5） 非房地产企业（1）~（4）
存量房屋（卖旧房）	（1）房屋及建筑物的评估价格： 评估价格=重置成本价×成新度折扣率 （2）取得土地使用权所支付的地价款和缴纳的有关费用 （3）转让环节缴纳的税款	

【例7-11】（计算题）鹤祥房地产开发公司是增值税一般纳税人。2024年5月将一新

建写字楼转让给某单位，取得含税转让收入25 500万元。公司采取增值税简易征收方式缴纳了相关税金。该公司为取得土地使用权而支付的地价款和缴纳的相关费用共3 000万元；投入房地产开发成本为4 200万元；房地产开发费用中的利息支出为1 200万元，该笔利息支出不能按转让房地产项目计算分摊利息支出，也不能提供金融机构贷款证明。该公司所在省人民政府规定房地产开发费用的计算扣除比例为10%，暂不考虑印花税扣除因素。

【要求】计算该公司转让该写字楼应缴纳的土地增值税税额。

【答案】

（1）确定转让房地产取得的收入。增值税简易征收不能扣除支付的土地价款，需要用5%征收率换算成不含税收入。

增值税=25 500÷（1+5%）×5%=1 214.29（万元）

不含税转让收入=25 500−1 214.29=24 285.71（万元）

（2）确定转让房地产的扣除项目金额。

① 取得土地使用权所支付的金额为3 000万元。

② 房地产开发成本为4 200万元。

③ 房地产开发费用=（3 000+4 200）×10%=720（万元）

④ 与转让房地产相关的税金=720×（7%+3% +2%）=86.4（万元）

⑤ 从事房地产开发的加计扣除=（3 000+4 200）×20%=1 440（万元）

⑥ 转让房地产的扣除项目金额合计=3 000 +4 200+720+86.4+1 440
=9 446.4（万元）

（3）计算转让房地产的增值额=24 285.71−9 446.4=14 839.31（万元）

（4）计算增值额与扣除项目金额的比率=14 839.31÷9 446.4×100%=157%

（5）计算应纳土地增值税税额。适用税率为50%，速算扣除系数为15%。

应缴纳的土地增值税=14 839.31×50%−9 446.4×15%=6 002.7（万元）

七、税收优惠

（1）建造普通标准住宅的税收优惠。纳税人建造普通标准住宅出售，增值额未超过扣除项目金额20%的，免征土地增值税。增值额超过扣除项目金额20%的，应按全部增值额纳税。如果纳税人既建造普通标准住宅，又建造开发其他房地产的，应分别核算增值额，不分别核算增值额或不能准确核算增值额的，其建造的普通标准住宅不能适用该免税规定。

（2）国家征用、收回的房地产的税收优惠。因城市实施规划、国家建设的需要而被政府批准征用的房产、收回的土地使用权，免征土地增值税。

（3）国家征用、纳税人自行转让原房地产的税收优惠。因城市实施规划、国家建设的需要而搬迁，由纳税人自行转让原房地产的，免征土地增值税。

（4）对企事业单位、社会团体及其他组织转让旧房作为公租房房源，且增值额未超过扣除项目金额20%的，免征土地增值税。

八、征收管理

（一）纳税地点

土地增值税纳税人应向房地产所在地主管税务机关办理纳税申报，并在税务机关核定的期限内缴纳土地增值税。如果纳税人转让的房地产坐落在两个或两个以上地区的，应按房地产所在地分别申报纳税。

实际工作中，纳税地点的确定可分为以下两种情况：

（1）纳税人是法人的。当转让的房地产坐落地与其机构所在地或经营所在地一致时，则在办理税务登记的原管辖税务机关申报纳税；当转让的房地产坐落地与其机构所在地或经营所在地不一致时，则在房地产坐落地税务机关纳税。

（2）纳税人是自然人的。当转让的房地产坐落地与其居住所在地一致时，在住所所在地税务机关申报纳税；当转让的房地产坐落地与其居住所在地不一致时，在房地产坐落地税务机关纳税。

（二）纳税申报

土地增值税纳税人应在转让房地产合同签订后的7日内，到房地产所在地主管税务机关办理纳税申报，填报“财产和行为税纳税申报表”，并向税务机关提交房屋及建筑物产权、土地使用权证书、土地使用权转让、房产买卖合同、房地产评估报告及其他与转让房地产有关的资料。

本章小结

知识点❶ 房产税以在征税范围内的房屋产权所有人为纳税人；房产税以房产为征税对象；房产税的征税范围不包括农村。

知识点❷ 房产税的计税依据是房产的计税价值或房产的租金收入，分为从价计征和从租计征两种形式。

知识点❸ 契税是以在中华人民共和国境内转移土地、房屋权属为征税对象，向产权承受人征收的一种财产税。具体征税范围包括国有土地使用权出让、土地使用权的转让、房屋买卖、房屋赠与、房屋交换和其他。

知识点❹ 契税的计税依据是不动产的价格。由于土地、房屋权属转移方式不同，定价方法不同，具体计税依据视不同情况而定，包括成交价格、市场价格、交换价格差价、土地收益和全额征收。

知识点❺ 土地增值税是对有偿转让国有土地使用权及地上建筑物和其他附着物产权，即转让房地产，取得增值收入的单位和个人征收的一种税。

知识点❻ 土地增值税的基本征税范围：①转让国有土地使用权；②地上建筑物及其附着物连同国有土地使用权一并转让；③存量房地产买卖。

知识点❼ 计算土地增值税的应纳税额，首先要计算增值额，即对收入额减除国家规定的各项扣除项目金额后的余额来计算土地增值税。要计算增值额，必须确定扣除项目。

知识点❽ 开发新房的扣除项目主要包括：取得土地使用权所支付的金额；房地产开发成本；房地产开发费用；与转让房地产有关的税金；其他扣除项目。

知识点⑨ 土地增值税按照纳税人转让房地产所取得的增值额和规定的税率计算征收，即计算土地增值税税额，可以按增值额乘以适用的税率减去扣除项目金额乘以速算扣除系数的简便方法计算。

思考题

1. 简述房产税的纳税义务人与征税范围。

2. 简述房产税应纳税额的计算。

3. 简述契税的纳税义务人和征税范围。

4. 结合契税的税收优惠政策，考虑契税应纳税额的计算。

5. 简述土地增值税应纳税额的计算。

练习题

1. 鼎丰房地产开发公司转让商品房一栋，取得收入总额为1 500万元，应扣除的购买土地的金额、开发成本的金额、开发费用的金额、相关税金的金额、其他扣除项目的金额合计为900万元。

【要求】计算该房地产开发公司应缴纳的土地增值税。

2. 位于县城的西华国有工业企业是增值税一般纳税人。该企业选择简易征收方法计算销售房产和租赁房产的增值税。该企业利用厂区建造厂房，发生业务如下：

（1）按国家有关规定补交土地出让金5 000万元，缴纳相关税费260万元。

（2）厂房的开发成本7 000万元，其中装修费用500万元。

（3）厂房开发费用中的利息支出为300万元（不能提供金融机构贷款证明）。

（4）厂房于2024年5月底竣工验收。6月1日将总建筑面积的1/2销售，签订销售合同，取得不含税收入8 500万元；同时将另外1/2的建筑面积出租，当年取得不含增值税的租金收入15万元。

【要求】根据上述资料，计算下列问题：

（1）该企业计算土地增值税时应扣除的取得土地使用权所支付的金额。

（2）该企业计算土地增值税时应扣除的开发成本的金额。

（3）该企业计算土地增值税时应扣除的开发费用的金额。

（4）该企业计算土地增值税时应扣除的有关税金。

（5）该企业应缴纳的土地增值税。

（6）该企业应缴纳的增值税、城市维护建设税、教育费附加、地方教育附加。

（7）该企业应缴纳的房产税。

3.2024年2月，税务机关对某房地产开发公司开发的房产项目进行土地增值税清算。该房地产开发公司提供的资料如下：

（1）2022年6月以17 760万元拍得一宗土地使用权，并缴纳了契税。

（2）自2022年7月起，对受让土地50%的面积进行一期项目开发，发生开发成本6 000万元、管理费用200万元、销售费用400万元，纳税人能够按转让房地产项目计算分摊的利息支出600万元，并提供银行贷款凭证，允许扣除的有关税金及附加290万元。

（3）2024年1月该项目实现全部销售，共计取得不含税收入31 000万元（当地适用的契税税率为5%，该项目未预缴土地增值税)。

【要求】根据上述资料，计算下列问题：

(1) 简要说明房地产开发成本包含的项目。

(2) 简要说明房地产开发费用的扣除标准。

(3) 计算该公司清算土地增值税时允许扣除的土地使用权支付金额。

(4) 计算该公司清算土地增值税时允许扣项目金额的合计数。

(5) 计算该公司清算土地增值税时应缴纳的土地增值税。

第八章

车船税、印花税和车辆购置税

【学习目标】

1. 掌握车船税的纳税义务人和征税范围。
2. 掌握印花税的纳税义务人和税目。
3. 掌握印花税的计税依据和应纳税额的计算。
4. 了解车辆购置税的纳税义务人和征税范围。
5. 熟悉车船税、印花税和车辆购置税的税收优惠。

案例导入

小李在二手车市场购买了一辆已完税的应税车辆，在4S店买了一辆原装进口车，又购置一辆排气量为125毫升的摩托车，这三辆车需要申报缴纳车辆购置税吗?

第一节 车船税

车船税是指在中国境内的车辆、船舶的所有人或管理人按税法应缴纳的一种税。车船税法是指国家制定的用于调整车船税征收与缴纳权利及义务关系的法律规范。车船税有利于为地方政府筹集财政资金，对车船进行合理管理和配置，利于调节社会财富差异。

一、纳税义务人与征税范围

（一）纳税义务人

车船税的纳税义务人，是指在中国境内，车辆、船舶（简称车船）的所有人或管理人。纳税义务人在缴纳车险的时候，车船税和交强险一起由保险公司进行代收代缴。

（二）征税范围

车船税是以车船为征税对象，向拥有车船的单位和个人征收的一种税。征税范围是指在中国境内属于《中华人民共和国车船税法》（以下简称《车船税法》）所附《车船税税目税额表》规定的车辆、船舶。车辆、船舶是指：①依法应当在车船管理部门登记的机动车辆和船舶；②依法不需要在车船管理部门登记、在单位内部场所行驶或者作业的机动车辆和船舶。

二、税目与税率

车船税采用定额税率，对征税的车船规定单位固定税额。车辆和船舶的具体适用税额由省、自治区、直辖市人民政府依照《车船税法》所附《车船税税目税额表》规定的税额幅度确定。根据车辆与船舶行驶情况不同，车船税税额也有所不同，如排气量、整备质量、核定载客人数、净吨位、千瓦、航身长度等标准。车船税税目税额表见表8-1。

表8-1　车船税税目税额表

税　目		计税单位	年基准税额（元）	备　注
乘用车［按发动机气缸容量（排气量）分档］	1.0升（含）以下的	每辆	60 ~ 360	核定载客人数9人（含）以下
	1.0升以上至1.6升（含）的		300 ~ 540	
	1.6升以上至2.0升（含）的		360 ~ 660	
	2.0升以上至2.5升（含）的		660 ~ 1 200	
	2.5升以上至3.0升（含）的		1 200 ~ 2 400	
	3.0升以上至4.0升（含）的		2 400 ~ 3 600	
	4.0升以上的		3 600 ~ 5 400	
商用车	客车	每辆	480 ~ 1 440	核定载客人数9人（包括电车）以上
	货车	整备质量每吨	16 ~ 120	1.包括半挂牵引车、挂车、客货两用汽车、三轮汽车和低速载货汽车等 2.挂车按照货车税额的50%计算
其他车辆	专用作业车	整备质量每吨	16 ~ 120	不包括拖拉机
	轮式专用机械车	整备质量每吨	16 ~ 120	
摩托车		每辆	36 ~ 180	
船舶	机动船舶	净吨位每吨	3 ~ 6	拖船、非机动驳船分别按机动船舶税额的50%计算；游艇的税额另行规定
	游艇	艇身长度每米	600 ~ 2 000	

依法不需要办理登记、依法应当登记而未办理登记或者不能提供车船登记证书、行驶证的，以车船出厂合格证明或者进口凭证相应项目标注的技术参数、所载数据为准；不能提供车船出厂合格证明或者进口凭证的，由主管税务机关参照国家相关标准核定，没有国家相关标准的参照同类车船核定。

1. 乘用车

乘用车是指在设计和技术特性上主要用于载运乘客及随身行李，核定载客人数包括驾驶员在内不超过9人的汽车，以车辆登记管理部门核发的机动车登记证书或行驶证书所载的排气量毫升数确定税额区间。

2. 商用车

商用车是指除乘用车外，在设计和技术特性上用于载运乘客、货物的汽车，分为客车和货车。

3. 摩托车

摩托车是指无论采用哪种驱动方式，最高设计车速大于50千米/小时，或使用内燃机，其排放量大于50毫升的两轮或三轮车辆。

4. 船舶

船舶是指各类机动、非机动船舶及其他水上移动装置。

（1）机动船舶，具体适用税额为：①净吨位不超过200吨的，每吨3元；②净吨位超过200吨但不超过2 000吨的，每吨4元；③净吨位超过2 000吨但不超过10 000吨的，每吨5元；④净吨位超过10 000吨的，每吨6元。

（2）游艇，具体适用税额为：①艇身长度不超过10米的游艇，每米600元；②艇身长度超过10米但不超过18米的游艇，每米900元；③艇身长度超过18米但不超过30米的游艇，每米1 300元；④艇身长度超过30米的游艇，每米2 000元；⑤辅助动力帆艇，每米600元。

（3）拖船按照发动机功率每1千瓦折合净吨位0.67吨计算征收车船税。

三、应纳税额的计算

纳税人按纳税地点所在的省、自治区、直辖市人民政府确定的具体适用税额缴纳车船税。

（一）基本计算公式

车船税由地方税务机关负责征收。车船税计税单位包括“每辆”“整备质量每吨”“净吨位每吨”“艇身长度每米”。

（1）乘用车、摩托车：

应纳税额=应税车辆数量×单位年税额

（2）货车、挂车、专用作业车、轮式专用机械车和船舶：

应纳税额=车船的整备质量或净吨位×单位年税额

（3）游艇：

应纳税额=艇身长度×单位年税额

（二）具体规定

（1）对车辆净吨位尾数在半吨以下的按半吨计算，超过半吨的按1吨计算。

（2）从事运输业务的拖拉机所挂的拖车，均按载重汽车的净吨位的5折计征车船税。

（3）机动车挂车，按机动载货汽车税额的7折计征税。

（4）客货两用汽车，载人部分按乘人汽车税额减半征税，载货部分按机动载货汽车税额征税。

（5）不论净吨位或载重吨位，船舶的尾数在半吨以下的不计算，超过半吨的按1吨计算。

（6）不足1吨的小型船只，一律按1吨计算。

（7）拖轮计算标准可按每马力折合净吨位的5折计算。

【例8-1】（计算题）宏力运输公司拥有载货汽车50辆，每辆货车整备质量是10吨；乘人大客车30辆；小客车15辆。其中，载货汽车每吨年税额80元，乘人大客车每辆年税额800元，小客车每辆年税额700元。

【要求】计算该公司应缴纳的车船税。

【答案】

（1）载货汽车应纳税额=50×10×80=40 000（元）

（2）乘人汽车应纳税额=30×800+15×700=34 500（元）

全年应纳车船税额=40 000+34 500=74 500（元）

【例8-2】（计算题）某船运公司2024年拥有机动船4艘，每艘净吨位为3 000吨；拖船1艘，发动机功率为1 500千瓦。机动船舶车船税年基准税额为：净吨位201吨至2 000吨的，每吨4元；净吨位2 001吨至10 000吨的，每吨5元。该船运公司2024年应缴纳车船税（　　）元。

A.61 800　　B.62 010　　C.63 000　　D.64 020

【答案】B。

【解析】拖船和非机动驳船分别按照机动船舶税额的50%计算。拖船按照发动机功率每1千瓦折合净吨位0.67吨计算征收车船税。

应纳车船税=3 000×4×5+1 500×0.67×4×50%=62 010（元）

（三）业务实例

（1）购置新车船的应纳税额计算。

购置新车船当年的应纳税额应自纳税义务发生的当月起按月计算。计算公式为：

应纳税额=（年应纳税额÷12）×应纳税月份数

应纳税月份数=12-纳税义务发生时间（取月份）+1

【例8-3】（单项选择题）某单位2024年5月15日购买一辆轿车。其所在省规定该排量乘用车每辆适用的车船税年税额为960元，该单位2024年车船税的应纳税额为（　　）元。

A.640　　B.850　　C.650　　D.700

【答案】A。

【解析】2024年应纳税月份数=12-5+1=8（个）

该辆轿车当年应纳税额=960÷12×8=640（元）

（2）一个纳税年度内，纳税人在非车辆登记地由保险机构代收代缴机动车车船税，且能够提供合法有效完税证明的，不需要再向车辆登记地的税务机关缴纳车辆车船税。

（3）被盗抢、报废、灭失的车船的应纳税额计算。在一个纳税年度内，已完税的车船发生被盗抢、报废、灭失的，纳税人可以凭相关管理机关出具的证明和完税证明，向纳税人所在地主管税务机关申请退还税款。退款期限自发生月份起至该纳税年度终了。

已办理退税的被盗抢车船，又找回的，纳税人应当从公安机关出具相关证明的当月起计算缴纳税款。已缴纳车船税的车船在同一纳税年度内办理转让过户的，不另纳税，也不退税。

【例8-4】（单项选择题）某企业2015年1月缴纳了5辆客车的车船税，其中一辆客车9月被盗，已办理车船税退还手续；11月由公安机关找回并出具证明，企业补缴了车船税，假定该类型客车年基准税额为480元/辆，该企业2015年实际缴纳的车船税总计为（　　）元。（2015年注册会计师考试试题）

A.1 920　　B. 2 400　　C.3 250　　D. 2 320

【答案】D。

【解析】2015年实缴的车船税=480×4 +480÷12×10=2 320（元）

提示

车辆限号限行的区域，每年征收的车船税会有一定数量的减免。节约能源或者新能源车，车船税新标准也会有所减免。

四、税收优惠

（一）法定减免

（1）捕捞、养殖渔船免征车船税。

（2）军队、武装警察部队专用的车船免征车船税。

（3）警用车船免征车船税。

（4）按法律规定应当予以免税的外国驻华使领馆、国际组织驻华代表机构及其有关人员的车船，免征车船税。

（5）对节能汽车，减半征收车船税；对新能源车船，免征车船税。减半征收车船税的节能乘用车和商用车，免征车船税的新能源汽车和船舶，均应符合规定的标准。

（6）省、自治区、直辖市人民政府根据当地实际情况，可以对公共交通车船、农村居民拥有并主要在农村地区使用的摩托车、三轮汽车和低速载货汽车定期减征或免征车船税。

（7）国家综合性消防救援车辆由部队号牌改挂应急救援专用号牌的，一次性免征改挂当年的车船税。

（二）特定减免

（1）经批准临时入境的外国车船和港澳台地区的车船，不征收车船税。

（2）按规定缴纳船舶吨税的机动船舶，自《车船税法》实施之日起5年内免征车船税。

（3）依法不需要在车船登记管理部门登记的机场港口、铁路站场内部行驶或作业的车船，自《车船税法》实施之日起5年内免征车船税。

五、征收管理

（一）纳税期限

车船税纳税义务发生时间为取得车船所有权或者管理权的当月，以购买车船的发票或其他证明文件所载日期的当月为准。

（二）纳税地点

车船税纳税地点是车船的登记地或车船税扣缴义务人所在地。依法不需要办理登记的车船，其车船税纳税地点是车船的所有人或管理人主管税务机关所在地。

扣缴义务人代收代缴车船税的，纳税地点是扣缴义务人所在地。

纳税人自行申报缴纳车船税的，纳税地点是车船登记地的主管税务机关所在地。

（三）纳税申报

车船税按年申报，分月计算，一次性缴纳。车船税由税务机关负责征收。从事机动车第三者责任强制保险业务的保险机构是机动车车船税的扣缴义务人，应当在收取保险费时依法代收车船税。

第二节　印花税

印花税是以经济活动和经济交往中书立、领受应税凭证的行为为征税对象而征收的一种税。印花税法是指国家制定的用以调整印花税征收与缴纳权利及义务关系的法律规范。

动漫微课 8-1

无处不在的印花税

印花税可以增加财政收入，促进国家的财政发展，有利于培养公民的纳税意识，利于配合和加强经济合同的监督管理。与其他税种相比，印花税具有以下特点：①征税范围广泛；②税率较低，税负轻；③兼有行为税和凭证税的性质；④由纳税人自行完成纳税义务。

一、纳税义务人

印花税纳税义务人是在中华人民共和国境内书立应税凭证或者进行证券交易的单位和个人。应税凭证包括合同、产权转移书据和营业账簿。同一经济行为中，印花税的纳税人一定是两个或两个以上的。例如，借款合同印花税的应纳税人是借款合同双方，即合同的甲、乙双方都要缴纳印花税。印花税纳税义务人明细表见表8-2。

表8-2　印花税纳税义务人明细表

纳税人	具体情况
立合同人	各类合同的当事人，即对凭证有直接权利义务关系的单位和个人，但不包括合同的担保人、证人和鉴定人。代理人也可实行代理纳税义务
立据人	订立产权转移书据的单位和个人
立账簿人	设立并使用营业账簿的单位和个人
使用人	在国外书立、领受，但在国内使用应税凭证的单位和个人
各类电子应税凭证签订人	以电子形式签订的各类应税凭证的单位和个人

【例8-5】（多项选择题）“产权转移书据”税目缴纳印花税的有（　　）。（2018注册会计师考试试题）

A.商品房销售合同　　B.专利实施许可合同

C.股权转让合同　　D.专利申请权转让合同

【答案】ABC。

二、征税范围、税目与税率

《中华人民共和国印花税法》（以下简称《印花税法》）明确规定了印花税应当纳税的项目，具体划定了印花税的征税范围。

（一）征税范围

应税凭证，是指《印花税法》所附《印花税税目税率表》列明的合同、产权转移书据和营业账簿。

证券交易，是指转让在依法设立的证券交易所、国务院批准的其他全国性证券交易场所交易的股票和以股票为基础的存托凭证。

（二）税目与税率

对于各种经济合同及合同性质的凭证，记载资金的账簿、产权转移书据等，采用比例税率。税率幅度较大，最高比例税率为1‰，最低比例税率为0.05‰，可见，最高比例税率是最低比例税率的20倍。印花税税目税率见表8-3。

表8-3　印花税税目税率表

税目		税率	备注
合同（指书面合同）	借款合同	借款金额的0.05‰	指银行业金融机构、经银行业监管机构批准设立的其他金融机构与借款人（不包括同业拆借）的借款合同
	融资租赁合同	租金的0.05‰	
	买卖合同	价款的0.3‰	指动产买卖合同（不包括个人书立的动产买卖合同）
	承揽合同	报酬的0.3‰	
	建设工程合同	价款的0.3‰	
	运输合同	运输费用的0.3‰	指货运合同和多式联运合同（不包括管道运输合同）
	技术合同	价款、报酬或使用费的0.3‰	不包括专利权、专有技术使用权转让书据
	租赁合同	租金的1‰	
	保管合同	保管费的1‰	
	仓储合同	仓储费的1‰	
	财产保险合同	保险费的1‰	不包括再保险合同

续表

税目		税率	备注
产权转移书据	土地使用权出让书据	价款的0.5‰	转让包括买卖（出售）、继承、赠与、互换、分割
	土地使用权、房屋等建筑物和构筑物所有权转让书据（不包括土地承包经营权和土地经营权转移）	价款的0.5‰	
	股权转让书据（不包括应缴纳证券交易印花税的）	价款的0.5‰	
	商标专用权、著作权、专利权、专有技术使用权转让书据	价款的0.3‰	
营业账簿		实收资本（股本）、资本公积合计金额的0.25‰	
证券交易		成交金额的1‰	

提示

商品房销售合同不属于购销合同，应按“产权转移书据”税目缴纳印花税。

个人无偿赠送不动产所签订的“个人无偿赠与不动产登记表”按“产权转移书据”税目缴纳印花税。

三、计税依据

1. 应税合同的计税依据，为合同所列的金额，不包括列明的增值税税款。

2. 应税产权转移书据的计税依据，为产权转移书据所列的金额，不包括列明的增值税税款。

如果应税合同、产权转移书据未列明金额的，印花税的计税依据按照实际结算的金额确定；不能按照上述金额确定的，按照书立合同、产权转移书据时的市场价格确定；依法应当执行政府定价或者政府指导价的，按照国家有关规定确定。

3. 应税营业账簿的计税依据，为账簿记载的实收资本（股本）、资本公积合计金额。已缴纳印花税的营业账簿，以后年度记载的实收资本（股本）、资本公积合计金额比已缴纳印花税的实收资本（股本）、资本公积合计金额增加的，按照增加部分计算应纳税额。

4. 证券交易的计税依据为成交金额。证券交易无转让价格的，按照办理过户登记手续时该证券前一个交易日收盘价计算确定计税依据；无收盘价的，按照证券面值计算确定计税依据。

提示

如果一份合同载有一个或几个经济事项，可以同时适用一个或几个税率分别计算缴纳印花税。但属于同一笔金额或几个经济事项金额未分开的，应按从高计税，而不是分别计税。

【例8-6】（案例分析题）申万科技有限公司委托其他单位研发金融软件系统，支付给受托方研发人员的工资报酬共计145万元。根据相关资料和合同显示，此笔研发费用真实。双方签订的技术服务合同中，将此笔费用填入“免征项目”经费栏。因此，未缴纳印花税。

【要求】分析该公司未缴纳印花税的做法是否正确。

【答案】不正确。对技术开发合同，研究开发经费不作为计税依据。但对合同约定按研究开发经费的一定比例作为报酬的，应按其比例报酬金额计税。合同中注明研究经费是指研究开发工作所需的成本，报酬是指该项目开发成果的使用费和研究开发人员的科研补贴。

【解析】案例中，当事人双方应当写明合同研究开发经费的总金额，以及研究开发经费和报酬的来源。如果是合作开发，应当在合同中分别明确双方应分担经费的数额。税务机关可以有依据地判定是否缴纳印花税，而不是由企业笼统将各种费用归类于经费，此做法有逃避缴纳印花税的嫌疑。

四、应纳税额的计算

印花税纳税人的应纳税额，根据应税凭证的性质，分别按比例税率或定额税率计算，计算公式为：

应纳税额=应税凭证计税金额（或应税凭证件数）×适用税率

（1）凭证以“金额”“收入”“费用”作为计税依据的，应全额计税，不得做任何扣除。

（2）同一凭证，载有两个或两个以上经济事项且适用不同税目税率，如分别列明金额的，应分别计算应纳税额，相加后按合计税额缴纳印花税；如未分别列明金额的，从高适用税率。

（3）同一应税凭证由两方以上当事人书立的，按照各自涉及的金额分别计算应纳税额。

（4）商品购销活动中，采用以货换货方式进行商品交易签订的合同，应按合同所载的购、销合计金额计税贴花。

【例8-7】（计算题）景阳有限公司2024年5月开业，当年发生以下有关业务事项：与其他企业订立转移专用技术使用权书据1份，所载金额为400万元；订立产品购销合同1份，所载金额为300万元；订立借款合同1份，所载金额为700万元。

【要求】计算该企业应缴纳的印花税税额。

【答案】

（1）企业订立产权转移书据应纳税额：

应纳税额=4 000 000×0.3‰=1 200（元）

（2）企业订立购销合同应纳税额：

应纳税额=3 000 000×0.3‰=900（元）

（3）企业订立借款合同应纳税额：

应纳税额=7 000 000×0.05‰=350（元）

（4）当年企业应纳印花税税额：

应纳税额=1 200+900+350=2 450（元）

【例8-8】（单项选择题）2024年7月顺达公司接受委托签订技术开发合同一份，合同约定技术开发金额共计1 200万元，其中研发费用与报酬比例为3：1。作为承包方又签订建筑安装工程承包合同一份，总金额500万元，将其中的200万元分包给另一单位，签订分包合同。顺达公司2024年5月应缴纳印花税（　　）。

A.1 200元　　B.2 500元　　C.1 800元　　D.3 000元

【答案】D。

【解析】对合同约定按研发费用比例作为报酬的，应按该比例报酬缴纳印花税。对技术开发合同，只根据合同所载的报酬金额计税，研究开发经费不作为计税依据。

应缴纳印花税=300×0.3‰×10 000+（500+200）×0.3‰×10 000=3 000（元）

五、税收优惠

下列情形凭证免征印花税：

（1）应税凭证的副本或者抄本。

（2）依照法律规定应当予以免税的外国驻华使馆、领事馆和国际组织驻华代表机构为获得馆舍书立的应税凭证。

（3）中国人民解放军、中国人民武装警察部队书立的应税凭证。

（4）农民、家庭农场、农民专业合作社、农村集体经济组织、村民委员会购买农业生产资料或者销售农产品书立的买卖合同和农业保险合同。

（5）无息或者贴息借款合同、国际金融组织向中国提供优惠贷款书立的借款合同。

（6）财产所有权人将财产赠与政府、学校、社会福利机构、慈善组织书立的产权转移书据。

（7）非营利性医疗卫生机构采购药品或者卫生材料书立的买卖合同。

（8）个人与电子商务经营者订立的电子订单。

提示

自2022年1月1日起至2024年12月31日，由省、自治区、直辖市人民政府根据本地区实际情况，以及宏观调控需要，对增值税小规模纳税人、小型微利企业和个体工商户可以在50%的税额幅度内减征城市维护建设税、房产税、城镇土地使用税和印花税（不含证券交易印花税）、耕地占用税和教育费附加、地方教育附加。

六、征收管理

（一）纳税义务发生时间及期限

印花税的纳税义务发生时间为纳税人书立应税凭证或者完成证券交易的当日。印花税按季、按年或者按次计征。实行按季、按年计征的，纳税人应当自季度、年度终了之日起15日内申报缴纳税款；实行按次计征的，纳税人应当自纳税义务发生之日起15日内申报缴纳税款。

实际工作中，印花税按季、按年或按次计征。纳税人可以与增值税等税种于网上申报系统一并缴纳，通常应于次月15日内申报并缴纳税款。

（二）纳税地点

纳税人为单位的，应当向其机构所在地的主管税务机关申报缴纳印花税；纳税人为个人的，应当向应税凭证书立地或者纳税人居住地的主管税务机关申报缴纳印花税。

不动产产权发生转移的，纳税人应当向不动产所在地的主管税务机关申报缴纳印花税。

纳税人为境外单位或者个人，在境内有代理人的，以其境内代理人为扣缴义务人；在境内没有代理人的，由纳税人自行申报缴纳印花税。

证券登记结算机构为证券交易印花税的扣缴义务人，应当向其机构所在地的主管税务机关申报解缴税款以及银行结算的利息。

提示

签订的购销合同未履行，不论合同是否兑现，当事双方都应当按规定贴花，多贴的印花税票，不得申请退税或者抵扣。

印花税的纳税人应按照《印花税法》的有关规定及时办理纳税申报，并如实填写“财产和行为税纳税申报表”和“印花税税源明细表”（见表8-4）。

表8-4　　印花税税源明细表

纳税人识别号（统一社会信用代码）：□□□□□□□□□□□□□□□□□□

纳税人（缴费人）名称：　　金额单位：人民币元（列至角分）

序号	应税凭证税务编号	应税凭证编号	应税凭证名称	申报期限类型	应税凭证数量	税目	子目	税款所属期起	税款所属期止	应税凭证书立日期	计税金额	实际结算日期	实际结算金额	税率	减免性质代码和项目名称	对方书立人信息		
																对方书立人名称	对方书立人纳税人识别号（统一社会信用代码）	对方书立人涉及金额
1																		
2																		
3																		

第三节　车辆购置税

动漫微课 8-2

买车要交什么税呢？

车辆购置税是指在中华人民共和国境内向购置汽车、有轨电车、汽车挂车、排气量超过150毫升的摩托车的购置者征收的一种税。车辆购置税法是国家制定的用以调整车辆购置税征收与缴纳权利及义务关系的法律规范。现行车辆购置税法的基本规范，是自2019年7月1日起施行的《中华人民共和国车辆购置税法》。

征收车辆购置税有利于筹集财政资金，并将资金用于交通建设的专门用途，促进交通基础设施事业的发展；有利于规范政府行为，遏制乱收费；有利于调节收入差距；有利于配合打击车辆走私行为，维护国家权益。车辆购置税的征收具有以下特点：①征收范围单一，只以购置的特定车辆为征税对象；②征收环节单一，实行一次课征制；③征收方法和税率单一；④价外征收，税额是附加在价格之外的，纳税人即负税人，税负不易发生转嫁。

一、纳税义务人与征税范围

（一）纳税义务人

车辆购置税是以在中国境内购置规定车辆为课税对象、在特定的环节向车辆购置者一次性征收的税。在中国境内购置汽车、有轨电车、汽车挂车、排气量超过150ml的摩托车的单位和个人，为车辆购置税的纳税人。

车辆购置税的纳税人是购买、进口、自产、受赠、获奖或以其他方式取得并自用的应税车辆的单位和个人。纳税人进口自用应税车辆，是指纳税人直接从境外进口或委托代理进口自用的应税车辆，不包括在境内购买的进口车辆。购置已经征收过车辆购置税的车辆，不再征收车辆购置税。

（二）征税范围

车辆购置税以税法列举的车辆作为征税对象，包括汽车、摩托车、电车、挂车、农用运输车。应税行为是从各种渠道取得并使用应税车辆的行为，其行为标志是“自用”。具体规定如下：

（1）汽车，包括各类汽车，如农用运输车。

（2）摩托车。排放量超过150毫升的摩托车，包括轻便摩托车、二轮摩托车、三轮摩托车。

（3）有轨电车。

（4）挂车，包括全挂车、半挂车。

【例8-9】（多项选择题）下列车辆，属于车辆购置税征税范围的有（　　）。

A.排气量200毫升的摩托车

B.有轨电车

C.汽车挂车

D.电动自行车

【答案】ABC。

二、税率和计税依据

（一）税率

车辆购置税实行统一比例税率，税率为10%。

（二）计税依据

计税依据为应税车辆的计税价格，按下列规定确定：

（1）购买自用应税车辆的计税价格，为纳税人实际支付给销售者的全部价款，不包括增值税税款，包括随购买车辆支付的工具件和零部件价款、车辆装饰费等。

（2）进口自用应税车辆的计税价格，为关税完税价格加关税和消费税。

（3）自产自用应税车辆的计税价格，按照纳税人生产的同类应税车辆的销售价格确定，不包括增值税税款。

（4）以受赠、获奖或其他方式取得自用应税车辆的计税价格，按购买应税车辆时相关凭证载明的价格确定，不包括增值税税款。

三、应纳税额的计算

车辆购置税实行从价定率的方法计算应纳税额，计算公式为：

应纳税额=计税依据×税率

（一）购买自用应税车辆应纳税额的计算

纳税人购买自用的应税车辆的计税价格，除了支付给销售者的全部价款和价外费用以外，还会涉及代收款项的处理。代收款项是否计入购买款项，主要看开具发票的单位，如果是代收单位（受托方）开具发票，即受托方收取款项，则视为代收单位价外费用，并入计税依据中一并征税；如果委托方开具发票，受托方只履行代收义务，不并入计税价格。

保险费的处理，看保险费的发票由谁开具。保险公司开具的发票，不属于车辆购置税的计税依据；销售方售车时自己开具保险票据，则保险费计入计税依据。

通常纳税人取得的购车发票金额中包含增值税税款，计算车辆购置税时，应换算为不含增值税的计税价格。其换算公式为：

计税价格=（含增值税的销售价格+价外费用）÷（1+增值税税率或征收率）

【例8-10】（单项选择题）2024年5月张某从汽车销售专卖店（增值税一般纳税人）购置了一辆排气量为1.8升的乘用车，支付购车款（含增值税）280 000元，支付购买工具件价款（含增值税）2 000元，取得“机动车销售统一发票”，支付代收保险费1 100元并取得保险公司开具的票据。张某应缴纳的车辆购置税为（　　）元。

A. 264 000　　B. 220 000　　C. 249 557.52　　D. 250 000

【答案】C。

【解析】应缴纳的车辆购置税=（280 000+2 000）÷（1+13%）×10%=24 955.75（元）

【例8-11】（计算题）2024年10月张某从汽车销售公司购买一辆自用的小汽车，支付含增值税税款在内款项180 000元，支付代收临时牌照费600元、代收保险费1 000元，支付购买工具件和零配件价款25 000元及车辆装饰费1 800元。所支付的款项均由该汽车销售公司开具“机动车销售统一发票”和有关票据。

【要求】计算张某应缴纳的车辆购置税。

【答案】

（1）计税依据=（180 000+600+1 000+25 000+1 800）÷（1+13%）

=184 424.78（元）

（2）应纳税额=184 424.78×10%=18 442.5（元）

提示

购买自用的应税车辆包括购买国产车和购买进口车。购买进口车并不是指自行进口自用车辆，而是指购买别人进口的车辆。

（二）进口自用应税车辆应纳税额的计算

纳税人进口应税车辆自用的，由进口自用方纳税。进口车辆用于销售、抵债、以物易物等，不属于进口自用应税车辆的行为。

纳税人进口自用的应税车辆应纳税额的计算公式为：

应纳税额=（关税完税价格+关税+消费税）×税率

或　**应纳税额=［（关税完税价格+关税）÷（1-消费税税率）］×税率**

如果进口车辆不属于消费税征税范围的，则计算公式为：

应纳税额=（关税完税价格+关税）×税率

【例 8-12】（计算题）2024 年 10 月，宇拓外贸进出口公司从国外进口 10 辆小轿车。经海关审核报关资料后，确定关税完税价格为每辆 215 000 元，海关每辆征收关税 47 000元，并分别代征了每辆小轿车进口消费税 26 200元和增值税 43 000元。宇拓外贸进出口公司留一辆进口小轿车在本单位使用。

【要求】计算该公司应缴纳的车辆购置税。

【答案】

（1）计税依据=215 000+47 000+26 200=288 200（元）

（2）应纳税额=288 200×10%=28 820（元）

（三）其他自用应税车辆应纳税额的计算

纳税人自产自用、受赠、获奖使用和以其他方式取得并自用应税车辆的计税价格，不能取得该车辆的购置价格或低于最低计税价格的，以国家税务总局核定的最低计税价格作为计税依据。最低计税价格为不含税的价格。计算公式为：

应纳税额=最低计税价格×税率

【例 8-13】（计算题）宇达客车制造厂将自产的一辆Ⅳ型号的客车用于该厂后勤服务，在办理车辆上牌前，出具的车辆发票上注明金额为 115 000元，并按此金额向主管税务机关申报纳税。经审核，国家税务总局对该车同类型车辆核定的最低计税价格为 92 000元。

【要求】计算该厂自用该车应缴纳的车辆购置税。

【答案】应纳税额=92 000×10%=9 200（元）

四、税收优惠

（1）外国驻华使馆、领事馆和国际组织驻华机构及其外交人员自用车辆免税。

（2）中国人民解放军和中国人民武装警察部队列入军队武器装备订货计划的车辆免税。

（3）悬挂应急救援专用号牌的国家综合性消防救援车辆免税。

（4）设有固定装置的非运输专用作业车辆免税。

（5）城市公交企业购置的公共汽电车辆免税。

（6）回国服务的在外留学人员用现汇购买 1 辆个人自用国产小汽车和长期来华定居专家进口 1 辆自用小汽车免税。

（7）防汛部门和森林消防部门用于指挥、检查、调度、报汛（警）、联络的由指定厂家生产的设有固定装置的指定型号的车辆免税。

（8）购置的新能源汽车免税。免征车辆购置税的新能源汽车，后续转让、交易时不再补缴。

（9）排气量在150毫升（含）以下的摩托车，免征车辆购置税。

提示

对购置日期在2024年1月1日至2025年12月31日期间的新能源汽车免征车辆购置税，其中，每辆新能源乘用车免税额不超过3万元；对购置日期在2026年1月1日至2027年12月31日期间的新能源汽车减半征收车辆购置税，其中，每辆新能源乘用车减税额不超过1.5万元。

五、征收管理

（一）纳税申报

车辆购置税实行一次课税制度，由税务机关负责征收，通常在纳税人在向公安机关等车辆管理机构办理车辆登记注册手续前缴纳。

（二）纳税地点

纳税人购置应税车辆，应当向车辆登记地的主管税务机关申报缴纳车辆购置税；购置不需要办理车辆登记的应税车辆的，应当向纳税人所在地的主管税务机关申报缴纳车辆购置税。车辆登记注册地是指车辆的上牌落籍地或落户地。

（三）纳税期限

车辆购置税的纳税义务发生时间为纳税人购置应税车辆的当日。纳税人购买车辆，应当自购买之日起60日内申报纳税，车辆购置税税款应当一次缴清。扣缴义务人未按规定期限缴税的，税务机关除责令限期缴纳外，应当从滞纳税款之日起，按日加收滞纳税款的0.5‰滞纳金。

免税车辆因转让、改变用途等原因，其免税条件消失的，纳税人应在免税条件消失之日起60日内到主管税务机关重新申报纳税。实际生活中，如果纳税人将已征车辆购置税的车辆退回车辆生产企业或者销售企业的，可以向主管税务机关申请退还车辆购置税。

提示

纳税人办理纳税申报时，应如实填写《车辆购置税纳税申报表》，同时提供以下资料：①纳税人身份证明；②车辆价格证明；③车辆合格证明；④税务机关要求提供的其他资料。

本章小结

知识点❶ 车船税的纳税义务人，是指在中国境内，车辆、船舶（简称车船）的所有人或管理人，应当依《车船税法》的规定缴纳车船税。

知识点❷ 印花税是以经济活动和经济交往中，书立、领受应税凭证的行为为征税对象而征收的一种税。

知识点❸ 印花税的纳税义务人包括立合同人、立据人、立账簿人、领受人、使用人和各类电子应税凭证的签订人。

知识点❹ 《印花税法》明确规定印花税应当纳税的项目，具体划定了印花税的征税范围。印花税共有四大类税目。采用比例税率和定额税率两种形式。

思考题

1. 简述车船税征税范围。
2. 简述车船税税收优惠政策。
3. 简述印花税的具体税目。
4. 如何根据车辆购置税的计税依据计算其应纳税额？
5. 简述车辆购置税的税收优惠政策。

练习题

1. 创利宝公司于2024年2月成立，领取了房产证、土地使用证、营业执照、银行基本账户开户许可证、商标注册证，资金账簿记载实收资本3 000万元，发生经济业务如下：

（1）3月初，将一间门面房租给某商户，签订财产租赁合同，租期一年，合同记载不含增值税的年租金15万元，本年内取得租金收入4.5万元。出租闲置的设备，签订租赁合同，月租金500元，但未确定具体租赁期限。

（2）4月，以一栋房产作抵押，取得银行抵押贷款60万元，并签订抵押贷款合同，年底由于资金周转困难，按合同约定将价值40万元的房产产权转移给银行，并依法签订产权转移书据。

（3）5月，与天诚公司签订货物运输保管合同，记载运费7万元、装卸费2万元、仓储保管费8万元。

（4）6月，与通汇公司签订转让技术合同，转让收入按创利宝公司2024年实现利润的30%收取。

【要求】

（1）计算当年该公司营业账簿应缴纳的印花税。

（2）计算当年该公司签订租赁合同应缴纳的印花税。

（3）计算当年该公司以房产抵押贷款业务应缴纳的印花税。

（4）计算当年该公司签订货物运输保管合同应缴纳的印花税。

（5）计算当年该公司签订技术转让合同应缴纳的印花税。

（6）计算当年该公司共计应缴纳的印花税。

2. 达力有限责任公司为增值税一般纳税人。2024年5月经营业务如下：

进口轻型商务客车2辆用于公司经营，国外买价折合人民币900 000元。运抵我国入关地前支付的运费折合人民币70 000元、保险费折合人民币20 000元。入关后运抵公司所在地，取得运输公司开具的增值税专用发票，注明运费10 000元、税额1 000元。该轻型商务客车的关税税率为20%，消费税税率为5%。

【要求】计算该公司应缴纳的车辆购置税。

3. 马氏公司为小规模纳税人，于2024年4月开业，领受营业执照，与其他企业订立转移专有技术使用权书据一个，所载金额为100万元；订立了两个产品购销合同，所载金额为200万元；订立借款合同一份，所载金额为60万元。公司营业账簿中，“实收资本”账户记载资金500万元，其他营业账簿10本。2024年10月该企业“实收资本”所载资金增加为600万元。

【要求】计算该公司2024年共需缴纳的印花税税额，缴纳的方式有几种？

第九章

城镇土地使用税和耕地占用税

【学习目标】

1. 掌握城镇土地使用税的纳税义务人和征税范围。
2. 掌握耕地占用税的纳税义务人和征税范围。
3. 掌握城镇土地使用税和耕地占用税计税依据和应纳税额的计算。
4. 熟悉城镇土地使用税和耕地占用税的税收优惠。

案例导入

某企业租用的个人住宅作办公用房，占地面积约100平方米，占用郊区草地建设奶牛饲养厂，该企业是否需要缴纳城镇土地使用税和耕地占用税?

第一节　城镇土地使用税

城镇土地使用税是以国有及集体土地为征税对象，对拥有土地使用权的单位和个人征收的一种税。城镇土地使用税法是指国家制定的调整城镇土地使用税征收与缴纳权利及义务关系的法律规范。征收城镇土地使用税有利于促进土地资源的合理使用，筹集地方财政资金。城镇土地使用税根据不同地区的经济状况制定了不同的税率，从而调节土地级差收入。城镇土地使用税在核算时计入企业的税金及附加，可以在企业所得税税前扣除。

城镇土地使用税具有特点：①征税范围较广，包括城市、县城、建制镇、工矿区内的国家和集体所有的土地；②征税对象是国有土地；③按地区实行差别幅度定额税率。幅度税额可以调节不同地区、不同地段之间的土地级差收益，平衡各地区的税负。

一、纳税义务人与征税范围

（一）纳税义务人

城镇土地使用税的纳税人为在城市、县城、建制镇、工矿区范围内使用土地的单位和个人。包括：

（1）拥有土地使用权的单位和个人。

（2）拥有土地使用权的单位和个人不在土地所在地的，纳税人为其土地的实际使用人和代管人。

（3）土地使用权未确定或权属纠纷未解决的，纳税人为其实际使用人。

（4）土地使用权共有的，纳税人为共有各方，由共有各方分别纳税。

（5）在城镇土地使用税征税范围内，承租集体所有建设用地的，纳税人为直接从集体经济组织承租土地的单位和个人。

几个人或几个单位共同拥有一块土地的使用权，纳税人应以其实际使用的土地面积占总面积的比例，分别计算缴纳城镇土地使用税。

【例9-1】（计算题）滨海城市的甲公司与乙公司共同拥有一块土地的使用权，这块土地面积共2 500平方米，甲公司实际使用1/4，乙公司实际使用3/4，每平方米缴纳城镇土地使用税15元。

【要求】计算甲公司与乙公司应缴纳的城镇土地使用税。

【答案】甲公司缴纳城镇土地使用税=2 500×1/4×15=9 375（元）

乙公司缴纳城镇土地使用税=2 500×3/4×15=28 125（元）

（二）征税范围

城镇土地使用税的征税范围，包括在城市、县城、建制镇和工矿区内的国家所有和集体所有的土地。

（1）城市是指经国务院批准设立的市。城市的土地包括市区和郊区的土地。

（2）县城是指县人民政府所在地。县城的土地是指县人民政府所在地的城镇的土地。

（3）建制镇是指经省、自治区、直辖市人民政府批准设立的建制镇。建制镇的土地是指镇人民政府所在地的土地。

（4）工矿区是指须经省、自治区、直辖市人民政府批准，工商业比较发达，人口比较集中，符合国务院规定的建制镇标准，但尚未设立建制镇的大中型工矿企业所在地。

建立在城市、县城、建制镇和工矿区以外的企业不需要缴纳城镇土地使用税。

提示

自2023年1月1日起至2027年12月31日止，对物流企业自有（包括自用和出租）或承租的大宗商品仓储设施用地，减按所属土地等级适用税额标准的50%计征城镇土地使用税。

二、税率、计税依据和应纳税额的计算

（一）税率

城镇土地使用税采用有幅度的差别定额税率。按大、中、小城市和县城、建制镇、

工矿区分别规定每平方米城镇土地使用税年应纳税额。经济落后地区，城镇土地使用税的适用税额标准可以适当降低，但降低额不得超过规定最低税额的30%。经济发达地区的适用税额标准可以适当提高，但须报财政部批准。城镇土地使用税的税率标准见表9-1。

表9-1 城镇土地使用税税率标准

级别	人口（人）	每平方米税额（元）
大城市	50万以上	1.5 ~ 30
中等城市	20万~50万	1.2 ~ 24
小城市	20万以下	0.9 ~ 18
县城、建制镇、工矿区		0.6 ~ 12

（二）计税依据

城镇土地使用税以纳税人实际占用的土地面积为计税依据。土地面积计量标准为每平方米。纳税人根据实际占用的土地面积，按规定的税额计算应纳税额，缴纳城镇土地使用税。

纳税人实际占用的土地面积的确定如下：

（1）由省、自治区、直辖市人民政府确定的单位组织测定土地面积的，以测定的面积为准。

（2）尚未组织测定，但纳税人持有政府部门核发的土地使用证书的，以证书确认的土地面积为准。

（3）尚未核发土地使用证书的，应由纳税人据实申报土地面积，先据此缴纳税款，待核发土地使用证书后再做调整。

（4）单独建造的地下建筑用地，已取得地下土地使用权证的，按土地使用权证确认的土地面积计算税款；未取得地下土地使用权证或地下土地使用权证上未标明土地面积的，按地下建筑垂直投影面积计算税款。对地下建筑用地暂按应征税款的50%征收城镇土地使用税。

（三）应纳税额的计算方法

城镇土地使用税的应纳税额可以通过纳税人实际占用的土地面积乘以该土地所在地段的适用税额求得。其计算公式为：

全年应纳税额=实际占用应税土地面积×适用税额

【例9-2】（计算题）丰泽有限公司使用土地面积为11 000平方米，经税务机关核定，该应税土地每平方米年税额为5元。

【要求】计算该公司全年应缴纳的城镇土地使用税税额。

【答案】全年应纳税额=11 000×5=55 000（元）

三、税收优惠

（一）法定免征城镇土地使用税的优惠

（1）国家机关、人民团体、军队自用的土地。这部分土地是指这些单位本身的办公用地和公务用地。如国家机关、人民团体的办公楼用地，军队的训练场用地等。

（2）由国家财政部门拨付事业经费的单位自用的土地。由国家财政部门拨付事业经费的单位，是指由国家财政部门拨付经费，实行全额预算管理或差额预算管理的事业单位，不包括实行自收自支、自负盈亏的事业单位。例如，学校的教学楼、操场、食堂等占用的土地免征城镇土地使用税。

（3）宗教寺庙、公园、名胜古迹自用的土地。寺庙、公园、名胜古迹等生产、经营用地和其他用地，应按规定缴纳城镇土地使用税，例如，公园、名胜古迹中附设的营业单位，如饮食部、茶社、影剧院、照相馆等使用的土地应缴纳城镇土地使用税。

（4）市政街道、广场、绿化地带等公共用地。

（5）直接用于农、林、牧、渔业的生产用地。直接从事于种植养殖、饲养的专业用地，不包括农副产品加工场地和生活办公用地。

（6）经批准开山填海整治的土地和改造的废弃土地，从使用的月份起免征城镇土地使用税5~10年。

（7）对盐场的盐滩、盐矿的矿井用地，暂免征收城镇土地使用税。

（8）对非营利性医疗机构、疾病控制机构和妇幼保健机构等卫生机构自用的土地。

（9）对国家拨付事业经费和企业办的各类学校、托儿所、幼儿园自用的土地，免征城镇土地使用税。

（二）省、自治区、直辖市税务局确定的城镇土地使用税减免优惠

（1）个人所有的居住房屋及院落用地。

（2）房产管理部门在房租调整改革前经租的居民住房用地。

（3）免税单位职工家属的宿舍用地。

（4）集体和个人办的各类学校、医院、托儿所、幼儿园用地。

【例9-3】（单项选择题）下列各项中，属于《中华人民共和国城镇土地使用税暂行条例》直接规定的免税项目是（　　）。

A. 宗教寺庙自用的土地

B. 个人所有的居住房屋及院落用地

C. 免税单位职工家属的宿舍用地

D. 个人办的医院、托儿所和幼儿园

【答案】A。

【解析】BCD选项属于由省、自治区、直辖市税务局确定减免税的项目。

【例9-4】（单项选择题）某盐场2024年度占地300 000平方米，其中办公楼占地30 000平方米，盐场内部绿化占地40 000平方米，盐场附属幼儿园占地10 000平方米，盐滩占地220 000平方米。盐场所在地城镇土地使用税单位年税额每平方米0.8元。该盐场2024年应缴纳的城镇土地使用税为（　　）元。

A. 17 000　　B. 56 000　　C. 59 000　　D. 150 000

【答案】B。

【解析】企业办的学校、医院、托儿所、幼儿园，其用地能与企业其他用地明确区分的，免征城镇土地使用税；盐场的盐滩占地暂免征收城镇土地使用税。

2024年应缴纳的城镇土地使用税=（300 000−10 000−220 000）×0.8=56 000（元）

四、征收管理

（一）纳税期限

动漫微课 9-1

何时该缴城镇土地使用税

城镇土地使用税实行按年计算、分期缴纳的征收方法，纳税期限由省、自治区、直辖市人民政府确定。

（二）纳税义务发生时间

（1）纳税人购置新建商品房，自房屋交付使用之次月起，缴纳城镇土地使用税。

（2）纳税人购置存量房，自办理房屋权属转移、变更登记手续，房地产权属登记机关签发房屋权属证书的次月起，缴纳城镇土地使用税。

（3）纳税人出租、出借房产，自交付出租、出借房产之次月起，缴纳城镇土地使用税。

（4）以出让或转让方式有偿取得土地使用权的，应由受让方从合同约定交付土地时间的次月起缴纳城镇土地使用税；合同未约定交付土地时间的，由受让方从合同签订的次月起缴纳城镇土地使用税。

（5）纳税人新征用的耕地，自批准征用之日起满1年时开始缴纳城镇土地使用税。

（6）纳税人新征用的非耕地，自批准征用次月起缴纳城镇土地使用税。

提示

通过招标、拍卖和挂牌等方式取得的建设用地，不属于新征用的耕地，应从合同约定交付土地时间的次月起缴纳城镇土地使用税，合同未约定交付土地时间的，从合同签订的次月起缴纳城镇土地使用税。

（三）纳税地点

城镇土地使用税在土地所在地缴纳，由土地所在地的税务机关征收。纳税人使用的土地不属于同一省、自治区、直辖市管辖的，由纳税人分别向土地所在地的税务机关纳税；在同一省、自治区、直辖市管辖范围内，纳税人跨地区使用的土地，其纳税地点由各省、自治区、直辖市税务局确定。

【例9-5】（案例分析题）中川有限公司生产经营地点为黑龙江省，同时在河北省有一处经营用房。该公司在黑龙江省市场监督管理部门领取了营业执照，并在黑龙江省税务局办理了税务登记。该公司财务人员将河北省的经营用房应缴纳的房产税和城镇土地使用税，在黑龙江省税务机关办理了纳税申报。

【要求】分析该公司财务人员纳税地点是否正确。

【解析】财务人员的纳税地点是错误的。房产税与城镇土地使用税应在不动产所在地缴纳。

城镇土地使用税的纳税人应及时办理纳税申报，并填写“财产和行为税纳税申报表”（见第七章表7-2）和“城镇土地使用税、房产税税源明细表”（见第七章表7-3，首次申报或税源信息发生变化时）。

第二节　耕地占用税

耕地占用税是对占用耕地建房或从事非农业建设的单位和个人，根据实际占用的耕地面积征收的一种税。耕地占用税属于对特定土地资源的占用课税。耕地占用税法是指国家制定的调整耕地占用税征收与缴纳权利及义务关系的法律规范。

开征耕地占用税有利于保护国土资源，节约、合理地使用耕地资源，促进农业可持续发展，促进耕地管理，保护农民的切身利益等。耕地占用税具有以下特点：采用地区差别税率；耕地环节一次性征收；兼有特定行为税和资源税的性质。

一、纳税义务人与征税范围

（一）纳税义务人

耕地占用税的纳税人是指在中华人民共和国境内占用耕地建设建筑物、构筑物或从事非农业建设的单位和个人。

（二）征税范围

耕地占用税的征税范围包括纳税人占用耕地建设建筑物、构筑物或从事非农业建设的国家所有和集体所有的耕地。耕地是指用于种植农作物的土地，包括菜地、园地。其中，园地包括花圃、苗圃、茶园、果园、桑园和其他种植经济林木的土地。

占用鱼塘及其他农用土地建房或从事其他非农业建设，应视同占用耕地依法征收耕地占用税。占用耕地建设直接用于农业生产服务的生产设施，不缴纳耕地占用税。

二、税率和应纳税额的计算

（一）税率

由于在我国的不同地区之间人口和耕地资源的分布极不均衡，有些地区人口稠密，耕地资源相对匮乏；而有些地区则人烟稀少，耕地资源比较丰富。各地区之间的经济发展水平也有很大差异。考虑到不同地区之间客观条件的差别以及与此相关的税收调节力度和纳税人负担能力方面的差别，耕地占用税在税率设计上采用了地区差别定额税率。耕地占用税税额表见表9-2。各地区耕地占用税的适用税额，由省、自治区、直辖市人民政府根据人均耕地面积和经济发展等情况，在税额幅度内提出并报备案后确定。

表9-2　耕地占用税税额表

级次	地区/以县级行政区域为单位	每平方米税额（元）
1	人均耕地不超过1亩的	10~50
2	人均耕地超过1亩但不超过2亩的	8~40
3	人均耕地超过2亩但不超过3亩的	6~30
4	人均耕地超过3亩的	5~25

税率的特殊规定：①经济特区、经济技术开发区及经济发达地区且人均耕地低于0.5

亩的地区，可以适当提高耕地占用税税额，但提高的部分不得超过确定的当地适用税额的50%；②占用基本农田的，应当按照适用税额加征150%；③农村居民占用耕地新建住宅，按照当地适用税额减半征收耕地占用税。

（二）应纳税额的计算

耕地占用税采用定额税率。以纳税人实际占用的耕地面积为计税依据，以每平方米土地为计税单位，按照规定的适用税额一次性征收。应纳税额为纳税人实际占用的耕地面积（平方米）乘以适用税额。其计算公式为：

应纳税额=实际占用耕地面积×适用定额税率

【例9-6】（计算题）黑河市一家企业新占用30 000平方米耕地用于工业建设，所占耕地适用的定额税率为12元/平方米。

【要求】计算该企业应纳的耕地占用税。

【答案】应纳税额=30 000×12=360 000（元）

三、税收优惠

耕地占用税对占用耕地实行一次性征收，对生产经营单位和个人不设立减免税，仅对公益性单位和需照顾群体设立减免税。

（一）免征耕地占用税

（1）军事设施、学校、幼儿园、社会福利机构、医疗机构等占用耕地免征耕地占用税。

（2）农村烈士遗属、因公牺牲军人遗属、残疾军人及符合农村最低生活保障条件的农村居民，在规定用地标准以内新建自用住宅免征耕地占用税。

（3）建设直接为农业生产服务的生产设施的农用地免征耕地占用税，如占用耕地建设农田水利设施。

（二）减征耕地占用税

1.公共设施占用耕地：

铁路线路、公路线路、飞机场跑道、停机坪、港口、航道、水利工程占用耕地，减按每平方米2元的税额征收耕地占用税。

2.农村居民占用耕地：

（1）农村居民在规定用地标准以内占用耕地新建自用住宅，按当地适用税额减半征收耕地占用税。

（2）农村居民经批准搬迁，新建自用住宅占用耕地不超过原宅基地面积的部分，免征耕地占用税。

免征或减征耕地占用税后，纳税人又改变原占地用途，不再属于免征或减征耕地占用税情形的，应补缴耕地占用税。

3.纳税人临时占用耕地应依照规定缴税。纳税人在批准临时占用耕地的期限内恢复所占用耕地原状的，全额退还已经缴纳的耕地占用税。

4.占用林地、牧草地、农田水利用地、养殖水面及渔业水域滩涂等其他农用地建房或从事非农业建设的，征收耕地占用税。

【例9-7】（单项选择题）下列占用耕地的情形中，应减征耕地占用税的是（　　）。（2018年注册会计师考试试题）

A.医院占用耕地　　B.停机坪占用耕地

C.养老院占用耕地　　D.省政府批准成立的技工学校占用耕地

【答案】B。

四、征收管理

耕地占用税由税务机关负责征收。纳税义务发生时间为纳税人收到自然资源主管部门办理占用耕地手续的书面通知当日。纳税人自纳税义务发生之日起30日内申报缴纳耕地占用税。自然资源主管部门根据耕地占用税完税凭证或免税凭证和其他相关文件发放建设用地的批准书。

因建设项目施工或地质勘查临时占用耕地，纳税人应依照规定缴纳耕地占用税。纳税人在批准临时占用耕地期满之日起一年内依法恢复种植条件的，全额退还已缴纳的耕地占用税。

提示

耕地占用税实行“先税后证”，即自然资源主管部门根据耕地占用税完税凭证或免税凭证和其他有关文件发放建设用地批准书。

本章小结

知识点❶ 城镇土地使用税是以国有及集体土地为征税对象，对拥有土地使用权的单位和个人征收的一种税。

知识点❷ 城镇土地使用税的征税范围，包括在城市、县城、建制镇和工矿区内的国家所有和集体所有的土地。

知识点❸ 城镇土地使用税实行按年计算、分期缴纳的征收方法，纳税期限由省、自治区、直辖市人民政府确定。

知识点❹ 耕地占用税是对占用耕地建房或从事非农业建设的单位和个人，根据实际占用的耕地面积征收的一种税。

知识点❺ 耕地占用税采用定额税率。以纳税人实际占用的耕地面积为计税依据，以每平方米土地为计税单位，按照规定的适用税额一次性征收。

思考题

1. 简述城镇土地使用税的纳税义务人和征税范围。
2. 简述城镇土地使用税纳税义务发生时间。
3. 简述耕地占用税的征税范围。
4. 简述耕地占用税应纳税额的计算。
5. 简述城镇土地使用税和耕地占用税的税收优惠。

练习题

1.某单位经批准占用基本农田18 000平方米，其中，700平方米用于建造幼儿园，2 100平方米用于建造医院，其余用于建造购物中心。该地区耕地占用税税额为22元/平方米。

【要求】计算该单位应缴纳的耕地占用税。

2.甲企业与乙企业按3∶1的占用比例共用一块土地，该土地占地面积5 000平方米，所属地区城镇土地使用税每平方米年税额为3元，该地区规定城镇土地使用税每半年缴纳一次。

【要求】计算甲企业上半年应缴纳的城镇土地使用税。

3.2024年10月，农村居民刘某经批准占用基本农田1 000平方米，将其中500平方米改造成果园种植果树，另外500平方米用于新建农家院旅游项目。另外，占用普通菜地200平方米用于新建自用住宅院落（符合当地规定的住宅标准）。当地耕地占用税税额为10元/平方米。

【要求】计算刘某当年应缴纳的耕地占用税。

第十章

资源税和环境保护税

【学习目标】

1. 掌握资源税的纳税义务人和征税范围。
2. 掌握资源税的税目和计税依据。
3. 掌握资源税的应纳税额的计算。
4. 了解环境保护税的计税依据和应纳税额的计算。

案例导入

2024年1月12日，某市巡河员巡查时发现某段河道存在疑似有污染水体的情况。次日，市生态环境局、市政管理局组成指挥部立即开展排查。经查实，未发现A公司存在暗管排污行为。在与A公司进一步核实的过程中发现，A公司与B公司签订了长期供应猪血的购销合同。1月6日，高速公路结冰，B公司不能及时赶来，导致猪血变质。B公司联系C清洁公司进行处理，结果司机贪图省事将猪血排放到雨水井导致污染。市生态环境局对C清洁公司向路边雨水管非法倾倒废弃物行为处以10万元罚款，并对A公司加强监管。违法排放被处罚后，是否可以免除其相应的纳税义务？

第一节　资源税

资源税法是国家制定的用以调整资源税征收与缴纳相关权利及义务关系的法律规范，它属于对自然资源占用的课税。征收资源税能够筹集财政资金，促进对自然资源的合理开发利用，根据应税产品的品种、质量、开采方式及企业所处地理位置等客观因素的差异确定差别税率，利于调节客观因素给企业带来的级差收入，减少资源条件差异对企业盈利水平的影响，为企业平等竞争创造有利的条件。

一、纳税义务人

资源税的纳税义务人是指在中华人民共和国领域及管辖海域开发应税资源的单位和个

人。单位是指国有企业、集体企业、私营企业、股份制企业和行政单位、事业单位、军事单位、社会团体和其他单位等；个人是指个体经营者和其他个人；其他单位和其他个人包括外商投资企业、外国企业及外籍人员。

资源税仅对在中国境内开采或生产应税产品的单位和个人征收，对于进口的矿产品和盐不征收资源税。对出口应税产品也不免征或不退还已缴纳的资源税。单位和个人以应税产品投资、利润分配、抵债、赠与、以物易物等业务，视同销售，应在缴纳增值税的同时缴纳资源税。

提示

资源税纳税人要受开采地点的限制，缴纳资源税的资源开采地点应该在“境内”。资源税按进口不征、出口不退的规则，并且资源产品有应税与非应税的区别。

二、税目与税率

（一）税目

资源税的税目及子目主要根据资源税应税产品和纳税人开采资源的行业特点设置。资源税税目包括五大类，下设若干子目，涵盖了所有已经发现的矿种和盐，并对取用地表水或者地下水的单位和个人试点征收水资源税。

1.能源矿产，包括：

（1）原油，是指开采的天然原油，不包括人造石油。

（2）天然气、页岩气、天然气水合物。

（3）煤，包括原煤和以未税原煤加工的洗选煤，未税原煤指自采原煤。不包括已税原煤加工的洗选煤等。

（4）煤成（层）气。

（5）铀、钍。

（6）油页岩、油砂、天然沥青、石煤。

（7）地热。

2.金属矿产，包含黑色金属和有色金属。

3.非金属矿产，包含矿物类、岩石类和宝玉石类，比如石墨、硅藻土、高岭土、萤石、石灰岩、硫铁矿、铁矾土、叶蜡石、天然油岩、砂石、宝石等。

4.水气矿产，包含二氧化碳气、硫化氢气、氦气、氡气和矿泉水。

5.盐。

（二）税率

资源税按原矿、选矿分别设定税率，采取从价定率或从量定额，实施“级差调节”的原则。资源税税目税率幅度表见表10–1。

三、计税依据

资源税实行从价定率和从量定额计征。计税依据为应税产品的销售额和销售数量，由省级人民政府确定计征方式。

表10-1　　　　　　　　　　**资源税税目税率幅度表**

序号	税目			征税对象	税率
1	能源矿产	原油		原矿	6%
2		天然气、页岩气、天然气水合物		原矿	6%
3		煤		原矿或者选矿	2% ~ 10%
4		煤成（层）气		原矿	1% ~ 2%
5		铀、钍		原矿	4%
6		油页岩、油砂、天然沥青、石煤		原矿或者选矿	1% ~ 4%
7		地热		原矿	1% ~ 20% 或每立方米 1 ~ 30元
8	金属矿产	黑色金属	铁、锰、铬、钒、钛	原矿或者选矿	1% ~ 9%
9		有色金属	铜、铅、锌、锡、镍、锑、镁、钴、铋、汞	原矿或者选矿	2% ~ 10%
10			铝土矿	原矿或者选矿	2% ~ 9%
11			钨	选矿	6.5%
12			钼	选矿	8%
13			金、银	原矿或者选矿	2% ~ 6%
14			铂、钯、钌、锇、铱、铑	原矿或者选矿	5% ~ 10%
15			轻稀土	选矿	7% ~ 12%
16			中重稀土	选矿	20%
17			铍、锂、锆、锶、铷、铯、铌、钽、锗、镓、铟、铊、铪、铼、镉、硒、碲	原矿或者选矿	2% ~ 10%
18	非金属矿产	矿物类	高岭土	原矿或者选矿	1% ~ 6%
19			石灰岩	原矿或者选矿	1% ~ 6% 或每吨（或者每立方米）1 ~ 10元
20			磷	原矿或者选矿	3% ~ 8%
21			石墨	原矿或者选矿	3% ~ 12%
22			萤石、硫铁矿、自然硫	原矿或者选矿	1% ~ 8%
23			天然石英砂、脉石英、粉石英、水晶、工业用金刚石、冰洲石、蓝晶石、硅线石（矽线石）、长石、滑石、刚玉、菱镁矿、颜料矿物、天然碱、芒硝、钠硝石、明矾石、砷、硼、碘、溴、膨润土、硅藻土、陶瓷土、耐火黏土、铁矾土、凹凸棒石黏土、海泡石黏土、伊利石黏土、累托石黏土	原矿或者选矿	1% ~ 12%

续表

	税目			征税对象	税率
24	非金属矿产	矿物类	叶腊石、硅灰石、透辉石、珍珠岩、云母、沸石、重晶石、毒重石、方解石、蛭石、透闪石、工业用电气石、白垩、石棉、蓝石棉、红柱石、石榴子石、石膏	原矿或者选矿	2%～12%
25			其他黏土（铸型用黏土、砖瓦用黏土、陶粒用黏土、水泥配料用黏土、水泥配料用红土、水泥配料用黄土、水泥配料用泥岩、保温材料用黏土）	原矿或者选矿	1%～5%或者每吨（或者每立方米）0.1～5元
26		岩石类	大理石、花岗岩、白云岩、石英岩、砂岩、辉绿岩、安山岩、闪长岩、板岩、玄武岩、片麻岩、角闪岩、页岩、浮石、凝灰岩、黑曜岩、霞石正长岩、蛇纹岩、麦饭石、泥灰岩、含钾岩石、含钾砂页岩、天然油石、橄榄岩、松脂岩、粗面岩、辉长岩、辉石岩、正长岩、火山灰、火山渣、泥炭	原矿或者选矿	1%～10%
27			砂石	原矿或者选矿	1%～5%或者每吨（或者每立方米）0.1～5元
28		宝玉石类	宝石、玉石、宝石级金刚石、玛瑙、黄玉、碧玺	原矿或者选矿	4%～20%
29	水气矿产	二氧化碳气、硫化氢气、氦气、氡气		原矿	2%～5%
30		矿泉水		原矿	1%～20%或每吨（或每立方米）1～10元
31	盐	钠盐、钾盐、镁盐、锂盐		选矿	3%～15%
32		天然卤水		原矿	3%～15%或每吨（或每立方米）1～10元
33		海盐			2%～5%

（一）从价定率征收的计税依据

1. 确定应税产品的销售额

销售额是指纳税人销售应税产品向购买方收取的全部价款，不包括增值税销项税额和运杂费用。价外费用同增值税销售额规定一样。运杂费用是指运送应税产品从坑口或洗选（加工）地到车站、码头或购买方指定地点的运杂费用。运杂费用应与销售额分别核算，凡不能与销售额分别核算的，应当一并计征。扣减运杂费用明显偏高而导致价格偏低且无正当理由的，主管税务机关可以合理调整计税价格。

2. 特殊情形下销售额的确定

（1）开采应税矿产品由其关联单位对外销售的，纳税人按其关联单位的销售额缴纳资源税。

（2）既有对外销售应税产品，又有将应税产品用于除连续生产应税产品以外的其他方面的，则自用的这部分应税产品按纳税人对外销售应税产品的平均价格计算销售额缴纳资源税。

（3）将其开采的应税产品直接出口的，纳税人按其离岸价格（不含增值税）计算销售额缴纳资源税。

（4）纳税人用已纳资源税的应税产品再加工应税产品销售的，不再缴纳资源税。纳税人扣减当期外购已税产品购进金额，应按外购已税产品的增值税发票、海关进口增值税专用缴款书或其他合法有效凭据等确定。

（5）视同销售应税产品行为而无销售价格的，或申报的应税产品销售价格明显偏低且无正当理由的，税务机关按以下顺序确定其应税产品的计税价格：

①按纳税人最近时期同类产品的平均销售价格确定。

②按其他纳税人最近时期同类产品的平均销售价格确定。

③按后续加工非应税产品销售价格，减去后续加工环节的成本利润后确定。

应税产品计税价格=后续加工非应税产品销售价格-后续加工环节的成本利润

④按应税产品组成计税价格确定。

组成计税价格=成本×（1+成本利润率）÷（1-资源税税率）

（二）从量定额征收的计税依据

实行从量定额征收的，以销售数量为计税依据。销售数量的具体规定为：

（1）纳税人开采或生产应税产品销售的，以实际销售数量为课税数量。

（2）不能准确提供应税产品销售数量的，纳税人以应税产品的产量或主管税务机关确定的折算比换算成的数量为销售数量。

（3）纳税人以自产的液体盐加工固体盐，按固体盐税额征税，以加工的固体盐数量为课税数量。纳税人以外购的液体盐加工固体盐，其加工固体盐所耗用液体盐的已纳税额准予抵扣。

（三）视同销售的计税依据

计税销售额或销售数量，包括应税产品实际销售和视同销售。视同销售包括以下：

（1）纳税人以自采原矿直接加工为非应税产品的，视同原矿销售。

（2）纳税人以自采原矿洗选（加工）后的精矿连续生产非应税产品的，视同精矿销售。

（3）以应税产品投资、分配、抵债、赠与、以物易物等，视同应税产品销售。

提示

将开采的原煤加工为洗选煤销售的，纳税人以洗选煤销售额乘以折算率作为应税煤炭销售额，计算缴纳资源税。计算公式为：

洗选煤应纳税额=洗选煤销售额×折算率×适用税率

①洗选煤折算率=（洗选煤平均销售额-洗选环节平均成本-洗选环节平均利润）÷洗选煤平均销售额×100%

其中，洗选煤平均销售额、洗选环节平均成本、洗选环节平均利润可以按照上年当地行业平均水平测算确定。

②洗选煤折算率=原煤平均销售额÷（洗选煤平均销售额×综合回收率）×100%

③综合回收率=洗选煤数量÷入洗前原煤数量×100%

四、应纳税额的计算

（一）从价定率方式应纳税额的计算

实行从价定率方式征收资源税，比如石灰岩、矿泉水、天然卤水，根据应税产品的销售额和规定的适用税率计算应纳税额，计算公式为：

应纳税额=销售额×适用税率

【例10-1】（计算题）民华有限公司2024年6月销售原油4 000吨，开具增值税专用发票取得销售额20 000万元、增值税税额2 600万元，资源税税率为8%。

【要求】计算该公司6月应缴纳的资源税。

【答案】销售原油应纳税额=20 000×8%=1 600（万元）

【例10-2】（计算题）光宇石化公司为增值税一般纳税人，原油的资源税税率为10%。2024年6月发生如下业务：

（1）从国外某石油公司进口原油6 000吨，支付不含税价款折合人民币11 000万元，其中包装费、保险费折合人民币8万元。

（2）开采原油10 000吨，并将开采的原油对外销售6 000吨，取得含税销售额9 100万元，同时，向购买方收取延期付款利息2.6万元、包装费1.13万元。

（3）用开采的原油2 000吨加工生产汽油1 300吨，单位税额为每吨0.41元。

【要求】计算光宇石化公司当月应缴纳的资源税。

【答案】

（1）进口原油无须缴纳资源税。

（2）应缴纳的资源税=（9 100+2.6+1.13）÷（1+13%）×10%=805.64（万元）

（3）应缴纳的资源税=0.41×2 000×10%=82（万元）

（4）该石化公司当月应纳资源税=805.64+82=887.64（万元）

（二）从量定额方式应纳税额的计算

实行从量定额征收资源税的，比如地热、其他黏土、砂石，根据应税产品的课税数量和规定的单位税额计算应纳税额，计算公式为：

应纳税额=课税数量×单位税额

代扣代缴应纳税额=收购未税矿产品的数量×适用的单位税额

【例10-3】（计算题）志远矿石开采企业2024年6月销售黏土7 000立方米，资源税税率为0.8元/立方米。

【要求】计算志远矿石开采企业6月应纳资源税税额。

【答案】应纳税额=课税数量×单位税额=7 000×0.8=5 600（元）

五、减税、免税项目

（一）原油、天然气优惠政策

（1）开采原油以及油田范围内运输原油过程中用于加热的原油、天然气，免征资源税。

（2）煤炭开采企业因安全生产需要抽采的煤成（层）气，免征资源税。

（3）稠油、高凝油，减征40%资源税。

（4）高含硫天然气、三次采油和从深水油气田开采的原油、天然气，减征30%资源税。

（5）从低丰度油气田开采的原油、天然气，减征20%资源税。

海上油气田开采符合上述（2）~（5）中所列资源税优惠规定的原油、天然气，由主管税务机关据实计算资源税减征额。

（二）矿产资源优惠政策

（1）铁矿石资源税减按40%征收资源税。

（2）对实际开采年限在15年以上的衰竭期矿山开采的矿产资源，减征30%资源税。

（3）开采共伴生矿、低品位矿产资源，减征50%资源税。开采尾矿免征资源税。

（4）对鼓励利用的低品位矿、废石、尾矿、废渣、废水、废气等提取的矿产品，由省级人民政府根据实际情况确定是否给予减税或免税。

六、征收管理

（一）纳税环节

纳税人销售应税煤炭的，在销售环节缴纳资源税。

纳税人以自采原煤直接或经洗选加工后连续生产深加工产品的，视同销售，在原煤或洗选煤移送环节缴纳资源税。

（二）纳税期限

资源税按月或按季申报缴纳；不能按固定期限计算缴纳的，可以按次申报缴纳。

纳税人按月或者按季申报缴纳的，应当自月度或者季度终了之日起15日内，向税务机关办理纳税申报并缴纳税款。

（三）纳税地点

（1）纳税人应当向应税产品的开采或生产所在地主管税务机关缴纳。

（2）纳税人在本省、自治区、直辖市范围开采应税煤炭，其纳税地点需要调整的，由省、自治区、直辖市税务机关决定。

（3）纳税人煤炭开采地与洗选、核算地不在同一行政区域（县级以上）的，资源税在煤炭开采地缴纳。

（4）扣缴义务人代扣代缴的资源税，应向收购地主管税务机关缴纳。

（四）纳税申报

纳税人应按《中华人民共和国资源税法》的有关规定，及时办理纳税申报，并如实填写“财产和行为税纳税申报表”（见第七章表7-2）和“资源税税源明细表”（见表10-2）。

表10-2　资源税税源明细表

税款所属期限：自　　年　月　日至　　年　月　日

纳税人识别号（统一社会信用代码）：□□□□□□□□□□□□□□□□□□□□

纳税人名称：　　金额单位：人民币元（列至角分）

申报计算明细

序号	税目	子目	计量单位	销售数量	准予扣减的外购应税产品购进数量	计税销售数量	销售额	准予扣除的运杂费	准予扣减的外购应税产品购进金额	计税销售额
	1	2	3	4	5	6=4-5	7	8	9	10=7-8-9
1										
2										
合计										

减免税计算明细

序号	税目	子目	减免性质代码和项目名称	计量单位	减免税销售数量	减免税销售额	适用税率	减征比例	本期减免税额
	1	2	3	4	5	6	7	8	9①=5×7×8 9②=6×7×8
1									
2									
合计									

第二节　环境保护税

环境保护税是对在我国领域以及管辖的其他海域直接向环境排放应税污染物的企事业单位和其他生产经营者征收的一种税。环境保护税法是指国家制定的调整环境保护税征收与缴纳相关权利及义务关系的法律规范。《中华人民共和国环境保护税法》（以下简称《环境保护税法》）自2018年1月1日起正式实施，不再征收排污费。

环境保护税的征收可以使企业明确治污减排责任，从企业角度出发保护和改善环境，减少污染物排放，利于提高纳税人环保意识，推进生态文明建设。环境保护税具有以下特点：①费改税，实际属于调节型税种，首要作用是减少污染物排放，并非增加财政收入。收入纳入一般预算收入，全部划归地方。②综合性环境税，环境保护税并非是仅对单一污染物征收的税种，征税范围包括大气污染物、水污染物、固体废物和噪声四大类。③直接排放税。环境保护税纳税义务人是指在我国领域和管辖的其他海域直接向环境排放应税污染物的企事业单位和其他生产经营者。④对大气污染物、水污染物规定了幅度定额税率。

一、纳税义务人

环境保护税的纳税义务人是在中国领域和中国管辖的其他海域直接向环境排放应税污染物的企业事业单位和其他生产经营者。应税污染物是指《环境保护税法》所规定的大气污染物、水污染物、固体废物和噪声等。环境保护税是指直接排放税，如果企业向依法设立的污水集中处理、生活垃圾集中处理场所排放应税污染物，或在符合国家和地方环境保护标准的设施、场所贮存或者处置固体废物的，不属于直接排放，不征收环境保护税。

二、税目与税率

（一）税目

环境保护税税目包括大气污染物、水污染物、固体废物和噪声四大类。

（二）税率

环境保护税采用定额税率。环境保护税的税目和税额见表10-3。

表10-3 环境保护税税目税额表

<table>
<tr><th colspan="2">税目</th><th>计税单位</th><th>税额（元）</th></tr>
<tr><td colspan="2">大气污染物</td><td>每污染当量</td><td>1.2~12</td></tr>
<tr><td colspan="2">水污染物</td><td>每污染当量</td><td>1.4~14</td></tr>
<tr><td rowspan="4">固体废物</td><td>煤矸石</td><td>每吨</td><td>5</td></tr>
<tr><td>尾矿</td><td>每吨</td><td>15</td></tr>
<tr><td>危险废物</td><td>每吨</td><td>1 000</td></tr>
<tr><td>冶炼渣、粉煤灰、炉渣、其他固体废物（含半固态、液态废物）</td><td>每吨</td><td>25</td></tr>
<tr><td rowspan="6">噪声</td><td rowspan="6">工业噪声</td><td>超标1~3分贝</td><td>每月 350</td></tr>
<tr><td>超标 4~6 分贝</td><td>每月 700</td></tr>
<tr><td>超标 7~9 分贝</td><td>每月 1 400</td></tr>
<tr><td>超标 10~12分贝</td><td>每月 2 800</td></tr>
<tr><td>超标 13~15 分贝</td><td>每月 5 600</td></tr>
<tr><td>超标 16分贝以上</td><td>每月 11 200</td></tr>
</table>

三、计税依据

（一）计税依据确定的基本方法

应税污染物的计税依据，按照下列方法确定：

（1）应税大气污染物按照污染物排放量折合的污染当量数确定。

（2）应税水污染物按照污染物排放量折合的污染当量数确定。

（3）应税固体废物按照固体废物的排放量确定。

（4）应税噪声按照超过国家规定标准的分贝数确定。

每种应税大气污染物、水污染物的污染当量值，依照《环境保护税法》所附《应税污染物和当量值表》确定。

（二）应税大气污染物、水污染物、固体废物的排放量和噪声分贝数的确定方法

应税大气污染物、水污染物、固体废物的排放量和噪声的分贝数按照下列方法和顺序计算：

（1）纳税人安装使用符合国家规定和监测规范的污染物自动监测设备的，按照污染物自动监测数据计算。

（2）纳税人未安装使用污染物自动监测设备的，按照监测机构出具的符合国家有关规定和监测规范的监测数据计算。

（3）因排放污染物种类多等原因不具备监测条件的，按照国务院生态环境主管部门规定的排污系数、物料衡算方法计算。

（4）不能按照上述方法计算的，按照省、自治区、直辖市人民政府生态环境主管部门规定的抽样测算的方法核定计算。

四、应纳税额的计算

（一）大气污染物应纳税额的计算

计算公式为：

大气污染物的应纳税额=污染当量数×适用税额

【例10-4】（计算题）宜利有限公司2024年5月向大气直接排放二氧化硫、氟化物各200千克，一氧化碳300千克，氯化氢90千克，污染物的污染当量值分别为0.95、0.87、16.7、10.75。假设当地大气污染物每污染当量税额1.3元，该公司只有一个排放口。

【要求】计算该公司应缴纳的环境保护税。

【答案】

（1）计算各污染物的污染当量数。

污染当量数=该污染物的排放量÷该污染物的污染当量值

据此计算各污染物的污染当量数为：

二氧化硫污染当量数=200÷0.95=210.53（千克）

氟化物污染当量数=200÷0.87=229.89（千克）

一氧化碳污染当量数=300÷16.7=17.96（千克）

氯化氢污染当量数=90÷10.75=8.37（千克）

（2）按污染当量数排序。

氟化物污染当量数（229.89）>二氧化硫污染当量数（210.53）>一氧化碳污染当量数（17.96）>氯化氢污染当量数（8.37）

该企业只有一个排放口，排序选取计税前三项污染物为：氟化物、二氧化硫、一氧化碳。

（3）计算应纳税额。

应纳税额=（229.89+210.53+17.96）×1.3=595.89（元）

（二）水污染物应纳税额的计算

1. 适用监测数据法的水污染物应纳税额的计算。

适用监测数据法的水污染物的应纳税额为污染当量数乘以具体适用税额。计算公式为：

水污染物的应纳税额=污染当量数×适用税额

【例10-5】（计算题）技科化工厂有1个污水排放口且直接向河流排放污水，已安装使用符合国家规定和监测规范的污染物自动监测设备。检测数据显示，该排放口2024年5月共排放污水7万吨（折合7万立方米），应税污染物为六价铬，浓度为0.5mg/L。该厂所在省的水污染物税率为2.9元/污染当量，六价铬的污染当量值为0.02。

【要求】计算该化工厂5月份应缴纳的环境保护税。

【答案】

（1）计算污染当量数：

六价铬污染当量数=排放总量×浓度值÷当量值

=70 000 000×0.5÷ 1 000 000÷ 0.02=1 750

（2）应纳税额=1 750×2.9=5 075（元）

2. 适用抽样测算法的水污染物应纳税额的计算。

小型企业和第三产业的水污染物应纳税额为污染当量数乘以适用税额。其污染当量数以污水排放量（吨）除以污染当量值（吨）计算。计算公式为：

应纳税额=污水排放量（吨）÷污染当量值（吨）×适用税额

【例10-6】（计算题）希氏酱骨餐饮公司通过安装水流量计测得2024年5月排放污水量为75吨，污染当量值为0.5吨，当地水污染物适用税额为每污染当量2.9元。

【要求】计算该公司5月应缴纳的环境保护税。

【答案】水污染物当量数=75÷0.5=150

应纳税额=150×2.9=435（元）

（三）固体废物应纳税额的计算

固体废物的应纳税额为固体废物排放量乘以适用税额，计算公式为：

$$\text{固体废物的应纳税额}=\left(\text{当期固体废物的产生量}-\text{当期固体废物的综合利用量}-\text{当期固体废物的贮存量}-\text{当期固体废物的处置量}\right)\times\text{适用税额}$$

【例10-7】（计算题）威利化工厂2024年5月产生尾矿1 300吨，其中，综合利用的尾矿500吨，在符合国家和地方环境保护标准的设施贮存300吨。

【要求】计算该企业5月尾矿应缴纳的环境保护税。

【答案】环境保护税应纳税额=（1 300-500-300）×15=7 500（元）

五、税收减免

（一）暂免征税项目

（1）农业生产排放应税污染物的，除规模化养殖以外。

（2）机动车、铁路机车、非道路移动机械、船舶和航空器等流动污染源排放应税污染物的。

（3）依法设立的城乡污水集中处理、生活垃圾集中处理场所排放相应应税污染物，不超过国家和地方规定的排放标准的。

（4）纳税人综合利用的固体废物，符合国家和地方环境保护标准的。

（二）减征税额项目

（1）纳税人排放应税大气污染物或水污染物的浓度值低于国家和地方规定的污染物排放标准30%的，减按75%征收环境保护税。

（2）纳税人排放应税大气污染物或水污染物的浓度值低于国家和地方规定的污染物排放标准50%的，减按50%征收环境保护税。

六、征收管理

环境保护税按月计算，按季申报缴纳。不能按固定期限计算缴纳的，可以按次申报缴纳。

环境保护税纳税义务发生时间是纳税人排放应税污染物的当日。纳税人按季申报缴纳的，应当自季度终了之日起15日内，向税务机关办理纳税申报并缴纳税款。纳税人按次申报缴纳的，应当自纳税义务发生之日起15日内，向税务机关办理纳税申报并缴纳税款。

纳税人申报缴纳时，应当向税务机关报送所排放应税污染物的种类、数量，大气污染物、水污染物的浓度值，以及税务机关需要的其他纳税资料。

（一）纳税地点

纳税人应当向应税污染物排放地的税务机关申报缴纳环境保护税。应税污染物排放地是指应税大气污染物、水污染物排放口所在地；应税固体废物产生地；应税噪声产生地。

（二）纳税申报

纳税人应按《中华人民共和国环境保护税法》的有关规定，及时办理纳税申报，并如实填写“财产和行为税纳税申报表”（见第七章表7-2）和“环境保护税税源明细表”。

本章小结

知识点❶ 资源税的纳税义务人是指在中华人民共和国领域及管辖海域开采应税资源的矿产品或生产盐的单位和个人。

知识点❷ 资源税仅对在中国境内开采或生产应税产品的单位和个人征收，对于进口的矿产品和盐不征收资源税。对出口应税产品也不免征或不退还已缴纳的资源税。

知识点❸ 资源税的税目包括能源矿产、金属矿产、非金属矿产、水气矿产和盐。

知识点❹ 资源税实行从价定率和从量定额计征，计税依据为应税产品的销售额和销售数量，由省级人民政府确定计征方式。

知识点❺ 环境保护税是对在我国领域以及管辖的其他海域直接向环境排放应税污染物的企事业单位和其他生产经营者征收的一种税。

知识点❻ 环境保护税税目包括大气污染物、水污染物、固体废物和噪声四大类。

知识点❼ 环境保护税按月计算，按季申报缴纳。不能按固定期限计算缴纳的，可以按次申报缴纳。

思考题

1. 简述资源税的纳税义务人。
2. 简述资源税的税目。
3. 简述资源税应纳税额的计算。
4. 简述资源税的优惠政策。
5. 简述环境保护税的纳税义务人。

练习题

1. 黑运煤矿企业将外购原煤和自采原煤按照1∶1的比例混合在一起销售，5月销售混合原煤6 700吨，取得不含增值税销售额230万元。取得的增值税发票上注明外购原煤单价580元/吨（不含增值税）。该煤矿煤炭资源税税率为8%。

【要求】计算当期该煤矿应缴纳的资源税。

2. 物联煤炭开采企业为增值税一般纳税人，2024年5月发生以下业务：

（1）开采原煤50万吨，其中20万吨销售给华能电力公司，不含税售价为0.11万元/吨。

（2）向智勇能源公司销售甲型洗选煤8万吨，含税售价为0.124万元/吨，另收取洗选煤厂到购买方的运输费1万元。洗选煤的综合回收率为80%。

（3）将乙型洗选煤9万吨用于连续生产焦炭，乙型洗选煤无市场同期同类产品可比售价。成本价为0.075万元/吨，成本利润率为10%。原煤的资源税税率为8%，假定该企业甲、乙两类洗选煤折算率一致。

【要求】根据上述资料，回答下列问题：

（1）计算业务（1）应缴纳的资源税。

（2）计算业务（2）洗选煤的折算率。

（3）计算业务（2）应缴纳的资源税。

（4）计算业务（3）应缴纳的资源税。

3. 中达石油企业为增值税一般纳税人，2024年5月发生以下业务：

（1）进口原油7 000吨，买价3 500万元，运抵我国境内输入地点起卸前的运输费用70万元，保险费无法确定。已取得海关进口增值税专用缴款书。

（2）开采原油9 000吨，其中当月销售7 500吨，取得不含税销售收入5 100万元，还向购买方收取延期付款利息2.57万元。

原油的资源税税率为10%、进口关税税率为1%、城市维护建设税税率为5%，相关票据已通过主管税务机关比对认证。

【要求】根据上述资料，回答下列问题：

（1）计算当月进口原油应缴纳的关税。

（2）计算当月进口原油应缴纳的增值税。

（3）计算当月销售原油的增值税销项税额。

（4）计算当月向税务机关缴纳的增值税。

（5）计算当月应缴纳的城市维护建设税、教育费附加和地方教育附加。

（6）计算当月应缴纳的资源税。

4.甲、乙、丙三家企业均为增值税一般纳税人，2024年10月发生如下业务：

（1）甲企业2024年10月向水体直接排放第一类水污染物总汞、总镉、总铬、总砷、总铅、总银各20千克，排放第二类水污染物悬浮物（SS）、总有机碳（TOC）、挥发酚、氨氮各20千克。已知水污染物污染当量值分别为总汞0.0005、总镉0.005、总铬0.04、总砷0.02、总铅0.025、总银0.02、悬浮物（SS）4、总有机碳（TOC）0.49、挥发酚0.08、氨氮0.8。该企业所在地区水污染物税额标准统一为1.4元/污染当量。

（2）乙企业2024年10月向大气直接排放二氧化硫、氟化物各100千克，一氧化碳200千克，氯化氢80千克，已知大气污染物的污染当量值分别为二氧化硫0.95、氟化物0.87、一氧化碳16.7、氯化氢10.75。该企业所在地区大气污染物税额标准统一为1.2元/污染当量。

（3）丙企业只有一个生产场所，只在昼间生产，生产时产生噪声为60分贝，按照相关标准规定噪声排放限值为55分贝，当月超标天数为14天。当地规定超标4～6分贝，每月环境保护税税额为700元，超标16分贝以上，每月环境保护税税额为11 200元。

【要求】根据上述资料，回答下列问题：

（1）计算业务（1）应缴纳的环境保护税。

（2）计算业务（2）应缴纳的环境保护税。

（3）计算业务（3）应缴纳的环境保护税。

第十一章

关税和船舶吨税

【学习目标】

1. 掌握关税的纳税义务人和征税范围。
2. 了解关税的税率。
3. 掌握进出口货物关税的计税依据和应纳税额的计算。
4. 了解船舶吨税的应纳税额的计算。
5. 了解船舶吨税的税收优惠。

案例导入

离职空姐李晓萌多次携带从韩国免税店购买的化妆品入境而未申报，逃税113万余元，一审以走私普通货物罪判处有期徒刑11年，罚金50万元。2023年5月，北京高院二审将此案发回重审，同年12月17日，判决李晓萌有期徒刑3年，罚金4万元。从2020年夏天开始，李晓萌在某网络平台销售化妆品，起初从代购店进货。受审时李晓萌虽认罪，但表示自己没有预谋偷逃税款，不清楚化妆品还要缴税，也没留意自己走的是无申报通道。二审终审裁定，李晓萌构成走私普通货物罪。请问李晓萌应补缴哪些税款？

关税是海关根据国家制定的有关法律，以进出关境货物、物品为征收对象而征收的一种商品税，包括进口关税和出口关税。关税法是国家制定的调整关税征收与缴纳权利义务关系的法律规范。进口关税的征收可以增加进口商品的成本，提高进口商品的市场价格，从而抑制外国商品，保护本国市场的产品。19世纪后期，各国相继取消了出口关税。我国对少数商品征收出口关税。这里所说的关税通常指进口关税。关税具有以下特点：①关税的征税对象只限于进出关境的物品和货物；②关税是单一环节的价外税；③关税的计税依据是完税价格；④由海关专门负责征收。

第一节 关税

一、纳税义务人

关税的纳税义务人包括进口货物的收货人、出口货物的发货人和进出境物品的所有人。纳税义务人可以分为以下三大类：

（1）进出口货物的纳税人。进出口货物的收、发货人是指依法取得对外贸易经营权，并进口或出口货物的法人或其他社会团体。

（2）非贸易性进出境物品的纳税人。进出境物品所有人是指该物品的所有人和推定为所有人的人。例如，携带进境物品的，推定其携带人是所有人；以邮递方式进境的物品，推定其收件人是所有人。

（3）购买跨境电子商务零售进口商品的个人。2016年4月8日起，跨境电子商务零售进口商品按货物征收关税和进口环节增值税、消费税等。购买跨境电子商务零售进口商品的个人作为纳税义务人，要按实际交易价格作为完税价格。电子商务企业、电子商务交易平台企业、物流企业可以作为代收代缴义务人。

二、征税对象

动漫微课 11-1

“代购”那些事——进口商品的涉税介绍

关税是依法对进出境货物、物品征收的一种税。其征税对象是准许进出境的货物和物品。货物是指贸易性商品；物品是指入境旅客随身携带的行李物品、个人邮递物品、各种运输工具上的服务人员携带进口的自用物品、馈赠物品及其他方式进境的个人物品。

【例11-1】（多项选择题）下列各项中，属于关税纳税人的有（　　）。

A.出口货物的发货人

B.进口货物的收货人

C.进出口货物的经纪人

D.进出境物品的携带人

【答案】ABD。

三、关税税率

（一）进口关税税率

我国加入WTO之前，进口关税设有两栏税率，即普通税率和优惠税率。2002年1月1日起，我国进口关税则设有最惠国税率、特惠税率、协定税率、普通税率、关税配额税率等。原产地不明的进口货物实行普通税率；进口适用税率的选择是根据商品的不同原产地而确定的，适用最惠国税率、特惠税率、协定税率的国家或地区名单，由国务院关税税则委员会决定，报国务院批准后执行。按关税征收标准，可以分成从价关税、从量关税、复合关税、选择关税、滑准关税。

1. 从价关税

从价关税是最常用的关税计税标准，以进口货物的完税价格作为计征依据，以应征税额占完税价格的百分比作为税率。货物进口时，税率和海关审定的货物完税价格相乘计算应征税额，完税价格越高，税额越高。

2. 从量关税

从量关税是以货物的长度、数量、重量、体积、容量等计量单位为计税标准。目前对原油、啤酒和胶卷等进口商品采取从量关税。计算简便，通关手续便捷，不受商品价格的影响。

3. 复合关税

复合关税又称混合税，是对某种进口货物混合使用从价税和从量税的一种关税计征标准。目前，仅对录像机、放像机、摄像机、摄录一体机和数字照相机等进口商品征收复合关税。

4. 选择关税

选择关税是对一种进口商品既定有从价税又定有从量税两种税率，征税时再选择其税额较高的一种计税标准。

5. 滑准关税

滑准关税是特殊的从价定率征税方法。滑准关税是一种关税税率随进口商品价格由高到低而由低到高设置计征关税的方法。进口货物的价格越高，其进口关税税率越低；进口商品的价格越低，其进口关税税率越高。这在一定程度上可以保持实行滑准税的商品在国内市场价格的相对稳定性，而不受国际市场价格波动的影响。

（二）出口关税税率

我国现行税则对100余种商品征收出口关税。出口关税税率没有普通税率和优惠税率之分，包括出口税则税率、出口暂定税率和特别出口税率。

1. 出口税则税率

出口税则税率即出口税率。对少数资源性产品和需要规范出口秩序的半制成品征收出口关税。

2. 出口暂定税率

根据需要对其他200多种商品征收暂定关税税率。出口暂定税率是为了短期内鼓励某些商品的出口而设立的税率。与进口暂定税率一样，出口暂定税率优先适用于出口税则中规定的出口税率。

3. 特别出口税率

特别出口税率是对部分商品在出口税则税率的基础上加征的出口关税。通常情况下，在货物出口旺季的时候加征特别出口关税，以增加出口商品的成本。

（三）特别关税

特别关税包括报复性关税、反倾销税与反补贴税、保障性关税等进口附加税，目的是保护本国同类商品的生产，使其不在进口国市场上进行低价竞争或倾销。征收特别关税的货物，适用的国别、税率、期限和征收办法，由国务院关税税则委员会决定，并由海关负责实施。

提示

报复性关税是一国为报复他国对本国商品、船舶或知识产权等方面的不公平待遇而对从该国进口的商品所征收的进口附加税。

反倾销税是当进口国因外国倾销某种产品，国内产业受到损害时，征收相当于出口国国内市场价格与倾销价格之间差额的进口税。

反补贴税是对直接或间接接受任何补贴的产品在进口时所征收的一种附加税。

四、计税依据

（一）一般进口货物的计税依据

进口货物的完税价格由海关核准的成交价格、货物运抵我国境内输入地起卸前的运输及相关费用、保险费用等组成。成交价格不能确定时，完税价格由海关估定。进口货物的成交价格是指卖方向中国境内销售该货物时买方作为进口货物方向卖方实付的价款。

1. 计入进口货物成交价格的费用

（1）构成进口货物向境内销售条件的，买方必须支付与该货物有关的特许权使用费。

（2）由买方负担的购货佣金以外的佣金和经纪费。购货佣金是指买方为购进进口货物向自己的采购代理人支付的劳务费用。经纪费是指买方为购买进口货物向代表买卖双方利益的经纪人支付的劳务费用。

（3）由买方负担的包装材料费用和包装劳务费用，与该货物视为一体的容器费用。

（4）由买方支付的卖方直接或间接获得的该货物进口后转售、处置或使用的收益。

2. 不计入进口货物成交价格的费用

（1）厂房、机械、设备等货物进口后发生的工程基建、安装、调试和技术维修与指导费用。

（2）进口货物运抵境内输入地点起卸后的运输费用、保险费及其相关费用。

（3）进口关税及国内税收。

（4）境内外技术培训和境外考察费用。

3. 进口货物的运输费用和保险费

（1）陆、空和海运进口货物的保险费，应按实际支付的费用计算。如果进口货物的保险费无法确定或未实际发生，海关应按照“货价+运费”两者总额的3‰计算保险费，其计算公式为：

保险费=（货价+运费）×3‰

（2）邮运的进口货物，应以邮费作为运输及其相关费用、保险费。以境外边境口岸价格条件成交的铁路或公路运输进口货物，海关应当按货价的1%计算运输及相关费用、保险费。作为自驾进口的运输工具，海关在审定完税价格时，可以不另行计入运费。

（二）出口货物的计税依据

出口货物的完税价格由海关以该货物向境外销售的成交价格为准来确定，包括货物运至我国境内输出地点装卸前的运输及相关费用、保险费，但不包括出口关税税额。

我国出口货物的完税价格即离岸价格（FOB）减去出口关税。离岸价格又称船上交货价格，是卖方在合同规定的港口把货物装到买方指定的运输工具上，负担货物装上运载工具为止的费用和风险的价格。其计算公式为：

出口货物的完税价格=FOB价格÷（1+出口关税税率）

（三）进出口货物的完税价格的估定

进出口货物的完税价格，由海关以该货物的成交价格为基础审查确定。成交价格不能确定时，完税价格由海关依法估定。

1.进口货物海关估价的方法

进口货物的成交价格不符合规定条件或成交价格不能确定时，海关应当以下列方法估定货物的完税价格，其中第（2）项和第（3）项的次序经纳税人申请后，可以更换顺序。

（1）相同或类似货物成交价格法。海关以与被估的进口货物同时或大约同时（在海关接受申报进口之日的前后各45天以内）进口的相同或类似货物的成交价格为基础，估定完税价格。

（2）倒扣价格法。海关以被估的进口货物、相同或类似进口货物在境内的销售价格为基础估定完税价格。以该方法估定完税价格时，应该扣除在境内销售时的利润，一般费用，佣金，货物运抵境内输入地点之后的运费、保险费、装卸费，进口关税，进口环节税以及其他与进口或销售上述货物有关的国内税。

（3）计算价格估价法。计税价格估价法是按下列各项总和计算为基础，审查确定进口货物的完税价格：生产货物所使用的料件成本和加工费用，向中国境内销售同等级或同种类货物的利润和一般费用，该货物运抵境内输入地点起卸前的运费、保险费及相关费用。

（4）其他合理方法。海关不能根据以上方法确定完税价格时，会以客观量化的数据资料为基础审查并确定进口货物完税价格的估价方法。

2.出口货物海关估价的方法

出口货物的成交价格不能确定时，纳税义务人可以与海关进行价格磋商后，依次按下列价格审查，确定出口货物的完税价格：

（1）同时或大约同时向同一国家或地区出口的相同货物的成交价格。

（2）同时或大约同时向同一国家或地区出口的类似货物的成交价格。

（3）根据境内生产相同或类似货物的成本、利润、直接费用和间接费用，境内发生的运输费、保险费和相关费用，计算货物的价格。

（4）按照合理方法估定的价格。

五、应纳税额的计算

（一）从价税应纳税额的计算

通常情况下，进口货物的完税价格以到岸价格（CIF）计算。出口货物的完税价格以离岸价格（FOB）计算。

关税税额=应税进（出）口货物数量×单位完税价格×税率

【例11-2】（计算题）威健外贸公司代理进口一批商品，实际支付的离岸价格是520 000美元，海外运输费、包装费、保险费共计39 000美元，进口报关当日中国人民银行公布的市场汇价为USD100=CNY667，进口关税税率为20%。

【要求】计算该公司应缴纳的关税税额。

【答案】应纳进口关税税额=（520 000+39 000）×6.67×20%

=745 706（元）

（二）从量税应纳税额的计算

关税税额=应税进（出）口货物数量×单位货物税额

（三）复合税应纳税额的计算

$$\text{关税税额}=\text{应税进（出）口货物数量}\times\text{单位货物税额}+\text{应税进（出）口货物数量}\times\text{单位完税价格}\times\text{税率}$$

（四）滑准税应纳税额的计算

关税税额=应税进（出）口货物数量×单位完税价格×滑准税税率

【例11-3】（计算题）2024年5月，美维有限公司从美国进口一批高档美容化妆品。该批货物在国外买价为140万元，货物运抵我国入关前发生的运输费、保险费和其他费用分别为20万元、6万元、5万元。货物报关后，该公司按规定缴纳了进口环节的增值税和消费税，并取得海关开具的缴款书。将高档化妆品从海关运往公司发生运费，取得增值税专用发票，注明运输费用4万元、增值税进项税额0.36万元。该批高档化妆品当月在国内全部销售，取得不含税销售额670万元。高档化妆品进口关税税率20%，增值税税率13%，消费税税率15%。

【要求】计算该批高档化妆品进口环节应缴纳的关税、增值税、消费税和国内销售环节应缴纳的增值税。

【答案】

（1）关税完税价格=140+20+6+5=171（万元）

（2）应缴纳进口关税=171×20%=34.2（万元）

（3）进口环节的组成计税价格=（171+34.2）÷（1-15%）=241.41（万元）

（4）进口环节应缴纳增值税=241.41×13%=31.38（万元）

（5）进口环节应缴纳消费税=241.41×15%=36.21（万元）

（6）国内销售环节应缴纳增值税=670×13%-0.36=86.74（万元）

六、减免规定

（一）法定减免税

法定减免税即减税或免税，符合税法规定可予减免税的进出口货物，纳税义务人无须提出申请，海关可按规定直接予以减免。海关对法定减免税货物一般不进行后续管理。我国《中华人民共和国海关法》和《中华人民共和国进出口关税条例》明确规定，下列货物、物品予以减免关税。

（1）关税税额在人民币50元以下的一票货物，免征关税。

（2）无商业价值的广告品和货样，免征关税。

（3）外国政府、国际组织无偿赠送的物资，免征关税。

（4）进出境运输工具装载的途中必需的燃料、物料和饮食用品，免征关税。

（5）在海关放行前损失的货物，可免征关税。

（6）在海关放行前遭受损坏的货物，根据海关认定的受损程度减征关税。

（7）我国缔结或参加的国际条约规定减征、免征关税的货物、物品，按规定予以减免关税。

（8）跨境电子商务零售进口商品的单次交易限值为人民币5 000元，个人年度交易限值为人民币26 000元。在限值以内进口的跨境电子商务零售进口商品，关税税率暂设为0%。

（9）法律规定减征、免征关税的其他货物、物品。

（二）特定减免税

特定减免税又称政策性减免税。特定减免税货物一般有地区、企业和用途的限制，海关需要对货物进行后续管理，并需要进行减免税统计。下列各项免征进口关税和进口环节增值税。

1. 科教用品

对科学研究机构和学校，以科学研究和教学为目的，在合理数量范围内进口国内不能生产或性能无法满足科学研究和教学用品需要的科教用品。

2. 残疾人专用品

对规定的残疾人个人专用品，对康复、福利机构、假肢厂和荣誉军人康复医院进口国内不能生产的残疾人专用品。

3. 慈善捐赠物资

对境外自然人、法人或其他组织等境外捐赠人，无偿向国务院有关部门和各省、自治区、直辖市人民政府，中国红十字会总会、中华全国妇女联合会、中国残疾人联合会、中华慈善总会、中国初级卫生保健基金会、中国宋庆龄基金会和中国癌症基金会，以及经民政部或省级民政部门登记注册且被评定为5A级的以人道救助和发展慈善事业为宗旨的社会团体或基金会等受赠人捐赠的直接用于慈善事业的物资。

七、征收管理

（一）纳税时间

进口货物的纳税义务人应自运输工具申报进境之日起14日内，出口货物的纳税义务人除海关特准的以外，应在货物运抵海关监管区后、装货的24小时之前，向货物的进出境地海关申报，海关计算应缴纳的关税和进口环节代征税，并填发税款缴款书。纳税义务人应自海关填发税款缴款书之日起15日内，向指定银行缴纳税款。

关税纳税义务人因不可抗力或在国家税收政策调整的情形下，不能按期缴纳税款的，经依法提供税款担保后，可以延期缴纳税款，但最长不得超过6个月。纳税义务人未按期缴纳税款的，从滞纳税款之日起，按日加征0.5‰的滞纳金，周末或法定节假日不予扣除。

（二）纳税方式

纳税人可以在公共服务系统上查询“缴纳税费”的信息，再到税费核注窗口领取税款缴款书去银行缴纳税费。纳税义务人也可以通过中国电子口岸数据平台办理进出口税费的缴纳手续。

第二节 船舶吨税

船舶吨税（简称吨税）是根据船舶运载量课征的一个税种。船舶吨税是对从我国境外港口进入境内港口的船舶，由海关负责征收的一种税。现行的《中华人民共和国船舶吨税法》自2018年7月1日起施行。

一、征税范围

自中国境外港口进入境内港口的船舶，应缴纳船舶吨税。拖船是指专门用于拖动运输船舶的专业作业船舶。非机动船舶是指自身没有动力装置，依靠外力驱动的船舶。

二、税率

船舶吨税设置优惠税率和普通税率。船舶吨税的计税依据是注册净吨位，以吨为单位确定定额税率。净吨位是指由船籍国家的政府授权签发的船舶吨位证明书上标明的净吨位。吨位越大，定额税率越高。吨税的税目、税率依照《吨税税目税率表》执行，见表11-1。

表11-1 吨税税目税率表

<table>
<tr><th rowspan="3">税目
（按船舶净吨位划分）</th><th colspan="6">税率（元/净吨）</th><th rowspan="3">备注</th></tr>
<tr><th colspan="3">普通税率
（按执照期限划分）</th><th colspan="3">优惠税率
（按执照期限划分）</th></tr>
<tr><th>1年</th><th>90日</th><th>30日</th><th>1年</th><th>90日</th><th>30日</th></tr>
<tr><td>不超过2 000净吨</td><td>12.6</td><td>4.2</td><td>2.1</td><td>9.0</td><td>3.0</td><td>1.5</td><td rowspan="4">（1）拖船按照发动机功率每千瓦折合净吨位0.67吨；
（2）无法提供净吨位证明文件的游艇，按照发动机功率每千瓦折合净吨位0.05吨；
（3）拖船和非机动驳船分别按相同净吨位船舶税率的50%计征税款</td></tr>
<tr><td>超过2 000净吨，但不超过10 000净吨</td><td>24.0</td><td>8.0</td><td>4.0</td><td>17.4</td><td>5.8</td><td>2.9</td></tr>
<tr><td>超过10 000净吨，但不超过50 000净吨</td><td>27.6</td><td>9.2</td><td>4.6</td><td>19.8</td><td>6.6</td><td>3.3</td></tr>
<tr><td>超过50 000净吨</td><td>31.8</td><td>10.6</td><td>5.3</td><td>22.8</td><td>7.6</td><td>3.8</td></tr>
</table>

三、应纳税额的计算

船舶吨税按船舶净吨位和吨税执照期限征收。应税船舶在进入港口办理入境手续时，应当向海关申报纳税，按《吨税税目税率表》选择申领船舶吨税执照，或交验船舶吨税执照，或申请核验吨税执照电子信息。应税船舶纳税人、责任人在缴纳船舶吨税或提供担保后，海关按其申领的执照期限填发船舶吨税执照，并发给纳税人、责任人缴款凭证。

应税船舶在吨税执照期限内，因修理、改造导致净吨位变化的，吨税执照继续有效。办理出入境手续时，应提供船舶经过修理、改造的证明文件。应税船舶在吨税执照期限内，因税目税率调整或船籍改变而导致适用税率变化的，船舶吨税执照继续有效。

船舶吨税执照在期满前毁损或遗失的，应向原发照海关书面申请核发吨税执照副本，不再补税。

船舶吨税的应纳税额按船舶净吨位乘以适用税率计算，计算公式为：

应纳税额=船舶净吨位×定额税率

应税船舶纳税人、负责人申领船舶吨税执照时，应向海关提供的文件包括：①船舶国籍证书或海事部门签发的船舶国籍证书收存证明；②船舶吨位证明。因不可抗力在未设立海关地点停泊的应税船舶，船舶负责人应当立即向附近的海关进行报告，待到不可抗力原因解除后，依税法规定向海关申报纳税。

【例11-4】（计算题）日本航远运输公司货轮驶入我国某港口，该艘货轮净吨位为40 000吨，货轮负责人已向我国海关领取船舶吨税执照，在港口停留期限为30天。日本已与我国签订相互给予船舶税费最惠国待遇条款。该货轮应享受优惠税率，每净吨位为3.6元。

【要求】计算货轮负责人应向我国海关缴纳的船舶吨税。

【答案】应缴纳船舶吨税=40 000×3.6=144 000（元）

四、税收优惠

下列船舶免征船舶吨税：

（1）应纳税额在人民币50元以下的船舶。

（2）自境外以购买、受赠、继承等方式取得船舶所有权的初次进口到港的空载船舶。

（3）船舶吨税执照期满后24小时内不上下客货的船舶。

（4）非机动船舶（不包括非机动驳船）。非机动船舶是指自身没有动力装置，依靠外力驱动的船舶。

（5）捕捞、养殖渔船。

（6）避难、防疫隔离、修理、改造、终止运营或拆解，并不上下客货的船舶。

（7）军队、武装警察部队专用或征用的船舶。

（8）警用船舶。

（9）按法律规定应予以免税的外国驻华使领馆、国际组织驻华代表机构及其有关人员的船舶。

（10）国务院规定的其他船舶。

符合第（5）项至第（9）项等延期优惠政策的船舶，可以申明免税或延长吨税执照期限的依据和理由，办理延期纳税。

五、征收管理

（一）纳税义务发生时间

（1）船舶吨税纳税义务发生时间是应税船舶进入港口的当日。

（2）应税船舶在船舶吨税执照期满后尚未离开港口的，应申领新吨税执照，从上次执照期满的次日起续缴船舶吨税。

（二）纳税期限

应税船舶到达港口前，经海关核准先行申报并办结出入境手续的，应税船舶负责人应当向海关提供与其依法履行船舶吨税缴纳义务相适应的担保。应税船舶到达港口后，按规定向海关申报纳税。

应税船舶负责人应自海关填发船舶吨税缴款凭证之日起15日内缴清税款。未按期缴清税款的，自滞纳税款之日起至缴清税款之日止，按日加收滞纳税款0.5‰的滞纳金。

本章小结

知识点❶　关税是海关根据国家制定的有关法律，以进出关境货物、物品为征收对象而征收的一种商品税，包括进口关税和出口关税。

知识点❷　关税的纳税义务人包括进口货物的收货人、出口货物的发货人和进出境物品的所有人。

知识点❸　关税是依法对进出境货物、物品征收的一种税。其征税范围是准许进出境的货物和物品。

知识点❹　进口货物的完税价格由海关核准的成交价格和货物运抵我国境内输入地起卸前的运输及相关费用、保险费用等组成。出口货物的完税价格由海关以该货物向境外销售的成交价格为准来确定，包括货物运至我国境内输出地点装卸前的运输及相关费用、保险费，但不包括出口关税税额。其中，关税税额=应税进（出）口货物的完税价格×税率。

知识点❺　船舶吨税是对从我国境外港口进入境内港口的船舶，由海关负责征收的一种税。

知识点❻　船舶吨税按船舶净吨位和吨税执照期限征收。

知识点❼　应税船舶责任人在缴纳船舶吨税或提供担保后，海关按其申领的执照期限填发船舶吨税执照，并发给纳税人、责任人缴款凭证。

知识点❽　船舶吨税的应纳税额按船舶净吨位乘以适用税率计算，即应纳税额=船舶净吨位×定额税率。

思考题

1. 简述关税的纳税义务人和征税范围。
2. 简述进出口货物的计税依据。
3. 简述关税应纳税额的从价、从量和复合计征的计算方法。
4. 简述关税的税收优惠政策。
5. 简述船舶吨税的征税范围和相关规定。

练习题

1. 千维动漫软件公司为增值税一般纳税人，2024年5月经营业务如下：

（1）进口一台设备，国外买价折合人民币750 000元，运抵我国入关地前支付的运费38 000元、保险费43 000元，入关后运抵公司所在地，取得运输公司开具的增值税专用发票，注明运费18 000元、税额1 620元。

（2）支付给境外A公司特许权使用费，扣缴税款并取得完税凭证，合同约定的特许权使用费为980 000元，由该动漫软件公司代扣代缴税款。该机器设备进口关税税率为12%。

【要求】根据上述资料，回答下列问题：

（1）计算业务（1）应缴纳的进口关税。

（2）计算业务（1）应缴纳的进口环节增值税。

（3）计算业务（2）应代扣代缴的增值税。

（4）计算业务（2）应代扣代缴的城建税、教育费附加和地方教育附加。

2. 达航进出口企业为增值税一般纳税人。某年5月发生如下业务：

进口一批健身器材，合同规定货款70 000美元，进口起卸前的海运费1 500美元，报关费及港口至企业的内陆运费200美元（均取得普通发票），买方另支付进口货物到达我国海关境内输入地点起卸前的保险费200美元，向采购代理人支付佣金200美元，向货物代理中介支付中介费450美元，缴纳进口环节税金后海关填发税款专用缴款书。器材的关税税率为7%，美元当期汇率1∶6.7。进口后将该批器材以700 000元人民币的含税价格销售，开具普通发票。

【要求】根据上述资料，回答下列问题：

（1）计算其进口环节应纳关税。

（2）计算其进口环节应缴纳的其他税金合计。

（3）计算内销环节实际应缴纳的各项税金及附加合计。

第十二章

税收征收管理法

【学习目标】

1. 掌握税务登记制度的内容。
2. 掌握税务变更登记的内容。
3. 掌握纳税申报管理的方式和期限。
4. 掌握税款征收的方式和措施。
5. 了解税务行政法规相关规定。

案例导入

方维有限公司按国家规定享受三年内免纳企业所得税的优惠待遇。当税务局要求该公司进行纳税申报时，该公司的总经理认为公司已享受免税待遇，就不用办理企业所得税纳税申报了，该做法是否正确？

第一节　税务管理

税收征收管理法是有关税收征收管理法律规范的总称，包括税收征收管理法及税收征收管理的有关法律、法规和规章。

一、税务登记管理

税务登记又称纳税登记，是税务机关对纳税人的生产、经营活动进行登记，据此对纳税人实施税务管理的法定制度。税务登记是税务机关对纳税人实施税收管理的基础工作，也是首要环节。税务登记标志着征纳双方法律关系的确立，纳税也是纳税人必须依法履行的义务。

（一）设立税务登记的对象

（1）企业，即从事生产经营的单位或组织，包括国有、集体、私营企业，中外合资合作企业、外商独资企业，以及各种联营、联合、股份制企业等。

（2）企业在外地设立的分支机构和从事生产、经营的场所。

（3）个体工商户。

（4）从事生产、经营的事业单位。

（5）规定以外的其他纳税人，除国家机关、个人和无固定生产、经营场所的流动性农村小商贩外，也应按规定办理税务登记。

提示

2015年10月1日起，全国推行登记制度改革，登记制度改革从“三证合一”推进为“五证合一”，又推进为“多证合一、一照一码”。五证即工商营业执照、组织机构代码证、税务登记证、社会保险登记证、统计登记证。营业执照成为企业的“身份证”，18位统一社会信用代码成为企业的身份代码。企业办理涉税事项时，完成补充信息采集后，即可以凭加载统一代码的营业执照来代替税务登记证使用。

动漫微课 12-1

再见了，税务登记证

（二）税务登记程序及相关事宜

1. 税务登记的申请

税务登记是指企业在国家税务部门进行登记备案，以便纳税和享受税收优惠政策。新公司成立后务必要尽快办理税务登记，办理税务登记时应提供以下材料：

（1）公司基本信息，包括公司名称、注册地址、法定代表人、股东等基本信息。

（2）营业执照，提供公司的营业执照副本复印件。

（3）公司章程或公司登记证明，提供公司章程或公司登记证明复印件。

（4）法人身份证明，提供法定代表人的身份证明复印件。

（5）银行开户许可证明，提供公司在银行的开户许可证明。

（6）企业公章和企业专用章等印鉴。

（7）企业生产经营地址的产权证书或者租赁协议的复印件。

（8）其他需要提供的有关证件、资料。

2. 缴纳税款方式

办理企业、银行、税务局的“三方协议”业务纳税人缴纳税款的方式有到开户银行缴纳、联网电子缴纳、现金缴纳、银行卡缴纳等。实际工作中，纳税人可以通过与税务机关、开户银行签署委托划款协议，实现税款的实时划缴。

3. 数字化电子发票使用

自2023年12月1日起，除港澳台以外，全国已经实现了数电票试点全覆盖。数电票的法律效力、基本用途等与现有纸质发票相同。

提示

目前，我国推行“多证合一、一照一码”的商事登记模式，即将企业设立时由市场监督管理机关（原工商部门）、质量技术监督部门、税务机关、社会保险经办机构和统计机构等多个部门分别核发不同证照的登记模式，改为由市场监督管理部门核发，并加载法人和其他组织统一社会信用代码的营业执照。

二、变更税务登记

（一）变更税务登记的申请

变更税务登记是纳税人税务登记内容发生变化时，向税务机关申报办理的税务登记手续。纳税人税务登记信息发生变更（除生产经营地、财务负责人、核算方式等信息外）的，向市场监督管理机关办理变更登记，市场监督管理机关核准后将变更信息即时共享至信息交换平台。

纳税人可以线下，也可以通过电子税务局申请后进行税务登记信息的变更。税务机关根据市场监督管理机关传递的变更信息和纳税人填报的变更信息，更新税务系统内纳税人对应信息；对非工商变更信息，如生产经营地、核算方式等信息，发生变化时，向税务主管机关申请变更。

（二）电子税务局税务变更税务的操作步骤

如果纳税人登记注册类型、纳税人名称、生产经营期限、注册地址、注册地邮政编码、注册地联系电话、注册地所在行政区划、经营范围、法定代表人（负责人）等信息发生变化时，纳税人需先在市场监管部门办理变更登记，税务系统自动同步变更登记信息，并通过首页【我的消息】提醒，无须再向税务机关登记变更信息。

如果纳税人生产经营地信息、财务负责人、办税人员、总分机构、从业人数等信息发生变化时，纳税人无须先向市场监管部门申请信息变更，以法定代表人、财务负责人及有权限的办税人员身份登录新电子税务局后，点击【我要办税】—【综合信息报告】，进入【变更税务登记等信息】，点击【新增】，选择变更的事项。

变更财务负责人、办税员、开票员等人员信息，需选择是否一并变更证件号码、移动电话等关联信息，信息填写完成后，点击【确认】即可。变更后的人员需使用本人手机号码、密码登录新电子税务局，在填写完手机验证码后，系统提示“是否确认成为该企业的财务负责人/办税员/开票员”，点击【确定】，即可使用该身份办理涉税业务。

提示

处于税务机关实施特别纳税调查调整期间的，不允许变更生产经营地址；有未结案的稽查、风险任务的，不允许变更生产经营地址、法定代表人。

三、注销税务登记

注销税务登记是纳税人税务登记内容发生根本性变化，依法需要终止履行纳税义务时，向税务机关申报办理的税务登记手续。注销税务登记是税收征管的最后一个环节，对征纳双方都具有特殊重要性，若处理不当会造成市场主体无法正常退出，也可能会给企业带来较大的法律风险。

（一）注销登记的范围

（1）纳税人发生解散、破产、撤销等情形。

（2）企业资不抵债而破产。

（3）企业由于改组、分立、合并等原因而被撤销。

（4）纳税人因住所、经营地点变动而改变税务登记机关。

（5）纳税人被市场监督管理机关吊销营业执照。

（6）纳税人依法终止履行纳税义务的其他情形。

（二）注销登记流程

1. 普通注销流程

步骤1：企业申请注销税务登记。

步骤2：税务部门注销预检，包括四种情形：即时办理、容缺即时办理（含纳税人承诺）、告知未结事项（纳税先行办结）、法院终结破产程序裁定书。

步骤3：取得税务部门出具的清税文书。

步骤4：完成注销税务登记。

2. 简易注销流程

简易注销流程根据是否需要办理清税证明而有区别：

（1）免于办理清税证明：企业向市场监管部门申请简易注销登记。

（2）需要办理清税证明，其流程包括：

步骤1：企业向税务机关申请注销税务登记。

步骤2：取得税务部门出具的清税证明。

步骤3：企业向市场监管部门申请注销登记。

（三）电子税务局税务注销的操作步骤

纳税人可以通过办税服务厅或在电子税务局相应模块按照提示操作办理税务注销。以北京市电子税务局为例，纳税人可以按照以下流程操作：

（1）登录电子税务局，点击【注销前置事项办理套餐】菜单，进入注销登记引导页。

（2）点击【注销预检】按钮可对未办结事项进行展示，处理完未办结事项后，再办理注销登记。

（3）处理完欠税、处罚、逾期未申报后，可以进行【企业所得税清算报备】；进入填写清算报备页面，录完企业所得税清算报备信息后，点击【下一步】，清算报备提交成功。

（4）企业所得税清算报备后，点击【当期申报】，进行当期属期申报。

（5）点击【我要清算申报】申报完成后，可点击下一步按钮再次进入注销预检，对未办结事项进行检测，如果没有未办结事项，则可以进行注销。

（6）点击【确定】按钮，进入到原注销税务登记预检模块，点击【我要办理】进入原注销税务登记申请表。上传附送资料，确认填写无误后，点击【下一步】按钮，提交申请表。提交注销申请后，产生受理回执单，等待税务人员受理后在【事项进度管理】查询受理结果。

（7）在电子税务局【我要查询】—【涉税文书查签】模块中签收“清税证明通知书”。

四、停业、复业登记

1. 停业登记

实行定期定额征收方式的个体工商户需要停业的，应在停业前向税务机关申报办理停业登记。纳税人的停业期限不得超过1年。在申报办理停业登记时，纳税人应如实填写“停业复业报告书”，说明停业原因、期限、停业前的纳税情况和发票的领、用、存等情况，并结清应纳税款及滞纳金等。

2. 复业登记

纳税人应于恢复生产经营之前，向税务机关申报办理复业登记，并如实填写“停业复业报告书”，领回并启用营业执照、开具数字电子发票的材料等。停业期满纳税人仍不能恢复生产经营的，应在停业期满前到税务机关办理延长停业登记，并如实填写“停业复业报告书”。

五、外出经营报验登记

纳税人到外县（市）进行临时性生产经营活动时，需持营业执照向主管税务机关申请开具《外出经营活动税收管理证明》。税务机关按照“一地一证”的原则，发放该证明，有效期限一般为30日，最长不得超过180天，但建筑安装行业纳税人项目合同期限超过180天的，按照合同期限确定有效期限。

纳税人外出经营活动结束，应向经营地税务机关填报《外出经营活动情况申报表》，并结清税款、缴销发票。纳税人应在《外出经营活动税收管理证明》有效期届满后10日内，持该证明回原税务登记地税务机关办理其相关缴销手续。

六、非正常户处理

纳税人已办理税务登记后，但未按规定的期限申报纳税，税务机关依法责令其限期改正后，仍逾期不改正的，税务机关应实地检查。对查无下落或无法强制其履行纳税义务的纳税人，由检查人员填写“非正常户认定书”，存入纳税人档案。税务机关暂停其税务相关的全部业务。

对纳税人负有纳税申报义务，但连续3个月仍未进行纳税申报的，税收征管系统自动将其认定为非正常户，并停止其发票信用和使用功能。

七、纳税申报管理

（一）纳税申报的对象

纳税申报对象为纳税人和扣缴义务人。纳税人在纳税期内没有应纳税款的，也应按规定办理纳税申报，即“零申报”。纳税人享受减税、免税待遇的，在减税、免税期间应按照规定办理纳税申报。

（二）纳税申报的期限

《税收征收管理法》规定纳税人和扣缴义务人都必须按法定的期限办理纳税申报。申报期限有两种：一种是法律、行政法规明确规定的；另一种是税务机关按照法律、行政法规的原则规定，结合纳税人生产经营的实际情况及其所应缴纳的税种等予以确定的。实际工作中，一般纳税人按月申报，小规模纳税人按季度申报。还有一些税种随月份或季度按次申报，如印花税、车船税、房产税等。

（三）纳税申报的方式

税务机关应建立、健全纳税人自行申报纳税制度。经税务机关批准，纳税人、扣缴义务人可以采取邮寄、数据电文方式办理纳税申报或报送代扣代缴、代收代缴税款报告表。纳税申报的形式主要有以下四种：

（1）直接申报，是指纳税人自行到税务机关办理纳税申报。

（2）邮寄申报，是指经税务机关批准的纳税人使用统一规定的纳税申报特快专递专用信封，通过邮政部门办理交寄手续，并向邮政部门索取收据作为申报凭据的方式。邮寄申报以寄出的邮戳日期为实际申报日期。

（3）数据电文。纳税人采取经税务机关确定的电话语音、电子数据交换和网络传输等电子方式办理纳税申报，应当按税务机关规定的期限和要求保存资料，并定期书面报送主管税务机关。例如，目前纳税人的网上申报，就是数据电文申报方式的一种形式。

纳税人、扣缴义务人采取数据电文方式办理纳税申报的，其申报日期以税务机关计算机网络系统收到该数据的时间为准。

（4）简易申报和简并征期。实行定期定额缴纳税款的纳税人，可以实行简易申报、简并征期等申报纳税方式。

“简易申报”是指实行定期定额缴纳税款的纳税人在法律、行政法规规定的期限内或税务机关依据法律、行政法规的规定确定的期限内缴纳税款的，税务机关可以视同申报。

“简并征期”是指实行定期定额缴纳税款的纳税人，经税务机关批准，可以采取将纳税期限合并为按季、半年、年的方式缴纳税款。

（四）延期申报管理

纳税人、扣缴义务人因有特殊情况，不能按税法规定的期限办理纳税申报或扣缴税款报告，经县以上税务机关核准，应当在规定的期限内向税务机关提出书面延期申请，办理延期申报。例如，发生不可抗力情况。税务机关应自收到申请延期缴纳税款报告之日起20日内做出批准或不予批准的决定；不予批准的，从缴纳税款期限届满之日起加收滞纳金。

经核准延期办理纳税申报的，应当在纳税期内按上期实际缴纳的税额或税务机关核定的税额预缴税款，在核准的延期内办理纳税结算。

第二节　税款征收

一、税款征收的方式

税款征收方式是指税务机关根据各税种的不同特点、征纳双方的具体条件而确定的计算征收税款的方法和形式。税款征收的方式主要有以下六种：

（一）查账征收

查账征收是指税务机关按纳税人提供的账表所反映的经营情况，依照适用税率计算缴纳税款的方式。该方式适用于财务会计制度较健全，能认真履行纳税义务的纳税单位。

（二）查定征收

查定征收是指税务机关根据纳税人的从业人员、生产设备、采用原材料等因素，对其应税产品查实核定产量、销售额并据以征收税款的方式。该方式适用于账册不够健全，但能够控制原材料或进销货的纳税单位。

（三）查验征收

查验征收是指税务机关对纳税人应税商品，通过查验数量，按市场一般销售单价计算其销售收入并据以征税的方式。该方式适用于经营品种比较单一，按次或按批销售商品的临时经营者，经营地点、时间和商品来源不固定的纳税单位。

（四）定期定额征收

定期定额征收是指税务机关通过典型调查，逐户确定营业额和所得额并据以征税的方式。该方式适用于无完整考核依据的小型纳税单位。

（五）委托代征税款

委托代征税款是指税务机关委托代征人以税务机关的名义征收税款，并将税款缴入国库的方式。该方式一般适用于小额、零散税源的征收。

（六）邮寄纳税

该方式主要适用于那些有能力按期纳税，但采用其他方式纳税又不方便的纳税人。

二、税款征收制度

（一）税收滞纳金征收制度

纳税人未按规定期限缴纳税款的，税务机关除责令限期缴纳外，从滞纳税款之日起，按日加收滞纳税款0.5‰的滞纳金。通常先由税务机关发出催缴税款通知书，告知纳税人未按期履行纳税义务；纳税人仍未缴纳税款，则从滞纳之日起加收滞纳金；拒绝缴纳滞纳金的，可以对纳税人实行强制执行措施，强行划拨或强制征收。

（二）延期缴纳税款制度

纳税人因特殊困难，不能按期缴纳税款的，可以办理延期缴纳税款，但最长时间不能超过3个月，在批准延期的时间内不予加收滞纳金。

（三）税收减免制度

纳税人享受减税、免税的条件发生变化时，应自发生变化之日起15日内向税务机关报告，经税务机关审核后，停止其减税、免税；对不报告的纳税人，又不再符合减税、免税条件的，税务机关有权追回已减免的税款。减税、免税期满，纳税人应当自期满次日起恢复纳税。

减免税分为核准类减免税和备案类减免税。核准类减免税是指法律、法规规定应由税务机关核准减免税项目。备案类减免税是指不需要税务机关核准的减免税项目。纳税人同时从事减免税项目和非免税项目的应分别核算，不能分别核算的，不能享受减免税优惠。核算不清的，由税务机关按合理方法核定。

三、税款征收的措施

（一）责令缴纳

（1）纳税人、扣缴义务人未按规定期限缴纳税款，税务机关可责令限期缴纳，并从滞纳税款之日起，按日加收滞纳金。逾期仍未缴纳的，税务机关可以采取税收强制执行措施。

（2）对未按规定办理税务登记的从事生产经营的纳税人，以及临时从事经营的纳税人，税务机关核定其应纳税额，责令其缴纳应纳税款。纳税人不缴纳的，税务机关可扣押其价值相当于应纳税款的商品。

（3）税务机关有根据认为从事生产、经营的纳税人有逃避纳税义务行为，可在规定的纳税期限之前责令其限期缴纳应纳税款。逾期仍未缴纳的，税务机关有权采取税款征收措施。

（4）纳税担保人未按规定的期限缴纳所担保的税款，税务机关可责令其限期缴纳应纳税款。逾期仍未缴纳的，税务机关有权采取税款征收措施。

（二）责令提供纳税担保

纳税担保是指经税务机关同意或确认，纳税人或其他自然人、法人、经济组织以保证、抵押、质押等方式，为纳税人应缴纳的税款和滞纳金提供担保的行为，否则税务机关可以采取进一步的强制执行措施。提供纳税保证的担保人包括以保证方式为纳税人提供纳税担保的纳税保证人和其他以未设置或者未全部设置担保物权的财产为纳税人提供纳税担保的第三人。纳税保证人同意为纳税人提供纳税担保的，应填写纳税担保书。纳税担保书必须经纳税人、担保人签字盖章，并经税务机关同意方可有效。

1. 适用纳税担保的情形

（1）税务机关有根据认为从事生产、经营的纳税人有逃避纳税义务行为，已责令其限期缴纳应纳税款，在“限期内”发现纳税人有明显的转移、隐匿其应纳税的商品、货物或应纳税收入的迹象。

（2）欠缴税款、滞纳金的纳税人或其法定代表人需要出境的。

（3）纳税人同税务机关在纳税上发生争议而未结清税款，需要申请行政复议的。

（4）其他情形。

2. 纳税担保的方式

纳税人或纳税担保人可以保证、抵押、质押等方式，为纳税人提供担保。

（1）保证。保证是指纳税保证人向税务机关保证，当纳税人未按税收法律、行政法规规定或税务机关确定的期限缴清税款、滞纳金时，由保证人按约定履行缴纳税款及滞纳金的行为。

（2）抵押。抵押是指纳税人或担保人不转移对可抵押财产的占有，将该财产作为税款及滞纳金的担保。若纳税人逾期未缴清税款的，税务机关有权依法处置该抵押财产。

（3）质押。质押是指经税务机关同意，纳税人或担保人将其动产或权利凭证移交税务机关占有，将该动产或权利凭证作为税款及滞纳金的担保。质押包括动产质押和权利质押。其中，动产质押包括以现金及其他除不动产以外的财产提供的质押。权利质押包括以汇票、支票、本票、债券、存款单等权利凭证提供的质押。若纳税人逾期未缴清税款的，税务机关有权依法处置该动产或权利凭证以抵缴税款。

（三）采取税收保全措施

税收保全措施是指税务机关对可能由于纳税人的行为或者某种客观原因，致使以后税款的征收不能保证或难以保证的案件，采取限制纳税人处理和转移商品、货物或其他财产的措施。

税务机关责令纳税人提供纳税担保而纳税人拒绝的，经县以上税务局局长批准，税务机关可以采取税收保全措施。税务机关可采取的税收保全措施包括：

（1）冻结银行存款。税务机关书面通知纳税人开户银行或其他金融机构冻结纳税人的金额相当于应纳税款的存款。

（2）扣押、查封商品、货物等。

扣押、查封纳税人的价值相当于应纳税款的商品、货物或其他财产。扣押、查封的范围以不超过纳税人应纳税款的价值为限。税务机关扣押、查封商品时需要开具收据或清单。

【例12-1】（单项选择题）下列各项中，属于税收保全措施的是（　　）。

A.暂扣纳税人营业执照

B.拍卖纳税人价值相当于应纳税款的货物

C.查封纳税人价值相当于应纳税款的货物

D.书面通知纳税人开户行从其存款中扣缴税款

【答案】C。

【解析】纳税担保、税收保全及税收强制执行是有区别的。

（四）采取税收强制措施

因纳税人、扣缴义务人和纳税担保人等在规定的期限内未履行纳税义务，有关国家机关经县以上税务局局长批准，税务机关可以申请人民法院采取强制执行措施。税务机关可采取的税收强制措施包括以下两项：

（1）强制扣款。税务机关可以书面通知纳税人的开户银行或其他金融机构从其存款中扣缴税款。

（2）拍卖变卖。扣押、查封、依法拍卖或变卖其价值相当于应纳税款的商品、货物或其他财产，以拍卖或变卖所得抵缴税款。

个人及其所扶养家属维持生活必需的住房和用品，不在强制执行措施的范围之内。需要注意：税务机关采取强制执行措施时，对纳税人、扣缴义务人、纳税担保人未缴纳的滞纳金同时强制执行。

【例12-2】（单项选择题）关于税收强制执行措施的表述中，正确的是（　　）。（2009年注册会计师考试试题）

A.税收强制执行措施不适用于扣缴义务人

B.作为家庭唯一代步工具的轿车，不在税收强制执行的范围内

C.税务机关采取税收强制执行措施时，可以对纳税人未缴纳的滞纳金同时强制执行

D.税务机关可对未按期缴纳工薪收入个人所得税的个人实施税收强制执行措施

【答案】C。

【解析】税收强制执行适用于从事生产、经营的纳税人、扣缴义务人和纳税担保人，选项A不正确。

税收强制执行的范围内包括家庭使用的轿车，选项B不正确。

取得工薪收入的个人不属于从事生产、经营的纳税人，所以税务机关不能对未按期缴纳工薪收入个人所得税的个人实施税收强制执行措施，选项D不正确。

（五）阻止出境

欠缴税款的纳税人或其法定代表人出境前未按规定结清应纳税款、滞纳金或提供纳税担保的，税务机关可以通知出境管理机关阻止其出境。

提示

抵押和质押的区别：

①物权的转移不同。抵押不转移抵押物，而质押必须转移占有质押物。

②标的物范围不同。抵押可以以动产或不动产为标的物，而质押无法质押不动产。

③合同生效日期不同。抵押自抵押合同签字成立生效，质权自标的物交付或登记时生效。

④处置不同。债权人对抵押物不具有直接处置权，需要与抵押人协商或通过起诉由法院判决后完成抵押物的处置；对质押物的处置不需要经过协商或法院判决，超过合同规定的时间质权人即可以处置。

第三节　税务行政法治

税务行政法治是规范税务执法机关和工作人员执法行为，保护纳税人合法权益的规范，基本内容包括税务行政处罚、税务行政复议和税务行政诉讼三个部分。

一、税务行政处罚

税务行政处罚是指公民、法人或其他组织有违反税收征收管理秩序的违法行为，尚未构成犯罪，依法应承担行政责任的，由税务机关给予行政处罚。税务行政处罚的种类可以随着税收法律、法规、规章的变化而增减。现行税务行政处罚主要有：①罚款；②没收财物和违法所得；③停止出口退税权；④法律、法规和规章规定的其他行政处罚。

1. 税务行政处罚的主体

税务行政处罚的实施主体是县以上的税务机关。我国税务机关的组织构成包括国家税务总局；省、自治区、直辖市税务局；地（市）税务局；县（市）税务局四级。各级税务机关的内设机构、派出机构虽不具处罚主体资格，但税务所可以实施罚款额在2 000元以下的税务行政处罚。

2. 税务行政处罚的简易程序

税务行政处罚的简易程序指税务机关及其执法人员对公民、法人或其他组织违反税收征收管理秩序的行为，当场做出税务行政处罚决定的行政处罚程序。简易程序适用于案情较简单、处罚较轻的违法行为，仅适用于对公民处以50元以下和对法人或者其他组织处以1 000元以下罚款的违法案件。按下列程序进行：

（1）出示。向当事人出示税务行政执法身份证件。

（2）告知。告知当事人受到税务行政处罚的违法事实、依据和陈述申辩权。

（3）听取。听取当事人陈述申辩意见。

（4）处罚。填写税务行政处罚决定书，当场交付当事人。

3. 税务行政处罚的一般程序

对于那些较复杂和处罚较重的税务违法案件，税务机关需要在做出处罚前立案、调查取证、审查、决定、执行程序。适用一般程序的案件一般是情节比较复杂、处罚比较重的案件。

（1）调查与审查，是指税务机关内部设立的调查机构对税务违法案件的调查，如管理、检查机构等。调查机构进行调查取证后，对给予行政处罚的应及时提出处罚建议，以税务机关的名义送达当事人，告知其被处罚的事实和依据，当事人享有陈述申辩或要求听证的权利。调查终结后，调查机构应撰写调查报告，及时将调查报告连同所有案卷材料移交审查机构审查。审查机构收到调查机构的案卷后，对其进行登记，填写《税务案件审查登记簿》，并应在收到调查机构移交案卷之日起10日内审查终结，制作审查报告，报送税务机关负责人审批。审查机构应审查下列事项：①调查机构认定的事实、证据和处罚建议适用的处罚种类、依据是否正确；②调查取证是否符合法定程序；③陈述申辩的事实、证据是否成立；④听证人、当事人听证申辩的事实、证据是否成立。

（2）听证，是指税务机关在对当事人的违法行为做出处罚决定前，按一定形式听取调查人员和当事人意见的程序。听证的范围是对公民做出2 000元以上，或对法人或其他组织做出10 000元以上罚款的案件。

（3）决定。审查机构做出审查意见并报送税务机关负责人审批后，应当在收到审批意见之日起3日内，根据不同情况制作处理决定书，再报税务机关负责人签发。税务机关做出罚款决定的行政处罚决定书应当载明罚款代收机构的名称、地址、应缴纳罚款的数额及期限等。决定有下列情况：①违法行为轻微，依法可以不予行政处罚的不予行政处罚；②违法事实不能成立，不予以行政处罚；③有应受行政处罚的违法行为，根据情节轻重及具体情况予以处罚；④违法行为已构成犯罪，移送公安机关。

二、税务行政复议

税务行政复议是指当事人不服税务机关及其工作人员做出的税务具体行政行为，依法向上一级税务机关提出申请，上一级税务机关经审理对原税务机关具体行政行为依法做出维持、变更、撤销等决定的活动。上一级税务机关即复议机关。

税务行政复议是税务行政诉讼的必经前置程序，未经复议不能向法院起诉，经复议仍不服的，才可以起诉；对于因处罚、保全措施及强制执行引起的争议，当事人可以选择适用复议或诉讼程序，如果选择复议程序，对复议决定仍不服的，可以向法院起诉。

1. 税务行政复议范围

（1）征税行为，包括确认纳税主体、征税对象、征税范围、减税、免税、退税、抵扣税款、适用税率、计税依据、纳税环节、纳税期限、纳税地点和税款征收方式等具体行政行为，征收税款、加收滞纳金，扣缴义务人、受税务机关委托的单位和个人做出的代扣代缴、代收代缴、代征行为等。

（2）行政许可、行政审批行为。

（3）发票管理行为，包括发售、收缴、代开发票等。

（4）税收保全措施、强制执行措施。

（5）行政处罚行为，包括：①罚款；②没收财物和违法所得；③停止出口退税权。

（6）不依法履行下列职责的行为，包括：①颁发税务登记；②开具、出具完税凭证、外出经营活动税收管理证明；③行政赔偿；④行政奖励；⑤其他不依法履行职责的行为。

（7）资格认定行为。

（8）不依法确认纳税担保行为。

（9）政府信息公开工作中的具体行政行为。

（10）纳税信用等级评定行为。

（11）通知出入境管理机关阻止出境行为。

（12）其他行政行为。

2. 税务行政复议程序

（1）税务行政复议申请

税务行政复议因当事人的申请而产生。未经当事人申请，税务机关不得主动提出复议要求。税务行政复议的当事人包括申请人和被申请人。申请人是指认为税务机关的行政行为侵犯其合法权益，依法向税务行政复议机关提出复议的当事人。被申请人指做出具体行政行为的税务机关或应当做出行政行为而不作为的税务行政机关。

申请人可以在税务机关做出具体行政行为之日起60日内，以口头或书面的形式提出行政复议申请。申请人对行政复议决定不服的，自收到不予受理决定书之日起或行政复议期满之日起15日内，可以向人民法院提起行政诉讼。

申请人书面申请行政复议的，应在行政复议申请书中载明下列事项：①申请人的基本情况；②被申请人的名称；③行政复议请求、申请行政复议的主要事实和理由；④申请人的签名或者盖章；⑤申请行政复议的日期。

（2）税务行政复议被受理

行政复议机关收到行政复议申请后，应在5日内审查，决定是否受理。对不符合规定的行政复议申请，不予受理并书面告知申请人。行政复议机关收到行政复议申请后未按规定期限审查并做出不予受理决定的，视为受理。

（3）税务行政复议审查和决定

行政复议机构应自受理行政复议申请之日起7日内，将行政复议申请书副本或行政复议申请笔录复印件发送被申请人。被申请人应自收到上述材料之日起10日内提出书面答复，并提交当初做出具体行政行为的证据、依据等材料。

税务行政复议应对被申请人做出具体行政行为提出审查意见，经复议机关负责人批准，做以下决定：①维持；②限期履行，即税务行政复议机关认为被申请人应在一定期限内履行的决定；③撤销、变更或确认原具体行政行为违法。

具体行政行为有下列情形之一的：决定撤销变更或确认该具体行政行为违法；决定撤销或确认该具体行政行为违法的，可以责令被申请人在一定期限内重新做出具体行政行为：①主要事实不清、证据不足的；②适用依据错误的；③违反法定程序的；④超越职权或者滥用职权的；⑤具体行政行为明显不当的。

（4）税务行政复议和解与调解

复议机关做出行政复议决定前可以达成和解，也可以调解。申请人和被申请人达成和解的，应当向行政复议机构提交书面和解协议。调解时，应符合的要求：①尊重申请人和被申请人意愿；②在查明案件事实的基础上进行；③遵循客观、公正原则；④不损害社会公共利益和他人合法权益。申请人不履行行政复议调解的，由被申请人依法强制执行，或申请人民法院强制执行。

【例12-3】（多项选择题）税务行政复议机关可以对某些税务行政复议事项进行调解。

以下符合税务行政复议调解要求的有（ ）。(2013年注册会计师考试试题)

A. 遵循客观、公正和合理的原则

B. 不得损害社会公共利益和他人合法权益

C. 尊重申请人和被申请人的意愿

D. 在查明案件事实的基础上进行

【答案】ABCD。

三、税务行政诉讼

税务行政诉讼是指公民、法人和其他组织认为税务机关及其工作人员的具体行政行为违法或不当，侵犯了其合法权益，依法向人民法院提起行政诉讼，由人民法院对具体行政行为的合法性和适当性进行审理，并做出裁决的司法活动。

1. 提起税务行政诉讼

（1）确定税务行政诉讼的当事人

税务行政诉讼的原告是指税务机关具体行政行为侵犯其合法权益的纳税人、扣缴义务人、纳税担保人及其他当事人。被告是指做出具体行政行为的税务机关或其上一级税务机关。

（2）提起税务行政诉讼的时间和范围

对税务机关的征税行为提起诉讼，必须先经过复议，对复议决定不服的，可以自接到复议决定书之日起15日内向人民法院起诉；对其他具体行政行为不服的，当事人可以自接到通知之日起15日内直接向人民法院起诉。

税务行政诉讼的受案范围与税务行政复议的受案范围基本一致。

2. 确定税务行政诉讼被受理

当事人提起的税务行政诉讼符合起诉条件的，人民法院应在7日内决定受理，并通知原告。当事人提起的税务行政诉讼不符合起诉条件的，人民法院应在7日内裁定不予受理。该情况下，原告可以将该不予受理的裁定提起上诉。

3. 取得税务行政诉讼判决

经过审理，人民法院可以做出如下判决：①维持判决；②撤销判决；③履行判决；④变更判决。如果人民法院经过审理，认为税务机关的具体行政行为或行政处罚有失公正的，应当判决其予以变更。

提示

税务行政诉讼的上诉。对一审人民法院的判决不服的，当事人可以在判决书送达之日起15日内向上一级人民法院提起上诉。当事人未在上诉期内提起上诉的，一审判决将发生法律效力。当事人必须执行该判决，否则人民法院有权依对方当事人的申请予以强制执行。

本章小结

知识点❶ 税务登记是税务机关对纳税人的生产、经营活动进行登记，据此对纳税人实施税务管理的法定制度。

知识点❷ 税款征收方式是指税务机关根据各税种的不同特点、征纳双方的具体条件而确定的计算征收税款的方法和形式。税款征收的方式主要有：①查账征收；②查定征收；③查验征收；④定期定额征收；⑤委托代征税款；⑥邮寄纳税。

知识点❸ 税款征收的措施包括：责令缴纳、责令提供纳税担保、采取税收保全措施、采取税收强制措施、阻止出境。

知识点❹ 税务行政法治是规范税务执法机关和工作人员执法行为，保护纳税人合法权益的规范，基本内容包括税务行政处罚、税务行政复议和税务行政诉讼三个部分。

知识点❺ 申请人可以在税务机关做出具体行政行为之日起60日内，以口头或书面的形式提出行政复议申请。申请人对行政复议决定不服的，自收到不予受理决定书之日起或行政复议期满之日起15日内，可以向人民法院提起行政诉讼。

思考题

1. 简述我国税务登记制度的主要内容。
2. 简述税款征收的方式和适应范围。
3. 简述税款征收措施的种类。
4. 简述税务行政法治的三种方式。
5. 简述税务行政处罚的简易程序。

附录一

综合实训

一、杭州融易服装有限公司的概况

公司基本信息：

企业名称：杭州融易服装有限公司

公司类型：有限责任公司

地址及电话：杭州市大发路20号 0571-88282454

法定代表人：李云龙

注册资本金：500万元

开户行及账号：中国银行大发支行633293955911

纳税人识别号：6514H23078EA30238K

经营范围：各类服装等商品批发与销售

员工情况：职工共20人。其中：管理及财务人员7人，业务部门人员9人，仓储部门人员4人。

杭州融易服装有限公司（以下简称融易公司）于2024年4月成立，为增值税一般纳税人，增值税税率为13%，主要批发与销售各类服装等商品。公司成立时资金账簿中记载实收资本100万元。经当地主管税务机关批准，企业采取按月汇总方式缴纳印花税。城市维护建设税和教育费附加分别按流转税额的7%和3%计算缴纳。个人所得税均未达起征点。员工的“五险”忽略不做业务处理。

房产税、车船税和城镇土地使用税按月计提，年终一次缴纳，相关资料如下：

（1）会计账簿记载，企业生产经营用房的房产原值为8 600万元，包括冷暖透风等设备150万元和门面房3间；内部职工医院用房的房产原值为200万元；在郊区以外的农村拥有一个仓库，房产原值300万元。当地规定允许扣除房产原值的30%。

（2）企业城镇土地使用证书记载，生产经营用房除门面房3间占地面积500平方米，属二等地段外，其他占用土地面积为10 000平方米，经确定的用房均属一等地段；内部职工医院坐落在市区的三等地段，共占地1 000平方米；仓库占地面积为1 200平方米。适用税率：一等地段年税额为7元/平方米；二等地段年税额为5元/平方米；三等地段年税额为4元/平方米。

（3）企业拥有车辆情况如下：拥有轿车2辆；拥有载人客车4辆，均为26座，其中，3辆用于接送本单位职工上下班，1辆由内部职工医院专用；拥有净吨位为10吨的载货汽车5辆；有2辆无行驶执照、仅在厂区内部行驶的载货汽车，净吨位为2.5吨。杭州市规定载人客车每辆年税额为250元，小轿车每辆年税额为200元，载货汽车20吨以下按净吨位每吨年税额60元。

二、会计核算原则

（1）会计年度：公历1月1日至12月31日。该实训资料是2024年5月涉及税项的部分业务。

（2）记账本位币：以人民币为记账本位币。

（3）记账基础和记账方法：以权责发生制为基础进行会计确认、计量和报告，采用借贷记账法记账。

（4）会计要素计量原则：一般采用历史成本计量，如果需要采用重置成本、现值、可变现净值和公允价值计量的，必须保证会计要素金额能够取得并可靠计量。

三、实训任务目标

（1）判断该公司不同业务中应缴纳的税种：增值税、房产税、车船税、城镇土地使用税、车辆购置税、印花税、城市维护建设税、教育费附加和地方教育附加。

（2）根据业务资料编写会计分录，计算其所涉及的相关税额。

（3）根据业务资料填制相应税种的纳税申报表。

四、实训业务资料

（1）5月3日，办公室人员购买办公用品前来报销（费用发票略），取得单证见表A-1。

表A-1　　费用报销单

2024年5月3日

<table>
<tr><td>项目</td><td>类别</td><td>金额</td><td rowspan="2">部门负责人</td><td rowspan="2">冯成</td></tr>
<tr><td>购买办公用品</td><td>办公费</td><td>780.00</td></tr>
<tr><td></td><td></td><td></td><td rowspan="3">审查意见</td><td rowspan="3">同意报销
李义</td></tr>
<tr><td></td><td></td><td></td></tr>
<tr><td></td><td></td><td></td></tr>
<tr><td></td><td></td><td></td><td rowspan="2">报销人</td><td rowspan="2">刘杰</td></tr>
<tr><td colspan="2">报销合计</td><td>780.00</td></tr>
</table>

核实金额（大写）：柒佰捌拾元整

财务经理：李纳　　会计：张华　　出纳：田宇

（2）缴纳4月份增值税23 000元，城市维护建设税1 610元，教育费附加690元，地方教育附加460元。中国银行电子缴税付款凭证如图A-1、图A-2和图A-3所示。

中国银行电子缴税付款凭证

纳税人识别号：6514H23078EA30238K	征收机关名称：杭州市税务局
纳税人全称：杭州融易服装有限公司	收缴银行名称：中国银行杭州大发支行
纳税人账号：633293955911	缴款书交易流水号：002101278
纳税人开户银行：中国银行大发支行	税票号码：204520255
小写（金额合计）：23 000.00	凭证号：204520255
大写（金额合计）：贰万叁仟元整	预算级次：省级
税费税号：330000285000564	中国银行浙江省分行 杭州大发支行
税款期限：2024.04.01-2024.04.30	2024.05.03
1.合计：23 000.00	转讫
2.合计：0.00	
3.合计：0.00	缴税日期：2024年5月3日
第一次打印	打印日期：2024年5月3日

图A-1　中国银行电子缴税付款凭证

中国银行电子缴税付款凭证

纳税人识别号：6514H23078EA30238K	征收机关名称：杭州市税务局
纳税人全称：杭州融易服装有限公司	收缴银行名称：中国银行杭州大发支行
纳税人账号：633293955911	缴款书交易流水号：002101279
纳税人开户银行：中国银行大发支行	税票号码：204520256
小写（金额合计）：2 760.00	凭证号：204520256
大写（金额合计）：贰仟柒佰陆拾元整	预算级次：省级
税费税号：330000285000565	中国银行浙江省分行 杭州大发支行
税款期限：2024.04.01-2024.04.30	2024.05.03
1.合计：2 760.00	转讫
2.合计：0.00	
3.合计：0.00	缴税日期：2024年5月3日
第一次打印	打印日期：2024年5月3日

图A-2　中国银行电子缴税付款凭证

（3）5月1日，融易公司法人李云龙以实收资本形式注入资金100万元，款项已存入银行，银行入账回单（略）。

（4）5月2日，融易公司购入轿车2辆；载人客车4辆，均为26座；拥有净吨位为10吨的载货汽车5辆；有2辆无行驶执照仅在厂区内部行驶的载货汽车，净吨位为2.5吨。办理验收入库手续（购车发票略）。固定资产验收单见表A-2。

表A-2　　固定资产验收单

验收部门：设备科

项目	型号	数量	生产厂家	保管人	金额（万元）	所属部门
1	宝来轿车	2	一汽大众股份有限公司	王达	19	办公室
2	宇通客车	4	郑州宇通客车有限公司	刘义铠	66	车队
3	福田载货汽车	5	北汽福田汽车股份有限公司	马刚	55	仓储
合计					140	

审核：李纳　　保管员：李安　　出纳：田宇

（5）上述轿车、客车及载货汽车的全部价款合计为140万元（含增值税价格），融易公司用转账支票方式已缴纳车辆购置税12.39万元。银行转账支票如图A-3所示。

中国银行（浙）
转账支票存根
支票号码：35967348
科　　目：
对方科目：
签发日期：2024年5月3日
收 款 人：杭州市税务局
金　　额：¥123 900.00
用　　途：缴纳车辆购置税
备　　注：

单位主管　　会计
复核　　记账

图A-3　银行转账支票

（6）5月3日，融易公司签发现金支票，提取现金，现金支票存根留存记账，如图A-4所示。

中国银行（浙）
现金支票存根
支票号码：25467220
科　　目：
对方科目：
签发日期：2024年5月3日
收 款 人：杭州米氏服装有限公司
金　　额：¥5 000.00
用　　途：提取现金备用
备　　注：

单位主管　　会计
复核　　记账

图A-4　银行现金支票

（7）5月5日，融易公司向杭州德誉服装公司采购服装一批，商品已到达入库，款项已支付。取得增值税专用发票、银行转账支票和商品验收单，如图A-5、图A-6和表A-3所示。

动态二维码

电子发票（增值税专用发票）

发票号码：2029002614004213

开票日期：2024年5月5日

购买方信息	名称：杭州融易服装有限公司 统一社会信用代码/纳税人识别号： 6514H23078EA30238K			销售方信息	名称：杭州德誉服装公司 统一社会信用代码/纳税人识别号： 98376B70551278E325		
项目名称	规格型号	单位	数量	单价	金额	税率	税额
*服装*男式西服	405-1	套	1 100	320	352 000.00	13%	45 760.00
合　计					¥352 000.00		¥45 760.00
价税合计（大写）	⊗叁拾玖万柒仟柒佰陆拾元整				（小写）¥397 760.00		
备注							

开票人：李文

图A-5　增值税专用发票

中国银行（浙）

转账支票存根

支票号码：26466B04

科　　目：

对方科目：

签发日期：2024年5月5日

收 款 人：杭州德誉服装公司

金　　额：¥397 760.00

用　　途：购买服装款

备　　注：

单位主管　　会计

复核　　记账

图A-6　银行转账支票

表A-3　　商品验收单

验收仓库：1号库

发票号码：13687609

供货单位：杭州德誉服装公司　　2024年5月5日　　No.005220

项目	型号	单位	数量		实际成本（进价）					
			应收	实收	买价		运杂费	其他	合计	单位成本
					单价	金额				
男式西服	405-1	套	1 100	1 100	320	352 000				
合计						352 000				
复核：李纳				收货人：李文文			制单人：田宇			

（8）5月6日，融易公司从杭州瑞华公司购入办公用设备一台，收到增值税专用发票所列买价10 000元、增值税税额1 300元，价税款等签发转账支票支付。设备交付安装。取得增值税专用发票和银行现金支票，如图A-7、图A-8所示。

动态二维码

电子发票（增值税专用发票）

发票号码：2002900261400482

开票日期：2024年5月6日

购买方信息	名称：杭州融易服装有限公司 统一社会信用代码/纳税人识别号： 6514H23078EA30238K	销售方信息	名称：杭州瑞华服装公司 统一社会信用代码/纳税人识别号： 48376B70551278E331

项目名称	规格型号	单位	数量	单价	金额	税率	税额
*电脑	联想Y7000P	套	1	10 000	10 000.00	13%	1 300.00
合　计					¥10 000.00		¥1 300.00
价税合计（大写）	⊗壹万壹仟叁佰元整				（小写）¥11 300.00		
备注							

开票人：李文

图A-7　增值税专用发票

中国银行（浙）
转账支票存根

支票号码：25466802
科　　目：
对方科目：
签发日期：2024 年 5 月 6 日
收 款 人：杭州瑞华公司
金　　额：¥11 300.00
用　　途：购买电脑款
备　　注：

单位主管　　　会计
　　复核　　　记账

图A-8　银行现金支票

（9）5月9日，支付融易公司委托杭州天远公司加工材料的加工费，取得的增值税专用发票所列的加工费用为7 000元、增值税税额910元，价税款签发转账支票支付。取得增值税专用发票及单证，如图A-9和图A-10所示。

动态二维码

电子发票（增值税专用发票）　发票号码：227865001252215412
开票日期：2024年5月9日

购买方信息	名称：杭州融易服装有限公司 统一社会信用代码/纳税人识别号： 6514H23078EA30238K			销售方信息	名称：杭州天元公司 统一社会信用代码/纳税人识别号： 28376B20551278E224		
项目名称	规格型号	单位	数量	单价	金额	税率	税额
*加工		件	100	70	7 000.00	13%	910.00
合　计					¥7 000.00		¥910.00
价税合计（大写）	⊗柒仟玖佰壹拾元整				（小写）¥7 910.00		
备注							

开票人：付力

图A-9　增值税专用发票

中国银行（浙）

转账支票存根

支票号码：25466620

科　　目：

对方科目：

签发日期：2024 年 5 月 9 日

收 款 人：杭州天元公司

金　　额：¥7 910.00

用　　途：支付加工费

备　　注：

单位主管　　　会计

复核　　　记账

图A-10　中国银行转账支票存根

（10）5月18日，接到杭州电力公司开户行通知，融易公司应付办公用电费2 000元，取得的增值税专用发票列示增值税税额260元，价税款共计2 260元。款项从融易公司存款账户中划出，有关增值税专用发票和银行结算凭单如图A-11、图A-12所示。

动态二维码

电子发票（增值税专用发票）

发票号码：22149500125226087

开票日期：2024年5月18日

购买方信息	名称：杭州融易服装有限公司 统一社会信用代码/纳税人识别号： 6514H23078EA30238K			销售方信息	名称：杭州电力公司 统一社会信用代码/纳税人识别号： 26776B20551378A124		
项目名称	规格型号	单位	数量	单价	金额	税率	税额
*电费		度	3 921.5	0.51	2 000.00	13%	260.00
合　计					¥2 000.00		¥260.00
价税合计（大写）	⊗贰仟贰佰陆拾元整				（小写）¥2 260.00		
备注							

开票人：付力

图A-11　增值税专用发票

中国银行支付系统收付款凭证

日期：2024年5月18日
流水号：2902341538147812
汇款人账号：633293955911
汇款人名称：杭州融易服装有限公司
汇款人地址：杭州市大发路20号
收款人账号：273099687481
收款人名称：杭州电力公司
收款人地址：杭州市利民路39号
金额：¥2 260.00
备注：支付电费款

中国银行浙江省分行
杭州大发支行
2024.05.18
转讫

图A-12　中国银行支付系统收付款凭证

（11）5月19日，融易公司根据合同约定向杭州慧力物资公司预收货款50 000元。款项已转存开户银行，有关结算凭单已收到，如图A-13所示。

中国银行支付系统收付款凭证

日期：2024年5月19日
流水号：2902341538147754
汇款人账号：283099677465
汇款人名称：杭州慧力物资公司
汇款人地址：杭州市九江路127号
收款人账号：633293955911
收款人名称：杭州融易服装有限公司
收款人地址：杭州市大发路20号
金额：¥50 000.00
备注：预收货款

中国银行浙江省分行
杭州大发支行
2024.05.19
转讫

图A-13　中国银行支付系统收付款凭证

（12）5月20日，根据实际到账的注册资本金1 000 000元，计提印花税，见表A-4。

表A-4

自制原始凭证单

2024年5月20日

项目	类别	金额	部门负责人	贺红
计提印花税	印花税	250.00		
			审查意见	同意 李平
报销合计		250.00		
核实金额（大写）：贰佰伍拾元整				

财务经理：李纳　　会计：张华　　出纳：田宇

（13）5月18日，融易公司向杭州加邦公司销售服装产品一批，货款70 000元，增值税税额9 100元，实际成本32 000元。商品已交给购货方，收到相关部门交来企业销售商品的转账支票、增值税专用发票等结算凭单（编制分录中成本结转的自制原始凭证略），如图A-14、图A-15所示。

动态二维码

电子发票（增值税专用发票）

全国统一发票监制章 国家税务总局 大连市税务局

发票号码：27250246752126312

开票日期：2024年5月18日

购买方信息	名称：杭州加邦公司 统一社会信用代码/纳税人识别号： 26776B20551378A124	销售方信息	名称：杭州融易服装有限公司 统一社会信用代码/纳税人识别号： 6514H23078EA30238K

项目名称	规格型号	单位	数量	单价	金额	税率	税额
*男式西服	405-1	件	100	700	70 000.00	13%	9 100.00
合　计					¥70 000.00		¥9 100.00
价税合计（大写）	⊗柒万玖仟壹佰元整				（小写）¥79 100.00		
备注							

开票人：付力

图A-14　增值税专用发票

中国银行　转账支票

No.00054625

出票日期（大写）：贰零贰肆年零伍月壹拾捌日　　付款行：中国银行交华支行

收款人：杭州融易服装有限公司		出票人账号：811953740324									
人民币（大写）	⊗柒万玖仟壹佰元整	千	百	十	万	千	百	十	元	角	分
				¥	7	9	1	0	0	0	0
用途： 上列款项请从 我账户内支付 出票人盖章	杭州融易服装有限公司 财务专用章　张云龙印	科目（借）： 对方科目（贷）： 付讫日期： 复核：　　记账：									

图A-15　转账支票

（14）5月19日，融易公司向杭州外贸公司销售服装产品一批，货款900 000元，增值税税额117 000元，实际成本320 000元。商品已交给购货方，收到相关部门交来企业销售商品的增值税专用发票、发货单、转账支票等结算凭单（编制分录中成本结转的自制原始凭证略），如图A-16、表A-5和图A-17所示。

动态二维码

电子发票（增值税专用发票）　发票号码：35498246752126721 1

开票日期：2024年5月19日

购买方信息	名称：杭州外贸公司 统一社会信用代码/纳税人识别号： 6514H23078EA30238K			销售方信息	名称：杭州融易服装有限公司 统一社会信用代码/纳税人识别号： 6514H23078EA30238K		
项目名称	规格型号	单位	数量	单价	金额	税率	税额
*男装*男式西服	405-1	件	1 000	900	900 000.00	13%	117 000.00
合　计					¥900 000.00		¥117 000.00
价税合计（大写）	⊗壹佰零壹万柒仟元整				（小写）¥1 017 000.00		
备注							

开票人：谭方方

图A-16　增值税专用发票

表A-5　商品发货单　No.008729

发票号码：39127601

购货单位：杭州外贸公司　2024年5月19日

项目	型号	单位	数量		单位成本	实际成本	附注
			实发	应发			
男式西服	405-1	套	1 000	1 000	320	320 000	
合计			1 000	1 000	320	320 000	

复核：李纳　收货人：李文文　制单人：田宇

中国银行 转账支票

No.00054354

出票日期（大写）：贰零贰肆年零伍月壹拾玖日　　付款行：中国银行民生支行

收款人：杭州融易服装有限公司		出票人账号：811953740324									
人民币（大写）	壹拾壹万柒仟元整	千	百	十	万	千	百	十	元	角	分
			¥	1	1	7	0	0	0	0	0
用途： 上列款项请从 我账户内支付 出票人盖章		科目（借）： 对方科目（贷）： 付讫日期： 复核：　　记账：									

图A-17　转账支票

（15）5月20日，融易公司收到山东发展服饰公司的商品，并办理入库，款项尚未支付。取得增值税专用发票及验收单，如图A-18、表A-6所示。

动态二维码

电子发票（增值税专用发票）

发票号码：2897200215012782102

开票日期：2024年5月20日

购买方信息	名称：杭州融易服装有限公司 统一社会信用代码/纳税人识别号： 6514H23078EA30238K	销售方信息	名称：山东发展服饰公司 统一社会信用代码/纳税人识别号： 96D927502E8009816T

项目名称	规格型号	单位	数量	单价	金额	税率	税额
*服装*针织衫	L0-212	套	5 000	52	260 000.00	13%	33 800.00
合　计					¥260 000.00		¥33 800.00
价税合计（大写）	⊗贰拾玖万叁仟捌佰元整				（小写）¥293 800.00		
备注							

开票人：谭伟

图A-18　增值税专用发票

表A-6 商品验收单

验收仓库：1号库

发票号码：13687714

供货单位：山东发展服饰公司 2024年5月20日 No.005221

项目	型号	单位	数量		实际成本（进价）					
			应收	实收	买价		运杂费	其他	合计	单位成本
					单价	金额				
针织衫	L0-212	套	5 000	5 000	52	260 000				
合计						260 000				

复核：刘芳 收货人：李文文 制单人：田宇

（16）5月25日，融易公司向杭州众森有限公司采购针织衫一批，商品尚未到达，取得增值税专用发票、代垫运费、转账支票等单证，如图A-19至图A-21所示。

动态二维码

电子发票（增值税专用发票） 发票号码：27325252150123289I

开票日期：2024年5月25日

购买方信息	名称：杭州融易服装有限公司 统一社会信用代码/纳税人识别号： 6514H23078EA30238K	销售方信息	名称：杭州众森有限公司 统一社会信用代码/纳税人识别号： 930C9388170524611

项目名称	规格型号	单位	数量	单价	金额	税率	税额
*服装*针织衫	L0-213	套	500	200	100 000.00	13%	13 000.00
合计					¥100 000.00		¥13 000.00
价税合计（大写）	⊗壹拾壹万叁仟元整				（小写）¥113 000.00		
备注							

开票人：谭伟

图A-19 增值税专用发票

中国银行（浙）
转账支票存根

支票号码：25467198
科　　目：
对方科目：
签发日期：2024年5月25日
收 款 人：杭州神舟物流公司
金　　额：¥1 200.00
用　　途：运费
备　　注：

单位主管　　　会计
复核　　　记账

图A-20　神舟物流中国银行转账支票存根

中国银行（浙）
转账支票存根

支票号码：25467197
科　　目：
对方科目：
签发日期：2024年5月25日
收 款 人：杭州众森有限公司
金　　额：¥113 000.00
用　　途：购服装款
备　　注：

单位主管　　　会计
复核　　　记账

图A-21　杭州众泰中国银行转账支票存根

（17）5月25日，融易公司向无锡捷昌服装公司销售一批针织衫，商品已交给购货方，收到相关部门交来企业销售商品的增值税专用发票、发货单等单证（编制分录中成本结转的自制原始凭证略）如图A-22至图A-24、表A-7所示。

动态二维码

电子发票（增值税专用发票）

发票号码：2892125214012214
开票日期：2024年5月25日

购买方信息	名称：无锡捷昌服装公司 统一社会信用代码/纳税人识别号： 910753U4820P840154			销售方信息	名称：杭州融易服装有限公司 统一社会信用代码/纳税人识别号： 6514H23078EA30238K		
项目名称	规格型号	单位	数量	单价	金额	税率	税额
*服装*针织衫	L0-212	套	13 000	300	3 900 000.00	13%	507 000.00
合　计					¥3 900 000.00		¥507 000.00
价税合计（大写）	⊗肆佰肆拾万零柒仟元整				（小写）¥4 407 000.00		
备注							

开票人：施惠

图A-22　增值税专用发票

表A-7　　商品发货单

发货仓库：1号库

发票号码：13697001

购货单位：无锡捷昌服装公司　　2024年5月25日　　No.008820

项目	型号	单位	数量		单位成本	实际成本	附注
			实发	应发			
针织衫	L0-212	套	1 300	1 300	52	67 600	
合计			1 300	1 300	52	67 600	

复核：刘芳　　收货人：李文璐　　制单人：田大宽

中国银行　转账支票　　No.00056680

出票日期（大写）：贰零贰肆年零伍月贰拾伍日　　付款行：中国银行华远支行

收款人：杭州融易服装有限公司		出票人账号：811953740324									
人民币（大写）	肆佰肆拾万零柒仟元整	千	百	十	万	千	百	十	元	角	分
		¥	4	4	0	7	0	0	0	0	0
用途：		科目（借）：									
上列款项请从		对方科目（贷）：									
我账户内支付		付讫日期：									
出票人盖章	杭州融易服装有限公司 财务专用章　张云龙印	复核：　记账：									

图A-23　转账支票

中国银行进账单（回单）

日期：2024年5月27日

付款人	全　称	无锡捷昌服装公司	收款人	全　称	杭州融易服装有限公司							
	账号或地址	821983740518		账号或地址	633293955911							
	开户银行	中国银行华远支行		开户银行	中国银行大发支行							
托收金额	人民币（大写）	肆佰肆拾万零柒仟元整	千	百	十	万	千	百	十	元	角	分
			¥	4	4	0	[illegible]	0	0	0	0	0
票据种类：转账支票			受理银行签章 中国银行浙江省分行 杭州大发支行 2024.05.27 转讫									
票据张数：1												
备注：												

此联是受理行给送票人的回单

图A-24　银行入账回单

（18）5月30日，分配本月工资、薪金费用60 000元，其中管理费用分摊33 000元，销售费用分摊27 000元（暂不考虑“五险”，个人所得税未达起征点）。

（19）5月30日，下发职工工资60 000元（职工工资明细表略）。

（20）按月计提房产税、城镇土地使用税和车船税。

（21）按规定预缴本月应缴纳增值税377 008.05元。

（22）计算结转本月应缴纳的城市维护建设税。

（23）计算结转本月应缴纳的教育费附加和地方教育附加。

（24）将本月损益转入“本年利润”账户。

五、“应交税费——应交增值税”明细账

（1）应交税费——应交增值税（进项税额）明细账（略）。

（2）应交税费——应交增值税（销项税额）明细账（略）。

（3）应交税费——应交增值税明细账（见表A-8）。

表A-8 “应交税费——应交增值税”明细账

年		记账凭证号数	摘要	页数	借方					贷方				借或贷	余额
月	日				进项税额	已交税金	减免税款	出口抵减内销产品应纳税额	转出未交增值税	销项税额	出口退税	进项税额转出	转出多交增值税		

六、纳税申报表

（1）增值税及附加税费申报表，见表A-9。

（2）增值税及附加税费申报表附列资料（一）（本期销售情况明细），见表A-10。

（3）增值税及附加税费申报表附列资料（二）（本期进项税额明细），见表A-11。

（4）增值税及附加税费申报表附列资料（三）（服务、不动产和无形资产扣除项目明细），见表A-12。

（5）增值税及附加税费申报表附列资料（四）（税额抵减情况表），见表A-13。

（6）增值税及附加税费申报表（一般纳税人适用）附列资料（五）（附加税费情况表），见表A-14。

（7）车辆购置税纳税申报表，见表A-15。

（8）财产和行为税纳税申报表，见表A-16。

表A-9　**增值税及附加税费申报表**

（一般纳税人适用）

根据国家税收法律法规及增值税相关规定制定本表。纳税人不论有无销售额，均应按税务机关核定的纳税期限填写本表，并向当地税务机关申报。

税款所属时间：自　年　月　日至　年　月　日　填表日期：　年　月　日　　金额单位：元（列至角分）

纳税人识别号（统一社会信用代码）：□□□□□□□□□□□□□□□□□□□□□□□□　　所属行业：

纳税人名称：		法定代表人姓名		注册地址		生产经营地址	
开户银行及账号		登记注册类型				电话号码	

项目		栏次	一般项目		即征即退项目	
			本月数	本年累计	本月数	本年累计
销售额	（一）按适用税率计税销售额	1				
	其中：应税货物销售额	2				
	应税劳务销售额	3				
	纳税检查调整的销售额	4				
	（二）按简易办法计税销售额	5				
	其中：纳税检查调整的销售额	6				
	（三）免、抵、退办法出口销售额	7			—	—
	（四）免税销售额	8			—	—
	其中：免税货物销售额	9			—	—
	免税劳务销售额	10			—	—
税款计算	销项税额	11				
	进项税额	12				
	上期留抵税额	13				—
	进项税额转出	14				
	免、抵、退应退税额	15			—	—
	按适用税率计算的纳税检查应补缴税额	16			—	—
	应抵扣税额合计	17=12+13-14-15+16		—		—
	实际抵扣税额	18（如17<11，则为17，否则为11）				
	应纳税额	19=11-18				
	期末留抵税额	20=17-18				—

续表

项目		栏次	一般项目		即征即退项目	
			本月数	本年累计	本月数	本年累计
税款计算	简易计税办法计算的应纳税额	21				
	按简易计税办法计算的纳税检查应补缴税额	22			—	—
	应纳税额减征额	23				
	应纳税额合计	24=19+21-23				
税款缴纳	期初未缴税额（多缴为负数）	25				
	实收出口开具专用缴款书退税额	26			—	—
	本期已缴税额	27=28+29+30+31				
	①分次预缴税额	28		—		—
	②出口开具专用缴款书预缴税额	29		—	—	—
	③本期缴纳上期应纳税额	30				
	④本期缴纳欠缴税额	31				
	期末未缴税额（多缴为负数）	32=24+25+26-27				
	其中：欠缴税额（≥0）	33=25+26-27		—		—
	本期应补（退）税额	34=24-28-29		—		—
	即征即退实际退税额	35	—	—		
	期初未缴查补税额	36			—	—
	本期入库查补税额	37			—	—
	期末未缴查补税额	38=16+22+36-37			—	—
附加税费	城市维护建设税本期应补（退）税额	39			—	—
	教育费附加本期应补（退）费额	40			—	—
	地方教育附加本期应补（退）费额	41			—	—

声明：此表是根据国家税收法律法规及相关规定填写的，本人（单位）对填报内容（及附带资料）的真实性、可靠性、完整性负责。

纳税人（签章）： 年 月 日

经办人： 经办人身份证号： 代理机构签章： 代理机构统一社会信用代码：	受理人： 受理税务机关（章）： 受理日期： 年 月 日

表A-10

增值税及附加税费申报附列资料（一）

（本期销售情况明细）

税款所属时间：　　年　月　日至　年　月　日

纳税人名称：（公章）　　　　　　　　　　　　　　　　金额单位：元（列至角分）

项目及栏次				开具增值税专用发票		开具其他发票		未开具发票		纳税检查调整		合计			服务、不动产和无形资产扣除项目本期实际扣除金额	扣除后	
				销售额	销项（应纳）税额	销售额	销项（应纳）税额	销售额	销项（应纳）税额	销售额	销项（应纳）税额	销售额	销项（应纳）税额	价税合计		含税（免税）销售额	销项（应纳）税额
				1	2	3	4	5	6	7	8	9=1+3+5+7	10=2+4+6+8	11=9+10	12	13=11-12	14=13÷（100%+税率或征收率）×税率或征收率
一、一般计税方法计税	全部征税项目	13%税率的货物及加工修理修配劳务	1											—	—	—	—
		13%税率的服务、不动产和无形资产	2														
		9%税率的货物及加工修理修配劳务	3											—	—	—	—
		9%税率的服务、不动产和无形资产	4														
		6%税率	5														
	其中：即征即退项目	即征即退货物及加工修理修配劳务	6	—	—	—	—	—	—	—	—			—	—	—	—
		即征即退服务、不动产和无形资产	7	—	—	—	—	—	—	—	—						

续表

项目及栏次				开具增值税专用发票		开具其他发票		未开具发票		纳税检查调整		合计			服务、不动产和无形资产扣除项目本期实际扣除金额	扣除后	
				销售额	销项（应纳）税额	销售额	销项（应纳）税额	销售额	销项（应纳）税额	销售额	销项（应纳）税额	销售额	销项（应纳）税额	价税合计		含税（免税）销售额	销项（应纳）税额
				1	2	3	4	5	6	7	8	9=1+3+5+7	10=2+4+6+8	11=9+10	12	13=11-12	14=13÷（100%+税率或征收率）×税率或征收率
二、简易计税方法计税	全部征税项目	6%征收率	8							—	—			—	—	—	—
		5%征收率的货物及加工修理修配劳务	9a							—	—			—	—	—	—
		5%征收率的服务、不动产和无形资产	9b							—	—						
		4%征收率	10							—	—			—	—	—	—
		3%征收率的货物及加工修理修配劳务	11							—	—			—	—	—	—
		3%征收率的服务、不动产和无形资产	12							—	—						
		预征率 %	13a							—	—						
		预征率 %	13b							—	—						
		预征率 %	13c							—	—						
	其中：即征即退项目	即征即退货物及加工修理修配劳务	14	—	—	—	—	—	—	—	—			—	—	—	—
		即征即退服务、不动产和无形资产	15	—	—	—	—	—	—	—	—						
三、免抵退税	货物及加工修理修配劳务		16	—	—		—		—	—	—		—	—	—	—	—
	服务、不动产和无形资产		17	—	—		—		—	—	—		—				—
四、免税	货物及加工修理修配劳务		18				—		—	—	—		—	—	—	—	—
	服务、不动产和无形资产		19	—	—		—		—	—	—		—				—

表A-11　　增值税及附加税费申报表附列资料（二）

（本期进项税额明细）

税款所属时间：　　年　月　日至　年　月　日

纳税人名称：（公章）　　　　金额单位：元（列至角分）

一、申报抵扣的进项税额

项目	栏次	份数	金额	税额
（一）认证相符的增值税专用发票	1=2+3			
其中：本期认证相符且本期申报抵扣	2			
前期认证相符且本期申报抵扣	3			
（二）其他扣税凭证	4=5+6+7+8a+8b			
其中：海关进口增值税专用缴款书	5			
农产品收购发票或者销售发票	6			
代扣代缴税收缴款凭证	7		—	
加计扣除农产品进项税额	8a	—	—	
其他	8b			
（三）本期用于购建不动产的扣税凭证	9			
（四）本期用于抵扣的旅客运输服务扣税凭证	10			
（五）外贸企业进项税额抵扣证明	11	—	—	
当期申报抵扣进项税额合计	12=1+4+11			

二、进项税额转出额

项目	栏次	税额
本期进项税额转出额	13=14至23之和	
其中：免税项目用	14	
集体福利、个人消费	15	
非正常损失	16	
简易计税方法征税项目用	17	
免抵退税办法不得抵扣的进项税额	18	

续表

项目	栏次	税额
纳税检查调减进项税额	19	
红字专用发票信息表注明的进项税额	20	
上期留抵税额抵减欠税	21	
上期留抵税额退税	22	
异常凭证转出进项税额	23a	
其他应作进项税额转出的情形	23b	

三、待抵扣进项税额

项目	栏次	份数	金额	税额
（一）认证相符的增值税专用发票	24	—	—	—
期初已认证相符但未申报抵扣	25			
本期认证相符且本期未申报抵扣	26			
期末已认证相符但未申报抵扣	27			
其中：按照税法规定不允许抵扣	28			
（二）其他扣税凭证	29=30至33之和			
其中：海关进口增值税专用缴款书	30			
农产品收购发票或者销售发票	31			
代扣代缴税收缴款凭证	32			
其他	33			
	34			

四、其他

项目	栏次	份数	金额	税额
本期认证相符的增值税专用发票	35			
代扣代缴税额	36	—	—	

表A-12　　增值税及附加税费申报表附列资料（三）

（服务、不动产和无形资产扣除项目明细）

税款所属时间：　　年　月　日至　年　月　日

纳税人名称：（公章）　　　　金额单位：元（列至角分）

项目及栏次		本期服务、不动产和无形资产价税合计额（免税销售额）	服务、不动产和无形资产扣除项目				
			期初余额	本期发生额	本期应扣除金额	本期实际扣除金额	期末余额
		1	2	3	4=2+3	5（5≤1且5≤4）	6=4−5
13%税率的项目	1						
9%税率的项目	2						
6%税率的项目（不含金融商品转让）	3						
6%税率的金融商品转让项目	4						
5%征收率的项目	5						
3%征收率的项目	6						
免抵退税的项目	7						
免税的项目	8						

表A-13　　增值税及附加税费申报表附列资料（四）

（税额抵减情况表）

税款所属时间：　　年　月　日至　年　月　日

纳税人名称：（公章）　　　　金额单位：元（列至角分）

一、税额抵减情况

序号	抵减项目	期初余额	本期发生额	本期应抵减税额	本期实际抵减税额	期末余额
		1	2	3=1+2	4≤3	5=3−4
1	增值税税控系统专用设备费及技术维护费					
2	分支机构预征缴纳税款					
3	建筑服务预征缴纳税款					
4	销售不动产预征缴纳税款					
5	出租不动产预征缴纳税款					

二、加计抵减情况

序号	加计抵减项目	期初余额	本期发生额	本期调减额	本期可抵减额	本期实际抵减额	期末余额
		1	2	3	4=1+2−3	5	6=4−5
6	一般项目加计抵减额计算						
7	即征即退项目加计抵减额计算						
8	合计						

表A-14　　增值税及附加税费申报表（一般纳税人适用）附列资料（五）

（附加税费情况表）

税（费）款所属时间：　　年　月　日至　年　月　日

纳税人名称：（公章）　　　　　　　　　　　　　　金额单位：元（列至角分）

<table>
<tr><td colspan="6" rowspan="2">本期是否适用小微企业“六税两费”减免政策</td><td rowspan="2">□是
□否</td><td colspan="3">减免政策适用主体</td><td colspan="5">□个体工商户　□小型微利企业</td></tr>
<tr><td colspan="3">适用减免政策起止时间</td><td colspan="5">年　月　至　　年　月</td></tr>
<tr><td colspan="2" rowspan="3">税（费）种</td><td colspan="3">计税（费）依据</td><td rowspan="2">税（费）率（%）</td><td rowspan="2">本期应纳税（费）额</td><td colspan="2">本期减免税（费）额</td><td colspan="2">小微企业“六税两费”减免政策</td><td colspan="2">试点建设培育产教融合型企业</td><td rowspan="2">本期已缴税（费）额</td><td rowspan="2">本期应补（退）税（费）额</td></tr>
<tr><td>增值税税额</td><td>增值税免抵税额</td><td>留抵退税本期扣除额</td><td>减免性质代码</td><td>减免税（费）额</td><td>减征比例（%）</td><td>减征额</td><td>减免性质代码</td><td>本期抵免金额</td></tr>
<tr><td>1</td><td>2</td><td>3</td><td>4</td><td>5=（1+2-3）×4</td><td>6</td><td>7</td><td>8</td><td>9=（5-7）×8</td><td>10</td><td>11</td><td>12</td><td>13=5-7-9-11-12</td></tr>
<tr><td>城市维护建设税</td><td>1</td><td></td><td></td><td></td><td></td><td></td><td></td><td></td><td></td><td></td><td>—</td><td>—</td><td></td><td></td></tr>
<tr><td>教育费附加</td><td>2</td><td></td><td></td><td></td><td></td><td></td><td></td><td></td><td></td><td></td><td></td><td></td><td></td><td></td></tr>
<tr><td>地方教育附加</td><td>3</td><td></td><td></td><td></td><td></td><td></td><td></td><td></td><td></td><td></td><td></td><td></td><td></td><td></td></tr>
<tr><td>合计</td><td>4</td><td>—</td><td>—</td><td>—</td><td>—</td><td></td><td></td><td></td><td>—</td><td></td><td>—</td><td></td><td></td><td></td></tr>
<tr><td colspan="5" rowspan="3">本期是否适用试点建设培育产教融合型企业抵免政策</td><td rowspan="3">□是
□否</td><td colspan="6">当期新增投资额</td><td>5</td><td colspan="2"></td></tr>
<tr><td colspan="6">上期留抵可抵免金额</td><td>6</td><td colspan="2"></td></tr>
<tr><td colspan="6">结转下期可抵免金额</td><td>7</td><td colspan="2"></td></tr>
<tr><td colspan="6" rowspan="3">可用于扣除的增值税留抵退税额使用情况</td><td colspan="6">当期新增可用于扣除的留抵退税额</td><td>8</td><td colspan="2"></td></tr>
<tr><td colspan="6">上期结存可用于扣除的留抵退税额</td><td>9</td><td colspan="2"></td></tr>
<tr><td colspan="6">结转下期可用于扣除的留抵退税额</td><td>10</td><td colspan="2"></td></tr>
</table>

表A-15　　车辆购置税纳税申报表

填表日期：　　年　月　日　　　　　　　　金额单位：元

<table>
<tr><td>纳税人名称</td><td colspan="2"></td><td>申报类型</td><td colspan="2">□征税□免税□减税</td></tr>
<tr><td>证件名称</td><td colspan="2"></td><td>证件号码</td><td colspan="2"></td></tr>
<tr><td>联系电话</td><td colspan="2"></td><td>地　址</td><td colspan="2"></td></tr>
<tr><td>合格证编号
（货物进口证明书号）</td><td colspan="2"></td><td>车辆识别代号/
车架号</td><td colspan="2"></td></tr>
<tr><td>厂牌型号</td><td colspan="5"></td></tr>
<tr><td>排量（cc）</td><td colspan="2"></td><td>机动车销售统
一发票代码</td><td colspan="2"></td></tr>
<tr><td>机动车销售统一发票号码</td><td colspan="2"></td><td>不含税价</td><td colspan="2"></td></tr>
<tr><td colspan="4">海关进口关税专用缴款书（进出口货物征免税证明）号码</td><td colspan="2"></td></tr>
<tr><td>关税完税价格</td><td></td><td>关　税</td><td></td><td>消费税</td><td></td></tr>
<tr><td>其他有效
凭证名称</td><td></td><td>其他有效
凭证号码</td><td></td><td>其他有效
凭证价格</td><td></td></tr>
<tr><td>购置日期</td><td></td><td>申报计税
价格</td><td></td><td>申报免（减）税
条件或者代码</td><td></td></tr>
<tr><td>是否办理车辆登记</td><td></td><td>车辆拟登
记地点</td><td colspan="3"></td></tr>
</table>

纳税人声明：

本纳税申报表是根据国家税收法律法规及相关规定填报的，我确定它是真实的、可靠的、完整的。

纳税人（签名或盖章）：

委托声明：

现委托（姓名）____（证件号码）________________办理车辆购置税涉税事宜，提供的凭证、资料是真实、可靠、完整的。任何与本申报表有关的往来文件，都可交予此人。

委托人（签名或盖章）：　　　　　　　　被委托人（签名或盖章）：

以 下 由 税 务 机 关 填 写

<table>
<tr><td colspan="2">免（减）税条件代码</td><td colspan="4"></td></tr>
<tr><td>计税价格</td><td>税率</td><td>应纳税额</td><td>免（减）税额</td><td>实纳税额</td><td>滞纳金
金额</td></tr>
<tr><td></td><td></td><td></td><td></td><td></td><td></td></tr>
<tr><td colspan="2">受理人：

年　月　日</td><td colspan="2">复核人（适用于免、减税申报）：

年　月　日</td><td colspan="2">主管税务机关（章）</td></tr>
</table>

表A-16 财产和行为税纳税申报表

纳税人识别号（统一社会信用代码）：□□□□□□□□□□□□□□□□□□□□

纳税人名称： 金额单位：人民币元（列至角分）

序号	税种	税目	税款所属期起	税款所属期止	计税依据	税率	应纳税额	减免税额	已缴税额	应补（退）税额
1										
2										
3										
4										
5										
6										
7										
8										
9										
10										
11	合计	—	—	—	—	—				

声明：此表是根据国家税收法律法规及相关规定填写的，本人（单位）对填报内容（及附带资料）的真实性、可靠性、完整性负责。

纳税人（签章）： 年 月 日

经办人： 经办人身份证号： 代理机构签章： 代理机构统一社会信用代码：	受理人： 受理税务机关（章）： 受理日期： 年 月 日

附录二

综合实训参考答案

根据实训资料编写会计分录。

1.根据办公用品报销发票，编写会计分录如下：

借：管理费用　　780

　贷：库存现金　　780

2.根据电子缴税付款凭证，缴纳4月份的增值税、城市维护建设税、教育费附加、地方教育附加，编写会计分录如下：

（1）借：应交税费——未交增值税　　23 000

　　　贷：银行存款　　23 000

（2）借：应交税费——应交城市维护建设税　　1 610

　　　　　　　　——应交教育费附加　　690

　　　　　　　　——应交地方教育附加　　460

　贷：银行存款　　2 760

3.收到注入资金，存入银行，编写会计分录如下：

借：银行存款　　1 000 000

　贷：实收资本　　1 000 000

4.根据购买车辆取得的增值税专用发票及固定资产验收单，涉及增值税进项税额抵扣，编写会计分录如下：

借：固定资产　　1 238 938.05

　　应交税费——应交增值税（进项税额）　　161 061.95

　贷：银行存款　　1 400 000.00

5.计提并缴纳购买车辆的车辆购置税，其计税依据是不含增值税的价款，编写会计分录如下：

车辆购置税=123.89×10%=12.39（万元）

（1）借：税金及附加　　123 900

　　　贷：应交税费——应交车辆购置税　　123 900

（2）借：应交税费——应交车辆购置税　　123 900

　　　贷：银行存款　　123 900

6.签发现金支票，提取备用金，编写会计分录如下：

借：库存现金　5 000

　贷：银行存款　5 000

7.根据采购服装取得的增值税专用发票，涉及增值税进项税额抵扣，同时办理验收入库，编写会计分录如下：

（1）借：在途物资　352 000

　　应交税费——应交增值税（进项税额）　45 760

　　贷：银行存款　397 760

（2）借：库存商品——男式西服405-1　352 000

　　贷：在途物资　352 000

8. 根据购买固定资产取得的增值税专用发票及银行支付凭证，涉及增值税进项税额抵扣，编写会计分录如下：

借：固定资产　10 000

　应交税费——应交增值税（进项税额）　1 300

　贷：银行存款　11 300

9. 根据委托加工业务开具的增值税专用发票和银行支付凭证，涉及增值税进项税额抵扣，编写会计分录如下：

借：委托加工物资　7 000

　应交税费——应交增值税（进项税额）　910

　贷：银行存款　7 910

10.根据杭州电力公司开具的增值税专用发票和银行支付凭证，涉及增值税进项税额抵扣，编写会计分录如下：

借：管理费用　2 000

　应交税费——应交增值税（进项税额）　260

　贷：银行存款　2 260

11.收到预收货款，存入银行，编写会计分录如下：

借：银行存款　50 000

　贷：预收账款　50 000

12.根据实到账注册资本金计提印花税，编写会计分录如下：

本业务中所有的税费都是次月的1—15日缴纳，因此该业务计提，下月缴纳。

1 000 000×0.5‰×1/2=250（元）

借：税金及附加　250

　贷：应交税费——应交印花税　250

13.根据销售业务开具的增值税专用发票、发货单及银行支付凭证等，涉及增值税销项税额，编写会计分录如下：

借：银行存款　79 100

　贷：主营业务收入　70 000

　　应交税费——应交增值税（销项税额）　9 100

借：主营业务成本——男式西服405-1　32 000

　贷：库存商品——男式西服405-1　32 000

14.根据销售业务开具的增值税专用发票、发货单及银行收款凭证等，涉及增值税销项税额，编写会计分录如下：

借：银行存款 1 017 000
　贷：主营业务收入 900 000
　　应交税费——应交增值税（销项税额） 117 000
借：主营业务成本——男式西服405-1 320 000
　贷：库存商品——男式西服405-1 320 000

15.根据采购服装取得的增值税专用发票，涉及增值税进项税额抵扣，同时办理验收入库，编写会计分录如下：

（1）借：在途物资——针织衫L0-212 260 000
　　应交税费——应交增值税（进项税额） 33 800
　贷：应付账款 293 800
（2）借：库存商品——针织衫L0-212 260 000
　贷：在途物资 260 000

16.根据采购服装取得的增值税专用发票，涉及增值税进项税额抵扣，同时办理验收入库，编写会计分录如下：

（1）借：在途物资——针织衫L0-213 100 000
　　应交税费——应交增值税（进项税额） 13 000
　贷：银行存款 113 000
（2）借：应收账款——杭州众森有限公司 1 200
　贷：银行存款 1 200

17.根据销售业务开具的增值税专用发票、发货单及银行收款凭证等，涉及增值税销项税额，编写会计分录如下：

（1）借：银行存款 4 407 000
　贷：主营业务收入 3 900 000
　　应交税费——应交增值税（销项税额） 507 000
（2）借：主营业务成本——针织衫L0-212 67 600
　贷：库存商品——针织衫L0-212 67 600

18.根据工资、薪金明细表，编写计提工资的会计分录如下：

借：管理费用 33 000
　销售费用 27 000
　贷：应付职工薪酬——工资 60 000

19.根据职工工资明细表、银行支付凭证等，编写发放工资的会计分录如下：

借：应付职工薪酬——工资 60 000
　贷：银行存款 60 000

20.计提房产税、城镇土地使用税和车船税，编写会计分录如下：

房产税=（8 600+200）×（1−30%）×1.2%÷12=6.16（万元）

城镇土地使用税=（10 000×7+500×5）÷12=6 042（元）

车船税=（4×250+2×200+2×60×2.5+5×60×10）÷12=391.67（元）

借：税金及附加——房产税 61 600

——城镇土地使用税 6 042

——车船税 391.67

贷：应交税费——应交房产税 61 600

——应交城镇土地使用税 6 042

——应交车船税 391.67

21. 预缴本月应缴纳增值税，编写会计分录如下：

结计本月增值税的"销项税额""进项税额"等项目的数额，确定本月应缴纳的增值税，并将其转入"应交税费——未交增值税"账户；填报增值税纳税申报主表及附表（略）。

销项税额=9 100+117 000+507 000=633 100（元）

进项税额=161 061.95+45 7601+1 300+910+260+33 800+13 000=256 091.95（元）

增值税应纳税额=633 100−256 091.95=377 008.05（元）

借：应交税费——应交增值税（转出未交增值税） 377 008.05

贷：应交税费——未交增值税 377 008.05

22. 计算结转本月缴纳的城市维护建设税，编写会计分录如下：

377 008.05×7%=26 390.56（元）

借：税金及附加——城市维护建设税 26 390.56

贷：应交税费——应交城市维护建设税 26 390.56

23. 计算结转本月应缴纳的教育费附加及地方教育附加，编写会计分录如下：

教育费附加=377 008.05×3%=11 310.24（元）

地方教育附加=377 008.05×2%=7 540.16（元）

借：税金及附加——教育费附加 18 850.40

贷：应交税费——应交教育费附加 11 310.24

——应交地方教育附加 7 540.16

24. 将本月损益转入"本年利润"账户，编写会计分录如下：

（1）借：主营业务收入 4 870 000

贷：本年利润 4 870 000

（2）借：本年利润 719 804.63

贷：主营业务成本 419 600

税金及附加 237 424.63

管理费用 35 780

销售费用 27 000

附录三

各章练习题参考答案

第二章练习题参考答案

1.（1）该企业当期实际可抵扣的增值税进项税额=26 000×50%+10 400+45 100÷（1+9%）×9%−45 100×5%÷(1+9%）×9%+3 000
=29 937.66（元）

其中，购入货物用于集体福利的不可抵扣进项税额，应作为进项税额转出；用于赠送的文教用品笔记本视同销售计算销项税额，可以抵扣进项税额；与销售额相关的返还收入应冲减增值税的进项税额。

对商业企业向供货方收取的与商品销售量、销售额挂钩（如以一定比例、金额、数量计算）的各种返还收入，均应按照平销返利行为的有关规定冲减当期增值税进项税额。

（2）当期的增值税销项税额=（150 000+10 000×20+6 000）÷（1+13%）×13%+82 000÷（1+9%）×9%=47 726.39（元）

购入的货物用于无偿赠送，属于视同销售，应缴纳增值税。

（3）该企业当期应缴纳的增值税=47 726.39−29 937.66−3 000=14 788.73（元）

2.（1）准予抵扣的进项税额=6 000×9%+10 400+90 000÷（1+3%）×3%+5 000
=1 8561.36（元）

（2）当期销项税额=800×280×（1−8%）×13% +500×280×13%+70 000÷（1+13%）×13%
=53 043.49（元）

（3）当期应纳增值税=53 043.49−18 561.36−5 000=29 482.13（元）

3.（1）当期可抵扣的进项税额：

收购大麦可以抵扣的进项税额=20 000×13%=2 600（元）

加工费可以抵扣的进项税额=1 000÷（1+13%）×13%=115.04（元）

购买工具可以抵扣的进项税额=6 500÷（1+3%）×3%=189.32（元）

小米因管理不善霉烂作进项税额转出=3 700÷（1−13%）×13%=552.87（元）

当期可以抵扣的进项税额=2 600+115.04+189.32−552.87=2 351.49（元）

（2）当期的销项税额：

销售玉米的销项税额=21 000×13%=2 730（元）

无偿赠送给客户的玉米渣视同销售的销项税额=21 000÷9×13%=303.33（元）

销售饼干的销项税额=100 000×13%=13 000（元）

转让设备的销项税额=8 000÷（1+13%）×13%=920.35（元）

当期销项税额合计=2 730+303.33+13 000+920.35=16 953.68（元）

（3）当期应纳增值税额=16 953.68-2 351.49=14 602.19（元）

第三章练习题参考答案

1.（1）本月香醇白酒生产企业向专卖店销售白酒应缴纳消费税=（200+60+30）÷（1+13%）×20%+20×2 000×0.5÷10 000

=51.33+2=53.33（万元）

（2）乙企业已代收代缴消费税=（10+3）÷（1-10%）×10%=1.44（万元）

（3）本月香醇白酒生产企业销售瓶装药酒应缴纳消费税=1 700×100÷10 000×10%

=1.7（万元）

【提示】酒类产品连续加工再销售的，不得扣除外购或委托加工收回的酒类产品已经缴纳过的消费税（葡萄酒除外）。

（4）进口环节海关代征的消费税=28×（1+14%）÷（1-10%）×10%=3.55（万元）

（5）香醇白酒企业销售瓶装葡萄酒应纳的消费税=41×10%-3.55=0.55（万元）

【提示】纳税人从葡萄酒生产企业购进、进口葡萄酒连续生产应税葡萄酒的，准予从葡萄酒消费税应纳税额中扣除所耗用应税葡萄酒已纳消费税税款。

2.（1）应缴纳的消费税=160×4%=6.4（万元）

（2）应缴纳的消费税=550×140÷10 000×4%+250×110÷10 000×4%

=0.308+0.11=0.418（万元）

（3）业务（4）应纳消费税为0。

（4）业务（2）增值税销项税额为20.8万元。

业务（3）增值税销项税额=550×110÷10 000×13%=0.7865（万元）

自产产品用于本厂车间修缮（本厂增值税应税项目）不视同销售。

业务（4）增值税销项税额=2×13%=0.26（万元）

增值税销项税额合计=20.8+0.7865+0.26=21.85（万元）

丰泽涂料厂应纳增值税=21.85-7.8-0.18=13.87（万元）

3.（1）本月迅达白酒生产企业向专卖店销售白酒应缴纳消费税=（200+50+20）÷1.13×20%+20×2 000×0.5÷10 000

=49.79（万元）

（2）仁堂企业已代收代缴消费税=（10+1）÷（1-10%）×10%=1.22（万元）

（3）本月迅达白酒生产企业销售瓶装药酒应缴纳消费税=1 800×100÷10 000×10%

=1.8（万元）

（4）迅达白酒生产企业分给职工散装药酒不缴纳消费税（在第一次生产销售出厂时已缴纳消费税）。

4.（1）乙企业受托加工烟丝应代收代缴的消费税=（120+20）÷（1-30%）×30%

=60（万元）

说明：

① 委托加工的应税消费品，按照受托方的同类消费品的加权平均销售价格计算纳税，没有受托方同类消费品销售价格的，按照组成计税价格计算纳税。

② 委托加工环节的组成计税价格=（材料成本+加工费）÷（1-消费税比例税率），加工费包含代垫辅料金额。

（2）乙企业应缴纳的增值税=20×13%=2.6（万元）

（3）应对丙企业处应收未收税款50%以上3倍以下的罚款。

（4）①业务（1）缴纳消费税的情况如下：

甲企业销售A牌号卷烟给卷烟批发企业需要缴纳消费税 =（100×13 000×36%+200×250×100×0.003）÷10 000 =48.3（万元）

甲企业通过分期收款方式销售A牌号卷烟需要缴纳消费税 =（80×15 000×36%+200×250×80×0.003）×70%÷10 000 =31.08（万元）

甲企业赠送给客户的A牌号卷烟应缴纳的消费税 =［20×（100×13 000+80×15 000）÷180×36%+200×250×20×0.003］÷10 000=10.3（万元）

业务（1）甲企业当月应缴纳消费税=48.3+31.08+10.3-60=29.68（万元）

②业务（2）无须缴纳消费税。

③业务（3）甲企业补缴税款的情况如下：

已销售部分应补缴的消费税=（300×10%×20 000×56%+300×10%×250×200×0.003）÷10 000 =34.05（万元）

尚未出售部分应补缴的消费税=（200+30）×90%÷（1-30%）×30%=88.71（万元）

业务（3）甲企业当月应缴纳消费税=34.05+88.71=122.76（万元）

综上，甲企业当月应缴纳的消费税=29.68+122.76=152.44（万元）。

说明：

①首先要判断甲企业对外销售的卷烟是甲类还是乙类，从而确定适用的比例税率。甲类卷烟是指每标准条调拨价在70元（不含增值税）以上（含70元）的卷烟，乙类卷烟是指每标准条在调拨价70元（不含增值税）以下的卷烟。

甲企业销售的A牌号卷烟每条（每箱250条）价格=13 000÷250=52（元），15 000÷250=60（元），均小于70元，属于乙类卷烟。

甲企业销售的C牌号卷烟每条（每箱250条）价格=20 000÷250=80（元），属于甲类卷烟。

②业务（1）纳税人通过分期收款方式销售应税消费品，纳税义务发生时间为书面合同规定的收款日期的当天，与实际收款金额无关。

③业务（1）将自产卷烟赠送给客户，属于视同销售，应该缴纳消费税，有同类消费品销售价格的，按照纳税人生产的同类消费品的不含增值税平均销售价格计算纳税，平均销售价格=（100×13 000+80×15 000）÷180=13 888.89（元/箱）。

④业务（1）以委托加工收回的已税烟丝为原料生产的卷烟，准予从应纳消费税税额

中按当期“生产”领用数量计算扣除，和当期销售数量无关。

甲企业当期委托加工收回的已税烟丝全部用于生产A牌号卷烟，所以委托加工收同时代收代缴的消费税60万元在当期可以全部扣除。

⑤业务（2）中将自产应税消费品用于连续生产应税消费品，在移送时无须缴纳消费税。

⑥业务（3）中委托方补缴消费税的计税依据是：

a. 已经直接销售的，按销售额（或销售量）计税；

b. 尚未销售或不能直接销售的（如用于连续生产），按照受托方代收代缴时的组成计税价格计税。

第四章练习题参考答案

1.（1）应计算缴纳企业所得税的收入总额=4 500+300=4 800（万元）

居民企业投资于其他居民企业的投资收益属于免税收入；国债利息收入免缴企业所得税。

（2）①销售费用中，广告费和业务宣传费税前扣除限额=4 800×15%=720（万元）。

广告费和业务宣传费需调增应纳税所得额=800+20−720=100（万元）

准予税前扣除的销售费用=1 500−820+720=1 400（万元）

②管理费用中，业务招待费税前扣除标准 4 800×5‰=24（万元），50×60%=30（万元）。

业务招待费需调增应纳税所得额=50−24=26（万元）

③新产品开发费可按实际发生额的50%加计扣除，需调减应纳税所得额=40 × 50%=20万元。

准予税前扣除的管理费用=500−50+24+20=494（万元）

④财务费用中利息费用超过按金融机构同期同类贷款利率计算的利息部分，需调增应纳税所得额=50÷10%×（10%−6%）=20（万元）。

准予税前扣除的财务费用=80−20=60（万元）

⑤营业外支出中，向供货方支付的违约金可以税前扣除，但行政罚款1万元不得税前扣除，需调增应纳税所得额=1（万元）。

⑥捐赠支出扣除限额=628×12%=75.36（万元），实际捐赠支出未超过扣除限额，不用调整。

准予税前扣除的营业外支出=30−1=29（万元）

该企业成本、税金、费用、营业外支出等税前扣除额=1 900+80+100+1 400+494+60+29=4 063（万元）

（3）国债利息收入免缴企业所得税；居民企业直接投资于其他居民企业的股息、红利性质的投资收益属于免税收入。

应纳税所得额=4 800−4 063=737（万元）

（4）应纳税额=737×25%=184.25（万元）

（5）该企业2024年度应补缴的企业所得税=184.25−157=27.25（万元）

2.（1）利润总额=7 000+800+40+34+100−4 000−694−300−760−200−250

=1 770（万元）

（2）国债利息收入免征企业所得税，应调减所得额40万元。

（3）技术开发费调减所得额=60×75%=45（万元）

（4）按实际发生业务招待费的60%计算=70×60%=42（万元）

按销售（营业）收入的5‰计算=（7 000+800）×5‰=39（万元）

按照规定税前扣除限额应为39万元，实际应调增应纳税所得额=70-39=31（万元）。

（5）取得直接投资其他居民企业的权益性收益属于免税收入，应调减应纳税所得额34万元。

（6）捐赠扣除标准=1 770×12%=212.4（万元）

实际捐赠额38万元小于扣除标准212.4万元，可按实捐数扣除，不做纳税调整。

（7）应纳税所得额=1 770-40-45+31-34=1 682（万元）

（8）该企业2024年应缴纳企业所得税=1 682×25%=420.5（万元）

3.（1）会计利润总额=4 000 +80 -2 600-770 -480-60 -40-50=80（万元）

（2）广告费和业务宣传费调增所得额=650 -4 000×15%=650-600=50（万元）

（3）业务招待费调增所得额=25 -25×60%=25 -15=10（万元）

4 000×5‰=20（万元）> 25×60%=15（万元）

（4）捐赠支出应调增应纳税所得额=30-80×12%=20.4（万元）

（5）工会经费应调增应纳税所得额=5 -200×2%=1（万元）

（6）职工福利费应调增应纳税所得额=31-200×14%=3（万元）

（7）职工教育经费应调增应纳税所得额=7 -200×2.5%=2（万元）

（8）应纳税所得额=80 +50 +10 +20.4+6 +1+3 +2=172.4（万元）

（9）2024年应缴纳企业所得税=172.4×25%=43.1（万元）

第五章练习题参考答案

1.为三人预扣预缴个人所得税分别为：

（1）张欢：劳务报酬所得

收入：30 000元　　收入额：30 000×（1-20%）=24 000（元）

预扣预缴应纳税所得额：24 000元（捐赠不能在平时扣）

应预扣预缴税额：24 000×30%-2 000=5 200（元）

（2）张友：特许权使用费所得

收入：3 500元　　收入额：3 500-800=2 700（元）

预扣预缴应纳税所得额：2 700元（捐赠不能在平时扣）

应预扣预缴税额：2 700×20%=540（元）

（3）肖勇：稿酬所得

收入：3 000元　　收入额：（3 000-800）×70%=1 540（元）

预扣预缴应纳税所得额：1 540（元）

应预扣预缴税额：1 540×20%=308元

2.（1）计算宋超2024年1月个人所得税时可扣除：

①基本扣除费用5 000元。

②专项扣除“三险一金”2 560元。

③专项附加扣除4 200元。

a. 子女教育专项附加扣除2 000元。

b. 继续教育专项附加扣除400元。

c. 住房贷款利息专项附加扣除1 000元。

d. 赡养老人专项附加扣除800元。

④依法确定的其他扣除740元。

a. 企业年金540元。

b. 支付商业健康保险费200元。

宋超2024年1月的应纳税所得额=13 500−5 000−2 560−4 200−740=1 000（元）

宋超1月预扣预缴的个人所得税=1 000×3%=30（元）

（2）计算宋超2024年2月个人所得税时可扣除：

①基本扣除费用5 000元。

②专项扣除“三险一金”2 560元。

③专项附加扣除4 200元。

a. 子女教育专项附加扣除2 000元。

b. 继续教育专项附加扣除400元。

c. 住房贷款利息专项附加扣除1 000元。

d. 赡养老人专项附加扣除800元。

④依法确定的其他扣除740元。

a. 企业年金540元。

b. 支付商业健康保险费200元。

2月宋超累计的应税收入=13 500+13 500+4 500=31 500（元）

2月宋超累计的扣除额=5 000×2+2 560×2+4 200×2+740×2=25 000（元）

2月宋超累计的预扣预缴应纳税所得额=31 500−25 000=6 500（元）

2月宋超累计的应预扣预缴个人所得税=6 500×3%=195（元）

2月宋超应预扣预缴个人所得税=195−30=165（元）

3. 年度汇算应退补税额=（收入额−60 000元−专项扣除−专项附加扣除−依法确定的其他扣除−捐赠）×税率−速算扣除数−已预缴税额

=[（10 000×12+3 000×12×80%+5 000×80%×70%+15 000×80%）−60 000−800×12−2 000×12−200×12]×10%−2 520−8 960

=−4 720（元）

2024年度汇算应退税额为4 720元，可按规定办理年度汇算申报并提交退税申请。

4.（1）稿酬所得应预扣预缴税款=50 000×（1−20%）×70%×20%=5 600（元）

（2）劳务报酬所得应预扣预缴税款=20 000×（1−20%）×20%=3 200（元）

（3）全年应纳税所得额=200 000+50 000×（1−20%）×70%+20 000×（1−20%）−60 000−3 000×12−2 000×12=124 000（元）

应纳税额=124 000×10%−2 520=9 880（元）

【提示】

（1）①取得稿酬每次收入不超过4 000元的，减除费用按800元计算；每次收入4 000元以上的，减除费用按收入的20% 计算；田磊取得稿酬收入5万元，应减除20%的费用。

②稿酬所得的收入额再减按70% 计算。

③稿酬所得的预扣预缴率是20%。

（2）①取得劳务报酬每次收入不超过4 000元的，减除费用按800元计算；每次收入4 000元以上的，减除费用按收入的20% 计算；田磊取得劳务报酬收入2万元，应减除20% 的费用。

②劳务报酬所得适用"三级超额累进预扣率表"。

（3）①工资、薪金所得全额计入年收入额。

②劳务报酬所得、特许权使用费所得的收入额按取得劳务报酬、特许权使用费收入减除20% 计算。

③稿酬所得的收入额为在稿酬收入70% 的基础上减除20% 计算，即收入额为实际取得稿酬收入的56%。

④田磊符合子女教育和赡养老人的专项附加扣除标准。子女教育每个子女每月扣除2 000元；赡养老人独生子每月扣除3 000元。

5.（1）公司为张先生购买轿车应代扣代缴的个人所得税=（350 000−70 000）×20%

=56 000（元）

（2）著作权拍卖收入应缴纳个人所得税=50 000×（1−20%）×20%=8 000（万元）

（3）书法作品拍卖所得应缴纳的个人所得税=（350 000−200 000）×20%=30 000（元）

（4）稿酬费收入应缴纳的个人所得税=30 000×（1−20%）×20%×（1−30%）

=3 360（元）

（5）红利所得应缴纳的个人所得税=2 000×50%×20%=200（元）

（6）发票中奖收入应缴纳的个人所得税=1 000×20%=200（元）

第六章练习题参考答案

1.进口香精应纳关税=（115+5）×50%=60（万元）

进口香精应纳消费税=（115+5+60）÷（1−15%）×15%=31.76（万元）

进口香精应纳增值税=（115+5+60+31.76）×13%=27.53（万元）

用外购高档化妆品连续生产高档化妆品，可以按生产领用量抵扣外购高档化妆品的已纳消费税。

应向税务机关缴纳的增值税=500×13%−27.53−23=14.47（万元）

应向税务机关缴纳的消费税=500×15%−31.76×80%=49.59（万元）

应向税务机关缴纳的增值税、消费税、城建税、教育费附加和地方教育附加合计=（14.47+49.59）×（1+7%+3%+2%）

=71.75（万元）

甲卷烟厂应代收代缴

2.（1）B卷烟厂的城建税、教育费附加和地方教育附加合计=［80 000 +7 000+5 000÷（1+13%）］÷（1−30%）×30%×（5%+3%+2%）=3 918.20（元）

（2）甲卷烟厂自身业务应缴纳的城建税、教育费附加和地方教育附加合计=（70 000+30 000+10 000+5 000）×（5%+3%+2%）=11 500（元）

3.（1）甲企业9月份应缴纳的城市维护建设税=560×7%=39.2（万元）

说明：9月核准的增值税免抵税额，应在下一申报期，计入城市维护建设税的计税依据。9月收到的留抵退税，应在下一申报期内从计税依据中减除。

（2）甲企业10月份一般计税方法城市维护建设税的计税依据=180+80−270=−10（万元），故一般计税方法下无须缴纳城市维护建设税，未扣除的留抵退税款10万元可以在以后继续扣除。

甲企业10月份简易计税方法城市维护建设税的计税依据=70（万元）

综上，甲企业10月份应缴纳的城市维护建设税=70×7%=4.9（万元）。

说明：①留抵退税额仅允许在按照增值税一般计税方法确定的城市维护建设税计税依据中扣除。当期未扣除完的余额，在以后纳税申报期按规定继续扣除。

②城市维护建设税的计税依据=应当缴纳的两税−直接减免的两税税额+增值税免抵税额−期末留抵退税退还的增值税税额，需要考虑9月份的免抵税额和留抵退税额。

（3）甲企业11月份应缴纳的城市维护建设税=（230−10）×7%=15.4（万元）

（4）甲企业12月份应退的城市维护建设税=（100+30）×7%=9.1（万元）

说明：在退税环节，因纳税人多缴发生的两税退税，同时退还已缴纳的城市维护建设税。但是，两税实行先征后返、先征后退、即征即退的，除另有规定外，不予退还随两税附征的城市维护建设税。

第七章练习题参考答案

1.（1）计算增值额：

增值额=1 500−900=600（万元）

（2）计算增值额与扣除项目金额的比率：

增值额与扣除项目金额的比率=600÷900×100%=66.67%

计算公式为：

土地增值税税额=增值额×40%−扣除项目金额×5%

（3）计算该房地产开发公司应缴纳的土地增值税：

应缴纳土地增值税=600×40%−900×5%=195（万元）

2.（1）扣除的取得土地使用权所支付的金额=（5 000+260）×1/2=2 630（万元）

（2）扣除的房地产开发成本=7 000×1/2=3 500（万元）

（3）应扣除的房地产开发费用=（2 630+3 500 ）×10%=613（万元）

（4）应扣除的与转让房地产有关的税金=8 500×5%×（5%+3%+2%）=42.5（万元）

印花税=8 500×0.5 ‰=4.25（万元）

可扣除税金合计=42.5+4.25=46.75（万元）

（5）扣除项目总额=2 630+3 500+613+46.75=6 789.75（万元）

增值额=8 500−6 789.75=1 710.25（万元）

增值率=1 710.25÷6 789.75×100%=25.19%

应纳土地增值税=1 710.25×5%−0=85.51（万元）

（6）企业应缴纳的增值税、城市维护建设税、教育费附加、地方教育附加=（8 500 +15）×5% ×（1+5%+3%+2% ）

=468.33（万元）

（7）应纳房产税=15×12%=1.8（万元）

3.（1）房地产开发成本包括土地征用及拆迁补偿费（包括土地征用费、耕地占用税等）、前期工程费、建筑安装工程费、基础设施费、公共配套设施费、开发间接费用等。

（2）①纳税人能够按转让房地产项目计算分摊利息支出并能提供金融机构贷款证明的：允许扣除的房地产开发费用=利息+（取得土地使用权所支付的金额+房地产开发成本）×5%以内。

②纳税人不能按转让房地产项目计算分摊利息支出或不能提供金融机构贷款证明的（包含全部使用自有资金没有利息支出的情况）：允许扣除的房地产开发费用=（取得土地使用权所支付的金额+房地产开发成本）×10%以内。

（3）契税应纳税额=17 760×5%=888（万元）

清算土地增值税时允许扣除的土地使用权支付金额=（17 760+888）×50%=9 324（万元）

说明：

① 取得土地使用权所支付的金额包括纳税人为取得土地使用权所支付的地价款和纳税人在取得土地使用权时按国家统一规定缴纳的有关费用，房地产开发企业为取得土地使用权所支付的契税，应视同“按国家统一规定缴纳的有关费用”，计入“取得土地使用权所支付的金额”中扣除。

② 对于分期开发的项目，以分期项目为单位清算，需要按照开发比例扣除：

分摊取得土地使用权所支付的金额=取得土地使用权总支出×开发项目土地面积百分比

（4）允许扣除的房地产开发费用=600+（9 324+6 000）×5%=1 366.2（万元）

从事房地产开发的纳税人加计扣除金额=（9 324+6 000）×20%=3 064.8（万元）

允许扣除的项目金额合计=9 324+6 000+1 366.2+290+3 064.8=20 045（万元）

说明：

①第（3）问计算出的取得土地使用权所支付的金额9 324万元；

②允许扣除的房地产的开发成本6 000万元；

③允许扣除的房地产的开发费用，纳税人能够按转让房地产项目计算分摊利息支出600万元并能提供银行的贷款证明，故允许扣除的房地产开发费用=利息+（取得土地使用权所支付的金额+房地产开发成本）×5%=600+（9 324+6 000）×5%=1 366.2（万元）；

④允许扣除的与转让房地产有关的税金290万元；

⑤房地产开发企业的加计扣除项目。对从事房地产开发的纳税人，允许按取得的土地使用权所支付的金额和房地产开发成本之和，加计20%扣除。

（5）增值额=31 000−20 045=10 955（万元）

增值率=10 955÷20 045×100%=54.65%，适用税率为40%、速算扣除系数为5%。

应缴纳的土地增值税额=10 955×40%−20 045×5%=3 379.75（万元）

【提示】土地增值税的计算步骤如下：

第一步：确认转让房地产取得的收入（不含增值税），业务（3）已给出不含增值税收入31 000万元。

第二步：计算扣除项目合计金额，第（4）问已算出20 045万元。

第三步：计算增值额。

土地增值额=应税收入总额−扣除项目金额=31 000−20 045=10 955（万元）

第四步：计算增值率。

增值率=增值额÷扣除项目金额×100%=10 955÷20 045×100%=54.65%

根据增值率确定适用的土地增值税四级超率累进税率表级数，适用税率为40%、速算扣除系数为5%。

第五步：计算应纳税额。

土地增值税应纳税额=增值额×适用税率−扣除项目金额×速算扣除系数

=10 955×40%−20 045×5%=3 379.75（万元）

第八章练习题参考答案

1.（1）当年该公司领用的证照不征税

设立的营业账簿应缴纳的印花税=3 000×10 000×0.5‰×50%=7 500（元）

（2）当年该公司签订租赁合同应缴纳的印花税=15×10 000×1‰+5=155（元）

租赁合同按合同中注明的租赁金额计税贴花，如果财产租赁合同只规定了月（天）租金标准而无租赁期限，在签订时先按定额5元贴花，以后结算时再按实际金额计税，补贴印花。

（3）当年该公司以房产抵押贷款业务应缴纳的印花税=60×10 000×0.05‰ +40×10 000×0.5‰

=230（元）

抵押贷款合同按借款合同贴花；抵押房产产权转移时签订的书据按产权转移书据贴花。

（4）当年该公司签订货物运输保管合同应缴纳的印花税=70 000×0.3‰+80 000×1‰

=101（元）

装卸费不贴花。

（5）当年该公司签订技术转让合同应缴纳印花税5元。

无法确定计税金额的技术转让合同暂贴花5元，以后结算时，再按实际金额计税补贴印花。

（6）当年该公司共计应缴纳的印花税=7 500+155+230+101+5=7 991（元）

2. 关税完税价格=900 000 +70 000+20 000=990 000（元）

应纳关税=990 000×20%=198 000（元）

进口消费税=（990 000+198 000）÷（1−5%）×5%=62 526.32（元）

应纳的车辆购置税=（990 000+198 000+62 526.32）×10%=125 052.63（元）

3.（1）开业领受权利、许可证照不征印花税。

（2）企业订立产权转移书据应纳税额：

应纳税额=1 000 000×0.3‰×50%=150（元）

（3）企业订立购销合同应纳税额：

应纳税额=2 000 000×0.3‰×50%=300（元）

（4）企业订立借款合同应纳税额：

应纳税额=500 000×0.05‰×50%=15（元）

（5）企业营业账簿中"实收资本"所载资金：

应纳税额=5 000 000×0.5‰×50%×50%=625（元）

（6）企业其他营业账册不缴纳印花税。

（7）企业应纳印花税税额：

应纳税额=150+300+15+625+0=1 090（元）

（8）10月份资金账簿应补缴税额为：

应补纳税额=（6 000 000−5 000 000）×0.5‰×50%×50%=125（元）

计算出应纳税额后，纳税人可以选择以下方式进行申报：

（1）自行申报。纳税人、扣缴义务人按规定的期限自行到税务机关办理纳税申报手续。

（2）网上申报。纳税人、扣缴义务人可以登录电子税务局，自行完成网上申报。

第九章练习题参考答案

1.学校、幼儿园、社会福利机构、医疗机构占用耕地免征耕地占用税。占用农田的应当按适用税额加按150%征收。

应缴纳耕地占用税=（18 000−2 100−700）×22×150%÷10 000=50.16（万元）

2.甲企业按实际占用土地面积计算缴纳城镇土地使用税。

甲企业占用土地面积=5 000×3÷（3+1）=3 750（平方米）

城镇土地使用税按年计算、分期缴纳：

甲企业上半年应纳城镇土地使用税=3 750×3×1/2=5 625（元）

3.（1）占用耕地建设建筑物、构筑物或从事非农业生产的需要缴纳耕地占用税，占用耕地建设果园种植果树属于农业生产，不缴纳耕地占用税。占用基本农田的耕地占用税加按150%征收。

占用基本农田建设农家院应缴纳耕地占用税=500×10×150%=7 500（元）

（2）农村居民在规定标准以内占用耕地新建自用住宅，按照适用税额减半征收耕地占用税。

占用普通菜地新建自用住宅应缴纳耕地占用税=200×10×50%=1 000（元）

综上，刘某应缴纳耕地占用税=7 500+1 000=8 500（元）。

第十章练习题参考答案

1.外购原煤的购进金额=6 700×1/2×580÷10 000=194.3（万元）

应税原煤计税依据=230−194.3=35.7（万元）

应纳资源税=35.7×8%=2.86（万元）

2.（1）应缴纳的资源税=200 000×0.11×8%=1 760（万元）

（2）洗选煤折算率=原煤平均销售额÷（洗选煤平均销售额×综合回收率）×100%

洗选煤折算率=0.11÷［0.124÷（1+13%）×80%］×100%=125%

（3）应缴纳的资源税=80 000×0.124÷（1+13%）×125%×8%=877.88（万元）

纳税人将其开采的原煤加工为洗选煤销售的，以洗选煤销售额乘以折算率作为应税煤炭销售额计算缴纳资源税。

（4）纳税人将其开采的原煤加工为洗选煤销售的，以洗选煤销售额乘以折算率作为应税煤炭销售额计算缴纳资源税，纳税人将其开采的原煤加工为洗选煤自用的，视同销售洗选煤。

乙型洗选煤销售额=90 000×0.075×（1+10%）÷（1−8%）=8 070.65（万元）

应缴纳的资源税=8 070.65×125%×8%=807.07（万元）

3.（1）保险费=（货价+运费）×3‰

进口原油应缴纳的关税=（3 500+70）×（1+3‰）×1%=35.81（万元）

（2）进口原油应缴纳的增值税=［（3 500+70）×（1+3‰）+35.81］×13%=470.15（万元）

（3）销售原油的增值税销项税额=［5 100+2.57÷（1+13%）］×13%=663.30（万元）

（4）应向税务机关缴纳的增值税=663.30−470.15=193.15（万元）

（5）应缴纳的城市维护建设税、教育费附加和地方教育附加=193.15×（5%+3%+2%）=19.32（万元）

（6）应缴纳的资源税=［5 100+2.57÷（1+13%）］×10%=510.23（万元）

4.（1）第一类水污染物按照前五项征税：

应缴纳的环境保护税=20÷0.0005×1.4+20÷0.005×1.4+20÷0.02×1.4+20÷0.02×1.4+20÷0.025×1.4

=65 520（元）

其他类水污染物按照前三项征税：

应缴纳的环境保护税=20÷0.49×1.4+20÷0.08×1.4+20÷0.8×1.4=442.14（元）

综上：

业务（1）应缴纳的环境保护税=65 520+442.14=65 962.14（元）

说明：

①第一类水污染物按照前五项征税，故第一类水污染物中的总铬无须缴纳环境保护税；其他类水污染物按照前三项征税，故第二类水污染物中的悬浮物（SS）无须缴纳环境保护税。

②应纳税额=污染当量数×适用税额；某个污染物的污染当量数=排放量÷污染当量值。

（2）①计算各污染物的污染当量数。

污染物的污染当量数=排放量÷污染当量值

二氧化硫污染当量数=100÷0.95=105.26

氟化物污染当量数=100÷0.87=114.94

一氧化碳污染当量数=200÷16.7=11.98

氯化氢污染当量数=80÷10.75=7.44

②大气污染物对前三项污染物征收环境保护税，故计征环境保护税的污染物为氟化物、二氧化硫、一氧化碳。

业务（2）应纳税额=114.94×1.2+105.26×1.2+11.98×1.2=278.62（元）

（3）超标分贝数=60−55=5（分贝）

业务（3）应纳税额=700×50%=350（元）

说明：超标分贝数为5，每月税额为700元，声源一个月内超标不足15天的，减半计算环境保护税应纳税额。

第十一章练习题参考答案

1.（1）进口关税=（750 000+38 000+43 000）×12%=99 720（元）

（2）进口增值税=（750 000+38 000+43 000）×（1+12%）×13%=120 933.6（元）

（3）应代扣代缴的增值税=980 000÷（1+6%）×6%=55 471.70（元）

用支付境外的含税金额作增值税价税分离，特许权使用费适用6%的增值税税率。

（4）应代扣代缴城建税、教育费附加和地方教育附加合计=55 471.70×（7%+3%+2%）=6 656.60（元）

2.（1）关税完税价格=成交价格+进口海运费+进口保险费+支付的中介费

=（70 000+1 500+200+450）×6.7=483 405（元）

应缴纳关税=483 405×7%=33 838.35（元）

（2）进口环节应纳增值税=（关税完税价格+关税）×增值税税率

=（483 405 +33 838.35）×13%=67 241.64（元）

设备进口不缴纳消费税，也不涉及城市维护建设税、教育费附加、地方教育附加。

（3）内销环节增值税销项税额=700 000÷（1+13%）×13%=80 530.97（元）

应缴纳增值税=80 530.97 − 67 241.64=13 289.33（元）

应缴纳城市维护建设税、教育费附加和地方教育附加=13 289.33×（7% +3% +2%）

=1 594.72（元）

各项税金及附加合计=13 289.33+1 594.72=14 884.05（元）